ぼくら、天国人！

―聖書の森の散歩道

鈴木　徹

文芸社

目次

はじめに……8
第一章　創世記……21
第二章　モーセとダビデ……48
第三章　ぼくら、天国人！――聖書の森の散歩道……74
第四章　神と奇跡……87
第五章　死……99
第六章　終末……109
第七章　イエスがメシヤであることの証明……123
第八章　信仰……143
第九章　試練……158

第十章　神……173
第十一章　使徒パウロ……186
第十二章　聖書の内に見る驚異……203
第十三章　あなたの家庭を教会に……　……209
第十四章　わたしが去って行くことは……　……221
第十五章　愛と謙遜（ヨハネによる福音書一三章）……233
第十六章　幸せ……249
第十七章　堕天使ルシファー……266
第十八章　アンデレ……279
第十九章　終末（パート2）……296

第二十章　人格形成と聞くことについて……309
第二十一章　ひな型……325
第二十二章　福音書……338
第二十三章　ダニエル二章（そして七、八章）……344
第二十四章　コリント人への第一の手紙（復活）パート1……364
第二十五章　コリント人への第一の手紙（復活）パート2……378
第二十六章　奇麗なバラにはトゲがある……396
第二十七章　灰色……412

ぼくら、天国人！

――聖書の森の散歩道

はじめに

まだ年若いクリスチャンだった頃、宣教の目的である町に行った。

そこは長野県の小さな町で、町の存在は以前地図か何かで何度か見たことがあったので辛うじて知っている程度だったのだが、もちろん足を踏み入れるのは初めてのことだった。知人もいなければ頼れる人もなく、生憎、到着したのも日が暮れてからという最悪の設定だった。

昔はよくこんな感じで、若さに任せ、計画など全く無視した旅をしては、それを「信仰のテスト」と自称して、宿泊場所や食事などを全面的に主に依存するという事をしていたものだった。幸い、主もそのようにテストされるのを楽しんでおられたようで、こうした旅に出た時の方が普段の生活よりもずっと水準の高いものだったことを記憶している。つまり、宿泊施設にしても、食事にしても、ほんの幾つかの例外的状況を除けば、ずっと豪勢なものが「与えられた」のである。

だがしかし、主の方もしたたかなもので、そうした「パッケージ・ツアー」には必ず幾つもの「信仰のテスト」を組み込んでおられ、一つの旅が終わると、ぼくたちは本当に多くの事を学んだものだった。これもまた、主が「ユダヤ人の神」である所以だろうか。投資される一円、一銭にまでしっかりと配当金を見込んでおられるからである。

長野県の上田という町に来た時もその例外ではなかった。ぼくと、ぼくのパートナーは、新約聖書時代のパウロやバルナバよろしく、「福音を宣教する者は、福音によって生活すべきである」と自らに言い聞かせ、信仰と勇気を奮い起こし、同時に自尊心を少しばかり縮ませて、早速、夕食を調達することにした。最初に目に入った料理屋さんに飛び込んで、自分たちはイエス・キリストのしもべであって、この町に福音を宣べ伝えに来たこと、キリストの弟子たちのように、自分たちもまた福音を宣教することに対する報いとして、夕食を提供していただきたい、とか何とか、実に一方的な、これに納得し賛同してくれるなどとは今だったらどうしても考えられないような説明をして、「奇跡」が起ることを期待していたのである。

しかしながら、この「信仰による旅」というのは決してぼくたちのオリジナル商品ではなく、イエス・キリスト御自身の開発商品であって、聖書にははっきりとそのコピーがイエスによって語られている。

「あなたがたは行って、天国が近づいた、と宣べ伝えよ。財布の中に金、銀または銭を入れて行くな。旅行のための袋も、二枚の下着も、くつも、つえも持って行くな。働き人がその食物を得るのは当然である。どの町、どの村にはいっても、その中でだれがふさわしい人か、たずね出して、立ち去るま

ではその人のところにとどまっておれ。」（マタイによる福音書一〇：五―一三）

夕食を済ませ、店長さんに心からのお礼を言って外に出ると、次の「テスト」が待っている。今度は宿泊場所である。

季節は勿論、冬でなければならなかった。夏だと、駅のベンチでだって一泊できるじゃないか、という妥協案が心の中に起ってしまって、信仰がぎりぎりまで鍛練されるという設定が脆くも崩れてしまう一種の「甘さ」のようなものがある。厚手のジャケットの襟を立て、山から吹き降ろしてくる北風を敢えて正面に受け止めながら、ぼくたちは路上に立ち、さて、どちらに進めば良いものか、主にお伺いを立てることにした。

聖書には幸いにして、このような状況下に置かれた人たちのために、「**わたしに呼び求めよ。そうすれば、わたしはあなたがたに答える。そして、あなたがたの知らない隠れた大いなる事をあなたがたに示す**」（エレミヤ書三三：三）という、実に有り難い約束がある。

ぼくたちの目の前には、今立っている道が真っ直ぐに北に向かって伸び、少し先が丁字路になっていて左右に分かれていた。その時、突然、自分の意志とは全く関係なく、この言葉が浮かび上がって来た。ちょうど水中で泡が発生し、水面目指して上に登って行くように、この言葉も、ちょうどぼくの体の心のある場所（心のある場所というのは定義し難いし、限定できるものではないが、ぼくの場合は心臓のやや下の、みぞおちのあたりではないかと自覚している）から頭の内側あたりまで、ボコボコという音が適当かどうか知らないが、そんな感じに沸き上がってきたのである。「あなたがたが右に行き、左に行く時、そのうしろで、『これは道だ、これに歩め』という言葉を耳に聞く」（イザヤ書三〇：二一）

その言葉、または内側で聞こえた「声」をどのように定義すべきなのか、人によって意見は様々だと思うが、ぼくにとってはまさに神の声だった。それは祈りの答えとして、つまり、「どちらに進んだらいいのか」と主に尋ねたことへの直接の応答として返ってきた言葉だったからである。

誰かに質問をする。僅かの待ち時間の後に回答が与えられる。更にその回答への感想や反応が交わされていく。これはぼくたちが対話する時に起るパターンである。そして、全知全能の神とも、ぼくたちはこれと同じ要領で、ごく日常的な会話や対話を交わすことができるのだということを意識したのは、これが最初の経験だった。

しかも、それは思い出そうとしたり、捻り出そうした結果に「考えついた言葉」ではなく、ぼく以外の誰かから、すなわち全く別個の「人格」から「与えられた言葉」だった。「内面的に」聞こえたものではあったが、決して「自然な」形でではなく、いわゆる「超自然的な」方法で、ぼく自身の思いとか意識とかを超越して沸き上がってきた声だった。単純きわまりないぼくの問いかけに対する、全く思いがけない、だがしかし実に明確でストレートな指示だったからである。

「神の声」、これは実に大きな主題である。聖書を読む限り、神は実に話し好きな方のようである。でもそれは大勢の聴衆を前にして、彼らの耳から焦げくさい煙が出てくるまで、自らの美声に酔いしれ、己れの弁舌に悦にいっているようなタイプでもなければ、暗い部屋を歩き回りながらブツブツと独り言を言うタイプでもない。ちょうどぼくたちと同じように、心を許せる相手と顔と顔を合わせて互いの思いを交換し合うような「対話」を切望される神なのである。

聖書には、神が人々と交わすこうした「会話」の例証が満載されている。でも、こうした諸々の例証を読む時、ぼくたちはどうしたわけか、こうした事例を全く別の次元に置いてしまい、自分たちの日常生活とは全然関連のないものにしてしまう習慣を身につけてしまっている。だから、祈りはあくまでも一方通行の「留守番電話」か「置き手紙」なのであり、決して「対話」にならないのである。モーセは旧約聖書の創世記から申命記までの最初の五書を書いたといわれている。その五書には天地創造から始まる人類の歴史やヘブル民族の起源だけではなく、十戒に代表されるモーセの律法の数々がぎっしりと記載されている。ご存知のように、これらの律法はユダヤ民族を六千年に渡って治めてきただけではなく、現在の西洋文化の基となる倫理体系として非常な価値を与えられている。疑問点は、これらの詳細に行き渡る律法がどのようにしてモーセに渡されたかという部分にある。「留守番電話」や「置き手紙」からは決して得られない緻密さの、実に内容のあるメッセージだからである。その秘訣を出エジプト記はこんな風に明かしている。

「人がその友と語るように、主はモーセと顔を合わせて語られた」（出エジプト記三三：一一）

あの箱舟を造ったノアはどうだろう。ノアの箱舟は、人類史の初期に存在した船でありながら、その形態、サイズ、寸法は現在の大洋航海に幅広く用いられている巨大な船舶のそれと酷似していると言われる。しかもノアは船などそれまで一度だって見たことはなかったのである。そんな人がいったいどのようにして、これほども専門的な船を建造できたのだろうか。創世記はそれを克明に描写している。あたかも造船専門家から造船技師のグループに対して設計図が手渡され、必要な材料がすべて揃った造船所で作業を進行させていくような明確さで、神はノアに一つひとつの指示を与えておられたのである。

ちょっと想像してみてほしい。仮にぼくがノアだったとしよう。しかも二十世紀のノアでも構わないというおまけつきで、この役割を引き受けたとする。神はぼくの信仰の乏しさを憐れんで、御自身ではなくメッセンジャーを遣わされる。ある日、このメッセンジャーとぼくは町の喫茶店でテーブル越しに向かい合い、何ページにも及ぶ設計図を広げながら、ああでもない、こうでもない、と具体的な作業を論じ合うのである。もちろん、素人であるぼくは造船に関してはAとZの違いも分からないのだから、当面の質問を尋ねるだけでも、こうした「会合」を何回も持たなければならないはずである。設計図を理解するだけでもそれだけの時間と質疑応答が必要になるのだから、実際の造船作業に入った段階でぶち当たる幾多の疑問点は想像すらできない。ぼくはその時、この顧問官をどれほど重宝することだろう。

ノアの神との関係は、まさにこうした緻密な会合が可能なほどの親密なものだったと考えられる。

ノアと神とはまさしく対話をしていたのである。それはダイアログであって、従来理解されてきた「祈り」についての定義を完全に打ち破ってしまう。「神からも語っていただく」ことをほとんど期待せず、神という存在をただ漠然と意識して、神という方がきっとおられるのだろうと想像する方向に向かって祈るぼくたちの祈りとは、いかに異なっていることか。モーセやノアの神との関係は、互いの言葉に対し、即反応し応答し対応することのできる、顔と顔とを突き合わせた対話の上に築かれたものだった。

ここで預言ということについて調べてみよう。まず「預言」と「予言」の違いだが、聖書で語られている「預言」の方は、人が神から言葉を授かることを意味していて、必ずしも未来のことを予見するとか予知するとかということだけには限定されていない。それに反して「予言」とは未来に関する事柄を予告されることである。パウロは新約聖書の中で、「**預言することを熱心に求めなさい**」(コリント人への第一の手紙一四：一)と説き勧めている。

聖書は、「祈る」ことを一貫して奨励している。また世界中では、毎日、様々な形態で「祈り」が捧げられている。しかしパウロがここで説き勧めているのは、神の存在を認知し、既に日常生活の中で祈るという習慣を身につけている人々に、「預言する」ことを学んでほしいということである。神に嘆願するだけではなく、もう一歩前進して、神の声を聞ける人々になることである。

では応用編に移って、「預言する」、「神の声を聞く」ということをもう少し具体的な形に置き換えていこう。

まずは、神という存在に対する先入観を壊すことから始める。その先入観がどういうものかというと、その代表的なものに、「神は全宇宙の神であって、この巨大なオペレーションの管理者なのだから、どこかの国の大統領とか大企業の社長か誰かのように分刻みのスケジュールの中でただ自分たちのレベルの人たちとだけ接しているはずなので、ぼくや私のような下々の階層に属する圧倒的大多数には関心などないに違いない」というのがある。これは見事な誤解である。神は勿論、宇宙でさえその存在を収容できないほどの大いなる方であることは間違いないが、同時にぼくたち一人ひとりの心の中にも住まわれるほどに小さく、親密になってくださる方でもある。だから、神は決してテレビや映画の中だけでしかその姿を見ることのできないような遠くかけ離れた存在などではなく、老若男女を問わず、世界中の一人ひとりの幸せや福利に大きな関心を持っておられる実に身近な存在なのである。

次に代表的なのが、「隣りの良子は美人だし、気立てもいいから、きっと神も愛してくださるかもしれないが、それに引き換え、この俺は成績は悪いし、まだ中学生なのに煙草は吸うし、おまけに性格だって擦れているし、まあ、完全に無視だろうな」というやつである。これもまた間違いである。福音書にはイエスのこんな言葉が記載されているからである。

「イエスが、取税人やそのほか大勢の人々と共に食卓についていると、パリサイ人や律法学者たちがつぶやいて、こう言った、

『どうしてあなたは、取税人や罪人などと飲食を共にするのか』。

イエスは答えて言われた、

『健康な人には医者はいらない。いるのは病人である。わたしがきたのは、義人を招くためではなく、罪人を招いて悔い改めさせるためである』。」（ルカによる福音書五：二七―三二）

ここの部分がクリアーできると、神があなたにも語り掛けてくださるという信仰に一歩近づくことができる。神は全知全能なのだから勿論、あなたの言葉を聞くこともできるし、あなたに何かを語りかけることもできる。実に単純明快だ。だからぼくたちはただ単純に神をそのような方として信仰によって受け入れ、理解し、それなりに接すれば良いわけである。

では、神の声とはどんな声なのか。もし神の声が聞こえるとするならば、それはどのような音声なのか。男の声なのか、それとも女の声なのか。はたしてそれは耳を通して聞こえる、いわゆる聴覚で感知できる声なのだろうか。

さて、特別の例外を除けば、神の声は人間の聴覚を通して感知できる物理的な音声としてではなく、第六感で受信できる、あの内面的なもろもろの「声」の中に見出すことができる。「人は考える葦である」とはパスカルの言葉だが、人の思考はある意味では音声には属さない声であるとも言える。心の中で聞くことのできる声は、「良い声」、「悪い声」と大きく二つに分けることができる。「良心」の声に代表される健全で建設的な声、邪念に代表される誘惑、懐疑、恐怖、破壊などの病的で陰りのある声。

「良心」の声というのは、ひょっとしたら一番初歩的な神の声であって、神がぼくたちに語り掛けるために用いることのできる幾つもの異なるチャンネルの一つなのかもしれない。このように考えると、神の声が一挙に身近に感じられるような気がする。ちょうど神は放送局のようなもので、幾つもの周波数を持っている。ラジオで幾つもの放送局からの放送を受信するのと同様、音波は四六時中ぼくたちを取り巻いているのだが、まずは実際にスイッチを入れないことにはせっかくの放送も受信できない。また、受信してもあまりためにならず、かえって有害な放送もかなりあって、実際そのような悪意のこもった意図をもって放送局を営んでいるところもある。神に代表される良い放送局と、悪魔に代表される悪い放送局、そしてその中間の様々な場所に位置している放送局、それぞれが各々の目的をもって電波を流している。

だから、神の声を聞きたいなら、まず受信機である自分の心（ラジオ）のスイッチを入れ、神の放送局の周波数にラジオを同調させることである。勿論、その過程で神以外の放送局からの電波を受信してしまうこともあるだろうが、もし自分が期待していないような番組が放送されていたなら、そういった局はさっさと見送って、神の放送しておられる番組をしっかりと、はっきりとした音声でキャッチできるまで整調し続ければよい。さもないと、悪魔の放送を受信してしまうことだってある。

このように、神の放送局の周波数に合わせて自分のラジオを同調する練習が、すなわち、神の声を聞くことの練習だと言える。そしてラジオと同様、一度同調することに成功して神の放送を受信してしまうと、後はしめたもので、ぼくたちのラジオは自動的にその局を選局することをプログラムしてしまうのである。

自転車の乗り方と同じで、それは一度覚えてしまったらそう簡単に忘れてしまうものではない。

さて問題は、受信可能な数多くの放送局の中から、いったいどの局の声が主の声なのかを決定することだと思う。「祈り」で学んだ基本的法則をここに応用することができる。信仰をもって願い求めるなら、神は必ずその願いを叶えてくださることを聖書は約束しているので、この法則をそのまま神の声を聞くことに応用すれば良いわけである。主よ、どうか語りかけてください、と祈ってラジオのスイッチを入れる。そして、その直後に最初に入ってくる電波を、当然のごとく神からのものとして受信すれば、それが神の声を聞くことになる。

勿論、失敗はつきものだし、変な放送を受信してしまうことだってあるはずだ。だが、神を求める人の心の耳にとって、神の声は明快である。イエスが、「**わたしの羊はわたしの声に聞き従う。わたしは彼らを知っており、彼らはわたしについて来る**」（ヨハネによる福音書一〇：二七）と言っておられる通りである。

そこには誤解したり、間違って他の人の声を神の声だと勘違いしたりする可能性はない。こうして、「声」に聞き慣れる訓練を積んでいけば、モーセやノア、その他多くの神の人たちのように、神との対話ができるようになっていく。

神の声に関するぼくの個人的な確信は、クリスチャンであるなしに関わらず、人の心の奥深くにあって、静かに、だがしっかりと語りかけてくる、あの「良心の声」こそ、各人に与えてくださっている神の声だということである。幼少の頃から聞き慣れていた声、ひょっとしたら自分自身の声だとずっと思い込んでいたような声が、実際には神の声だった、あるいは少なくとも神があなたと通じるために用いていたチャンネルだった、というのはよくあるケースだからである。そして、ぼくたちがその声に慣れ親しみ、他の声の中から聞き分けることを学ぶにつれて、その声が状況に合わせて、臨機応変に様々なメッセージを伝えてくるようになることに気付くはずである。

幼な子に対しては、幼な子に対するような口調や声で、大人に対してはそのような語り口で、神は語り掛けてくださる。あなたがカトリック信者ならば、カトリックであるあなたに理解できる言語を使って、プロテスタントであるならば、プロテスタントであるあなたが使い慣れている言語を用い、イスラム教徒であるならば、そのような装いやしきたりをもって、また仏教徒であるならば、それなりの馴染み深い用語や言葉で語り掛けてくださる。要は、神の声を聞くことが大事なのであり、神の声を聞き、それに馴染み、それによって神との健全な関係を確立することが、すべての人のための神の最高の御心だからである。

主の道は決して難しいものではないし、主の声は限られた少数の者たちに限定された希少なものでもない。

「はじめに言があった。言は神と共にあった。言は神であった。この言に命があった。この命は人の光であった。……そして言は肉体となり、わたしたちのうちに宿った。わたしたちはその栄光を見た。」

（ヨハネによる福音書一：一―一四）

この聖書の箇所は勿論、イエスを描写するものであって、言こそ、すなわち、イエス・キリストの代名詞なのであるが、同様に神の生きた言葉についても、言は神であり、神の声であり、その言はぼくたちの内に語られて肉体となり、ぼくたちの生活の中の一部となって光を放つのだと言うことができる。それが神の意図する栄光であり、神の意志であり、人に対する神の賜物なのである。

宇宙を創られた方の口が、土くれに過ぎないぼくたちの心に向かって開かれる。これ以上の奇跡があるだろうか。だから、ぼくたちは忙しい毎日の生活の中に、神の声を聞くための時間を割く必要がある。それこそ真の活力の源だからである。

「静まって、わたしこそ神であることを知れ」（詩篇四六：一〇）

ぼくたちが神の前に静まる時、神は喜んで言葉を与えてくださるだろう。神の声を聞くことは、ぼくたちが考えているよりもずっと容易なはずだし、神の声というものはそれほど身近な所に、実に**「あなたがたのただ中に」**（ルカによる福音書一七：二〇、二一）あるものなのである。

第一章　創世記

今までいろんなジャンルの本を読んできたが、まだ聖書だけは開いてみたことがないというあなたのために。または、読むことは読んだが、どうもしっくりこなかった、日本語で書かれているのだけれど異国の言語で書かれた本を読んでいるよう気がしてならなかった、というあなたのために。聖書をあなたの言語で。

聖書の表紙がなぜ普通黒なのかわからないが、日本で出版されている聖書は大半が黒表紙だ。それが何となくとっつきにくい雰囲気を醸し出してしまうのかどうかはさておいて、とにかく思い切って聖書を開いてみよう。すると最初に出てくるのがこの「創世記」である。野球でもトップバッターは大事だし、舞台でも幕開けの部分は重要だ。映画でも何でも導入部が十分に魅力的でないと、それは興行的に失敗である。本でも同じことが言える。

さて、ここに描かれている「世界のはじまり」の舞台設定は、批判家に言わせれば幼稚なファンタジーだということになるが、そうした先入観を捨てて細部に留意しながら、創世記を読んでみると、そこには綿密な計画をもとに構成された隙のない舞台設定が浮かび上がり、一貫性をもったストーリーが展開されていることに気づくようになる。

聖書は、ぼくたちの住むこの地球が、それを取り巻く大宇宙も含めて、たったの六日間で創造されたことを告げている。だったら、学校で幾度となく教わったあの進化論はどうなってしまうのか。宇宙は何億年もの気の遠くなるような時間の経過の中で、いわゆる進化の過程を経て誕生し、太陽系やその中の地球などはずっと後期になってから、何らかのエネルギーのタイミングのいい爆発によって「偶然」に放出され、現在の軌道に乗ったのだと、ぼくたちは学んだはずだ。

あなたが論理的、かつ生理的にこの説を受け入れられるかどうかはともかく、聖書はその大事なはずの巻頭の書き出し部分で、この世界を創られたのは神であり、しかもたったの六日間でそれが成されたのだということを、事も無げに告げている。大胆なアプローチである。神はこの説によっぽどの自信を持っておられるに違いない。さもなければ、これほどの規模のものがこんな短期間で、たった一人の手にかかって造られたのだとする、こんな無謀な論法など用いはしなかったことだろう。

だが、神が神であるならば、どんなことでも可能なはずだし、もしぼくたちが人間のイメージや常識や能力に重ねて神を逆に「創造」しなかったら、全知全能のそんな神が存在されたとしても、そのことに疑問を抱くことなど決してなかったはずである。

「はじめに神は天と地とを創造された」(創世記一：一)

つまり、地球のための宇宙という考え方であって、宇宙の創造がいわゆる偶然の結集ではなく、一つのはっきりとした目的、すなわち、最終的な人間の創造と、人間中心の歴史の舞台としての天地創造であったとするなら、確かに理に適っている。とりあえず、これを事実として受け入れることができるなら、その後に続く描写に説得力が出てくる。

二十四時間という明確な時間を尺度として、神はまずその一日を十二時間単位の昼と夜とに分割された。現在、イエスが救い主であり、十字架上でのイエスの犠牲のゆえに自分は救われているのだと信じるクリスチャンは日本にも大勢いるが、彼らが皆、聖書をすべて初めから終わりまで無条件で受け入れ、信じているかといったら必ずしもそうではない。今まで教えられてきたこと、普段聞かされていることと矛盾している聖書の部分に関しては、飲み込もうとして喉に詰まらせてしまうよりは、いかにも科学的に思われる勝手な解釈を施して、神の言葉が何か不完全なものででもあるかのように、説明的仮説をくっつけようとするのである。

例えば、神が天地の創造に六日間を費やされたと言われるのなら、その一日というのは地球が自転するのに要する二十四時間のことだけではなくて、何万年もの時間を意味しているのだと言う。つまり、創造されたのはもちろん神だが、進化の過程でそれを成されたのだ、と。創世記の第一日と第二日との間には何万、何十万もの歳月の隔たりがあって、そうした時間の内に今存在するいっさいの物が出現したのだと解釈する。

しかし、神はぼくたちよりもスマートである。そうした都合の良いこじつけを不可能にしてしまったのである。三日目と四日目に、神は何を創造されたと聖書は告げているだろうか。三日目には植物、四日目には太陽や月を含む天の星である。もし三日目と四日目との間に何千万年もの隔たりがあったのなら、三日目に造られた草花はいつ出て来るのかもわからない太陽の光を何万年も待たなければならなかったことだろう。そんなことは不可能である。「光合成」である。

科学の教科書に出て来る「写真」や図、またプラネタリウムに映し出される宇宙の姿などからすると、地球の存在する太陽系、それに太陽系の存在する銀河系は、明らかに宇宙の中心を外れているが、そもそも宇宙の果てさえ究められない人間にどうして宇宙の姿が描けるのだろうか、という疑問を抱いたことがないだろうか。ぼくたちの住む地球をそのような位置や姿で見せられてしまったら、人間のための地球や宇宙といった聖書的な描写を信じるにはさすがに抵抗があるが、これもまた取り除かれるべき先入観の一つなのである。

まず最初に神を認め、神の語られる天地創造を受け入れるなら、進化論の混沌とした曖昧な濃霧がたちまちの内に吹き払われて、ぼくたちは物事をそのあるがままの姿で、理路整然と受け入れ、理解できる立場に置かれるのである。アメリカ人物理学者のロバート・ミリカン博士は宇宙線の発見者として有名で、ノーベル賞を受賞しているが、彼は自分の研究課題であった宇宙についてこう言っている。

「コツコツと正確に時を刻む時計を見るなら誰でも、その背後に時計製作者の存在を認めるように、この神秘的で雄大な宇宙の緻密な構造や精巧な運動を目のあたりにするなら、その背後におられる創造主なる神の存在は誰にだって簡単に認められるはずだ」。

「はじめに神は天と地とを創造された。」（創世記一・一）

聖書のこの書き出しは、クリスチャンであるぼくには、何回読んでも最初に受けたあの感動を新たにしてくれる何かがある。何か胃のあたりを締め付けられるような、ダレて緩んでいたものが一気に引き締められる思いがする。この天地創造の描写は、信仰というものを持たずに漠然と読み進んでも、結局万物の起源はここにあったのではないだろうか、というすべての人に共通する奥深く、ノスタルジックなものを感じさせるものだ。だが、この天地創造が具体的にどのような作業を伴うものだったのかを考えると、そこには確かにきちんとした秩序を伴う体系的な過程があった。

その前にまず、なぜに聖書なのか、という根本的問題に触れたい。

御存知のように、神は目に見えない、霊的な存在である。ほとんどの時を霊の領域内で過ごし、活動かされ、その姿を人前に現されたり、その御声を雷鳴のごとくとどろかせられるようなことは滅多にない。神が人間のような姿形をしていたなら、身体検査でもして身長や体重を計ったり、男なのか女なのかを突き止め、その行動や思考パターンを観察したりして、癖や習慣などを調べたりできるのだが、そんなわけにもいかないので勝手な想像を働かせて神を把握する努力をしてみよう。

しかし残念ながら人間の想像力には限界がある。特に未知の存在を想像するときにはかなりの無理を承知で強引に自分たちが知っている何かと結び付けて考えようとする。例えば、その良い例が宇宙人だ。宇宙人の存在うんぬんについては色々な意見があるだろうが、ぼく個人としては存在すると思う。なぜかと言うと、聖書を読んで神がどんな方であるのかをある程度知っているからである。

ところが、宇宙人に関する一般的な論争を聞いていると、興味深いことに、すべての判断基準が地球的環境や人間的姿態、能力というものと直結しているのである。つまり、高度な文明をこの広い宇宙に発見するためには、まずは地球と同じような条件の星を見つけなければならない、とか、生命が存在するには熱すぎず、寒すぎず、水や空気のある環境が必要である、とか。こうして、本や映画で観たり読んだりする宇宙人の姿が形成されていくことになる。

でも、聖書から神とか天使とか、霊の世界とか、超自然的で奇跡的なこととかを学んでしまうと、この物質的世界や肉体的なものを幾次元も完全に超越している世界が存在することを納得できるようになる。だから、聖書はある意味で、そうした限界だらけの人間たちに与えられた、神の履歴書のようなものなのである。つまり、神御自身が地球人のレベルで、ぼくたちが関連づけて考えることのできるような具体例を使って、自己紹介してくださっているわけである。

だから、現代の科学の恩恵にあずかって、宇宙の征服者気取りでいるぼくたちにとってみたら、まるで「石器時代」を思わせるような描写や説明が聖書の中にあるとしても、そのことはぼくたちに、「神だなんて、時代遅れも甚だしい。この二十一世紀を迎えようとしている人類の科学や知識から比べたら、神なんて今でも火打ち石を使って火を起こし、毛ごろもをまとって狩猟生活をしている時代からの売れ残りだよ」と意見する権利を与えはしない。神の自己紹介というのは、その時代、時代の人たちに、彼らの文明や知識に応じて、まずそもそも人が理解できるようにと、ぼくたちのレベルでなされたものなのだから。

それって、物凄い愛の表明ではないだろうか。万物の創造主ともあろうお方が、被造物の一つである人間のヒジョーにちっぽけな理解能力にまでわざわざ下って来てくださったのだから。

聖書の中で神が言っておられることは全て真実であるが、中でも人間に絶対にわかってほしいと思って繰り返し強調されている幾つかの基礎的真理がある。それが何であるかを知るのは、聖書を読み、理解しようとする上で大いに助けになる。神が御自身の言葉をどれだけ重要視しておられるか、という点がその一つである。

「あなたはその御名と、御言葉を、すべてのものにまさって高くされた。」（詩篇一三八：二）

「草は枯れ、花はしぼむ。しかし、われわれの神の言葉はとこしえに変わることはない。」（イザヤ書四〇：八）

「はじめに言があった。言は神と共にあった。言は神であった……すべてのものは、これによってできた。できたもののうち、一つとしてこれによらないものはなかった。この言に命があった。そしてこの命は人の光であった……そして言は肉体となり、わたしたちのうちに宿った。わたしたちはその栄光を見た。それは父のひとり子としての栄光であって、めぐみとまこととに満ちていた。」（ヨハネの福音書一：一、三、四、一四）

右に挙げた三つの聖書の箇所の内、最初の二つが旧約聖書から、最後のが新約聖書からだが、これを読むと聖書に綴じられて人に与えられた神の言葉というものを、神御自身がいかに大切に思っておられるかがわかる。

そして新約聖書から挙げたヨハネによる福音書の第一章に見られるこの「言」というのは、明らかにイエス・キリスト御自身の代名詞である。これに創世記の第一章を重ねると非常に興味深い一致点が見えてくる。つまり、両者に共通するこの「はじめ」とは、天地創造のあった、全てのもののはじめのことである。

創世記では、神が「光あれ」と言われると、光ができたと書かれている。それがヨハネの福音書では、「すべてのものがこの言によってできた」としている。つまり神は、そのひとり子であり、神の生ける言であるイエス・キリストによって、万物を創造されたという驚異的発見である。自分が映画のプロデューサーでないのが残念だが、もし天地創造のこの部分を映画のようなビジュアルな手段で再現することができたなら、ぼくならこうするだろう。

まず目に見えない神を何か光のような存在として描写し、神の音声だけをスピーカーから聞かせる。でも「光あれ」を日本語で「ひかりあれ」と語らせるのではなく、神語で「ピカヒカーリ・ライト・アカーリ」とか何とか言わせて、そのときに神の子のようなイエス・キリスト（神の子のようなのがどんな姿なのか、そのへんのところの詳しい説明は勘弁してください、あくまでも映画なんですから）が目まぐるしく動き回って、光そのものを作り出している姿を映し出すのである。要するに、神御自身が言を語ることによって世界は造られていくのであるが、ここで注目すべきなのは、語られている言こそイエス御自身なのであって、天地創造の道具、つまり一つの媒体としてイエスが使われていることである。

このようにすると、天地創造の具体的な作業がかなり明確に描写できると思うのだが、どうだろうか。

聖書によれば、人類はエデンの園のアダムとイヴにはじまって、ノアやアブラハム、モーセとかダビデといった人物らに代表されるヘブル民族が歴史の主人公として選ばれ、彼らの神に対する従順にしたがって様々な祝福や災いの物語を形成してきたわけだが、その民族にはもう一つ、メシヤを出現させるべく一つの家系を守るという役割が与えられていた。聖書の随所に見られる、誰それが幾つの時に誰それを生み、誰それがいつ死んだ、という記録にはそれなりの大切な理由がある。

クリスチャンになりたての頃は、ぼくにも純粋で一途なところがあって、聖書を読み進んでいくにも変なところにこだわりを持って、こうした系図や名前が列記されている部分を、ひとつも読み落とすまいと懸命になっていたことがある。読み落とすたびに祝福のかけらがこぼれ落ちていくような気がして、それこそ躍起になっていたわけだが、今ではそんなに肩を凝らすことなく聖書を楽しめるようになった。

ところが、まだ湯気がたつような、ほかほかのクリスチャンだったその頃に、その系図についてある人から物凄い真理を教わって文字通りぶっ飛んだことがある。こんなことって有りなのか、すっかり感動してしまったぼくは、その後しばらくは会う人ごとにチャンスがあればこの聖書の「奥義」を伝えまわったものだった。

それは創世記の第五章。「アダムの系図は次のとおりである」という書き出しで始まる、例の名前と年齢と誰それが誰それを生んでどうのこうの、というやつである。

「神が人を創造された時、神にかたどって造り、彼らを男と女とに創造された。彼らが創造された時、神は彼らを祝福して、その名をアダムと名づけられた。」（創世記五：一、二）

参考のために付け加えるが、アダムという名の名づけ親は神御自身であって、イヴという名はアダムが付けたものだった。実際、エデンの園でアダムが神から最初に与えられた仕事は、天地創造第六日目に人が創造される前にすでに造られていた鳥や獣や家畜に名をつけることだった。「アダムがすべて生き物に与える名は、その名となるのであった」とある。名前をつけていく過程で、アダムは同時に彼にふさわしい助け手、つまり伴侶を見つけることになっていたのだが、動物たちの中にはふさわしい助け手が見つからず、最後にアダムの前に現れたのがイヴだったのである。

「そこで主なる神はアダムを深く眠らせ、眠った時に、そのあばら骨の一つを取って、その所を肉でふさがれた。主なる神は人から取ったあばら骨でひとりの女を造り、人のところへ連れてこられた。そのとき、アダムは言った。『これこそ、ついにわたしの骨の骨、わたしの肉の肉。男から取ったものだから、これを女と名づけよう』。それで人はその父と母を離れて、妻と結び合い、一体となるのである。」（創世記二：二一—二四）

エデンの園以来、歴史を通じて世界中のあらゆる国々で見られてきた男と女の愛の不思議である。ついでにもう一つとても大事なことを言っておく。それは神が一番最初に人に与えられた戒めが何だったか、ということである。これはぼく自身とても興味のある主題だし、このことについては同意してくれる人も多いと思うが、若い頃にはもう生き甲斐そのものだった。朝も夜も日中もひたすらにこれを思い、心をこめて、思いをこめて、力をこめて、この戒めに忠実でありたい、と願ったものだった。

これでぼくが極めて敬神的な人間であることを認めてくれる読者も多いに違いない。それでは厳かに答えを述べるとしよう。それは、「セックスに励め」という戒めだったのだ。

「神は彼らを祝福して言われた、『生めよ、ふえよ、地に満ちよ、地を従わせよ』。」（創世記一：二八）

アダムとイヴが罪をおかす以前のエデンの園は完璧な環境で、地を汚すものは何ひとつなく、二人には衣服さえ必要なかった。かなりの時間がこの最初の戒めを守ることに費やされたであろうことは簡単に想像できる。聖書の神はなかなかセクシーな神ではないだろうか。

事実、もしぼくたちのからだを造られた方が神であったのなら、そのすべての付属品を含めて、食べたり飲んだり、笑ったり、またセックスしたりする時にぼくたちが味わうあの感触は、神御自身のオリジナルなのである。神へのイメージがこれでまた少し変わったかもしれない。

何を話そうとしていたのか忘れてしまった。そう、アダムの系図についてである。この創世記第五章には合わせて十人の名が列記されている。アダムからノアに至る十人であって、しかも、「アダムが一三〇歳になって、男の子を生み、その名をセツと名づけた。アダムの生きた年は合わせて九三〇歳であった。そして彼は死んだ」という書き方を単純に計算していくなら、アダムから、箱舟で有名なあのノアまで何年の隔たりがあるのかがすぐわかるようになっている。

聖書がいわゆる西洋史のバックボーン的存在であるのは、西暦がイエスの誕生を境にＢＣとＡＤに分かれているためばかりではなく、誰だれが何歳の時に誰だれを生み、何歳で死んだ、という書き方が随所に出て来るために簡単に年表を作成できるからである。しかも聖書にはそれと並行して世俗の王たちや帝国が年代付きで言及されている。つまり、聖書の事実も世界史から立証できるように、世界史も聖書で裏付けることができるのであり、ぼくたちが今もっている歴史はこのようにして確証されているのである。

ぼくがすっかり感動してしまったこの奥義とは、アダムからノアまで、この第五章に登場する人物の名前に明確な意味がある、ということだった。名前に意味があるのはここだけではなく、聖書の登場人物の名にはほとんど例外なく何かしらの大切な意味がこめられているのだが、親が子にそうした意味のある名を与えることで、その子に対する自分たちの思いや望みを託すというのは、古今東西共通している。とにかく、この十人の名を挙げてみよう。

アダム、セツ、エノス、カイナン、マハラレル、ヤレド、エノク、メトセラ、レメク、ノアの十人である。思い出してほしいが、この十人はいわゆる系図を構成する形で連なっている。親の子、その子の子、そのまた子、という関係だ。そしてこの一つひとつの名に重大な意味が与えられている。

アダムとノアの間におよそ一五〇〇年の隔たりがあると言ったら、驚く人もかなりいることだろうが、その間には社会的にも生活様式にしても人々の考え方や習慣にしても、相当の違いがあったに違いない。その中にあって、この十の名前の意味が数珠のようなつながりをもって、ある重大な預言的メッセージを作り出しているのである。

早速調べてみよう。まずアダムという名は「赤い」、または「人間」という意味である。アダムが最初に造られた人間であり、土、おそらくは赤土から造られたことを考えると、その名付け親である神は名をつけるという任務をアダムに与えるに際して、良い見本であられたわけだ。次のセツという名は「定める」という意味である。アダムの子供たちは実に大勢いたのだが、かの有名なカインやアベルを凌いで、セツがゆくゆくはイエスを生み出すようになるダビデの家系の、アダムに次ぐ最初の後継者となる。ゆえに、セツ、つまり「子孫として定められる」という意味の名が与えられた。

三人目のエノスは「死ぬべき者」という縁起の良くない名前をもらってしまった。何故かというと、エノスの生まれたこの頃から人が徐々に死に始めたからである。

ちなみに、天地創造以降、ノアの洪水によって世界が一掃されてしまうまで、人々の寿命は軽く五百年を超えていた。理由は後でもっと詳しく説明するが、洪水後、人の寿命が一気に縮んでしまったのは、洪水のときに「大いなる淵の源」がことごとく破れ、それまで地球を覆い、致死的な宇宙線から人を守ってくれていた水の膜が取り除かれてしまったためである。そして、ちょうどエノスが誕生した頃に、さすがに長寿をもって祝福されていた太古の人々もようやくポツリ、またポツリと死に始めたというわけである。

次のカイナンは「状態」、そのカイナンの子であるマハラレルは「神の栄光」という意味である。六番目のヤレドというのは「下ってくる」という意味をもつ。さらに七番目のエノクという名には「教える」とか「預言者」という意味がある。

このエノクについて聖書は多くを語っていないが、ただ、「エノクは神とともに歩み、神が彼を取られたので、いなくなった」（創世記五：二四）といわれている。そして新約聖書のユダの手紙には、「アダムから七代目にあたるエノクも彼らについて預言して言った、

「見よ、主は無数の聖徒たちに率いてこられた。それは、すべての者にさばきを行なうためである。」（ユダの手紙一四）

これはイエス・キリストの再来に関する驚異的な預言であり、エノクが預言者という意味の名を授かったのも、こうした特殊な神からの才能を親であるヤレドが感知していたからなのかもしれない。

エノクの次にこの家系に名を連ねているのがメトセラである。そして、ここに出てくる十人の内、このメトセラが一番長生きをしている。実に九六九歳という長寿を全うしたのだった。そして彼の死んだ年にあの大洪水があった。このメトセラが九六九年生きたという事実も単なる偶然ではない。神が係わっている世界や人生には何ひとつ偶然で物事はおこらないし、事故というものもない。すべてが何らかの理由や目的をもっている。この長寿に関する神の御心は、では何だったのだろう。

それは、メトセラが洪水以前の世界、つまりアダムとイヴのエデンの園から始まるかの時代と洪水以降のぼくたちが知る世界との、貴重な橋渡しをしてくれているという事実だ。すなわち、このメトセラの人生はアダムと二四三年間重複し、ノアの息子であるセムとは九八年重複している。この特別な家系に預かる重要人物として、確かにアダムとメトセラとは面識があったはずである。

天地創造の頃の話や、エデンの園での色々な出来事、そしてエデンの園を追放されてからの最初の人間たちの生活の様子など、アダムはこのメトセラに何回も話してきかせていたに違いない。そしてノアの息子のセムとの重複期間に、この貴重な体験や顛末を後世に伝える役割を担うメトセラは勿論、自分の聞かされた話を忠実にセムに伝え、それが次から次へと伝達され、ついにはモーセの五書として知られる聖書の最初の五つの書、つまり、創世記から申命記までの五書を書き記したモーセに伝わったのだった。

ちなみにメトセラという名の意味は「彼の死は～をもって～をもたらす」というもので、洪水のあった年に死んだことと兼ね合わせて実に預言的な名前となっている。

九番目はレメク、「強い」という意味であり、最後の十番目があのノアである。

ノアという名は、知っている人もいるかと思うが、「慰め」という意味がある。創世記の一見退屈そうな人名と寿命の列記も、少し突っ込んでみるとてつもない大切な章、ページとなっている。お伽話のようで、今ひとつ信じるのが困難だった創世記が突如、信憑性を持ち出してくる。

最後に決定的なパンチをお見舞いしよう。ここに挙げた十人の名前の意味をつなげると、なんと一つの文章が出来上がる。しかも、そのメッセージはその後の人類の歴史にとって極めて重要な事件を告げ報せる預言なのである。

「人間は死ぬべき状態に定まっている。神の栄光は下って教える。彼の死は、私達に強い慰めをもたらしてくれる。」

どんなにもがいても、そんなのは偶然だといって無視しようとしても、目を覆って見ないように必死になっても、やはりイエス・キリストの姿がダブってしまう。天地創造にも、人間の創造にも、神が選ばれたこの家系にも、また親たちがただその子供たちに与えただけのはずのこうした名前にも、神は人を愛しておられ、然るべきときが来たときに、そのひとり子イエス・キリストをこの世のために与えてくださるという、この人知では決して測り知ることのできない永遠の愛の物語がしっかりと脈打っているのである。

次はノアと大洪水に進んでみよう。ノアは、洪水を送るので箱舟を造ってその中に入れと御告げを受けたとき、ただちにその作業に取り掛かった。舟など見たこともなく、洪水という概念が頭の隅にもなかったノアにとって、ただ神からの指示だけでこの大作業に取り組むのは大きな信仰を要したことだったに違いない。けれども神がノアに与えた指示によって完成した箱舟は、そのサイズ、その寸法、長さや幅、高さのバランスに至るまで、現在の大洋航路を走る大型客船のそれとほぼ一致しているのである。しかもノアは、この一大事業を一二〇年という歳月をかけてやり遂げる。何という信仰の見本だろうか。ぼくたちだったら、きっと一二〇日でも辛抱できないに違いない。

そしてそのとき、洪水となって地に降ってきたのが、天地創造の第二日目に神が分けられた「おおぞらの下の水とおおぞらの上の水」の「おおぞらの上の水」の方である。その水の膜が地球を取り巻いていたために人間は有害な宇宙線から守られていたのであるが、洪水時にこの水が取り除かれて地に降ってしまったために、洪水以降の人間にはこの保護がなくなってしまう。ノアの時代を境にして人の寿命が一気に縮まってしまったのは、これが理由だとされている。

この宇宙線は、太陽崇拝の実践者たち、日光を浴び過ぎる人々の皮膚を蝕み、皮膚癌をはじめとする様々な疾患の原因となっている。最近ではようやくこうした紫外線や宇宙線を含む太陽光線の害が話題になり、ひと昔以前のぼくたちみたいに、せっせとサンオイルなるものを塗りつけては、皮膚がカリカリになるまで日干しにして、太陽の神にお捧げする信仰に熱心だった時代よりは、人々が良い意味で教育されている。とは言っても、多分に化粧品業界の過大宣伝もその要因になってはいるが。

そんなわけで、信仰心の厚い人たちの間ではノアは今もなお信仰の人の鏡として賞賛を浴び続けている。月面を歩いた宇宙飛行士の一人が、その体験中に神を発見して地球に帰還した後で宣教師となり、聖書の信憑性や科学性を立証するために世界中を歩き回っているが、その彼がトルコのアララテ山に登り写真や「記念品」をもって戻って来た。その帰還はもちろん月から戻って来たときと比べたら、ほとんど何の賞賛もなかったし、取り立ててニュースにもならなかった。

あなたはその彼がいったいその山に何をしに行ったと思うだろうか。その通り。アララテ山とは他でもない、あの四十日四十夜降り続いた雨がやっと上がり、地上をすっかり覆ってしまった水が引き、再び乾いた大地が姿を見せるまで、忍耐強くじっと待つ人や動物たちを乗せた箱舟が最初に降り立った山である。そして舟はアララテ山の山頂近くのかなりの高度の場所に漂着したのだった。ちなみにアララテ山は世界でも屈指の高山である。

信じるかどうかは知らないが、聖書に記録されている情報を頼りに山に登ってみて、彼がはたして発見したのは、ほとんど原形をとどめた姿で一年中溶けることのない氷に覆われた箱舟だったのである。アララテ山の地理的位置はロシアとの国境に接するトルコ領内である。残念ながら、トルコは国の主義により意思にそぐわないという理由でこの箱舟を一般公開してないし、アララテ山は文字通り封鎖状態だといわれる。しかし、この月の宣教師は証拠写真を何とか撮り、「記念品」まで持ち帰ってきた。それはアスファルトでうちそとを塗られたいとすぎの木の断片だった。聖書の創世記第六章で神がノアに指示された通りである。

先にアダムの系図を調べたときに、洪水以前の世界と以降の世界とをつなぐ重要な橋渡しをした人としてメトセラという人物を挙げたが、そのメトセラと九八年生涯を重複しているセムは、信仰の父と讃えられるかのアブラハムとも重複し、アブラハムが一五〇歳という老齢になるまで生きてたのである。神はこのようにして後世に伝えるべく太古の物語を聖書の歴史の初期に登場した重要人物たちに確実に手渡しておられた。さすがである。

聖書にはこのように一目で奇跡とわかる奇跡と、掘り探ってみて初めて奇跡だったんだと改めて感嘆させられてしまう奇跡とがある。比べてみたらわかっていただけると思うが、他の神話や宗教書と比較して聖書の奇跡にはユーモラスな、はっきり言ってしまえば滑稽きわまりないものが少なくない。シェークスピアのハムレットをせっかくスピルバーグが演出してくれているのに、俳優たちに三流の大根役者たちしか集まらなかったという、どうも締まりのない状況である。

しかし神は宇宙という壮大な舞台でこの大いなる愛の物語を演じるのに、人間という役者を主人公に抜擢された。その発想は奇抜であって確かに人知を超えてはいるのだが、何せ演技力が伴っていない。原作、シナリオ、脚色は超大作のそれだし、監督はじめプロデュース陣はすべて超一流だし、舞台設定もすべて絶妙なのだが、どうしても登場人物に締まりがない、そんな感じがどうしても拭えないのが聖書の奇跡だと思う。

たとえば、アブラハム。この人はユダヤとアラブの両民族がこぞって信仰の父と仰ぐ聖書屈指の重要人物である。なぜにその信仰がそれほども賞賛されているのだろう。このアブラハムという男はいったい何をしたので、これほども尊敬されているのか。アブラハムについては、

「信仰によって、受け継ぐべき地に出て行けとの召しをこうむった時、それに従い、行く先を知らないで出て行った。信仰によって、他国にいるようにして約束の地に宿り、同じ約束を継ぐイサク、ヤコブと共に、幕屋に住んだ。ゆるがぬ土台の上に立てられた都（天国）を待ち望んでいたのである。その都をもくろみ、また建てられたのは、神である」（ヘブル人への手紙十一：八―一〇）

と言われている。つまりアブラハムは、人の一生はこの世の人生が終わるときに終わってしまうのではなく、それが天国でのもっと素晴らしい命への準備段階に過ぎないことを、その生涯をかけて教えているので、信仰の父なのである。この地上の何処かに石の家を建てて、その土地にすっかり根を下ろしてしまうのではなく、この世に生きているあいだはテント生活をして、「ゆるがぬ土台の上に立てられた都」での邸宅生活を待ち望んでいたからだ。

最近はアウトドア・ライフとか何とかいって、キャンプするのが流行っているが、それは、普段はもっと快適で便利な自分の家というものがあって、そこを生活の拠点にしていて、たまにテントで寝泊まりするから楽しいのであって、アブラハムのように、自分の持ち家を売り払ってこれからはテントで一生暮らしなさいと言われたら、大多数の人はその場に固まってしまい、梃子でも動くまいと必死に家の柱にしがみつくことだろう。

もう一つアブラハムを信仰の父ならしめているのは、創世記一七章と一八章に見られるテストに彼がパスしたことである。アブラハムは生涯をテントで生活することで、天国と地上の生活との間の価値関係を他に証することの報酬として、多くの国民の父となる契約を神から授かるという祝福を頂いた。

ところがその約束が与えられたタイミングがあまりにも悪すぎた。それはアブラハムが九十九歳で妻のサラが九十歳になろうとしていたときの約束だったからだ。しかもサラは不妊の女で、そのうえ彼女の生理はとっくの昔に止まっていた。何かをなされるのに、どうして神はわざとこうして状況をより複雑にされなければならないのだろう。これもまた、ほかほかの湯気がたっていたクリスチャンだった頃によく思った純粋な疑問の一つである。しかし、これこそが新約聖書の中であのパウロが力説して止まない信仰の見本が生じる条件だった。

「アブラハムはこの神、すなわち、死人を生かし、無から有を呼び出される神を信じた。彼は望み得ないのに、なおも望みつつ信じた。それがゆえに、多くの国民の父となったのである。すなわち、およそ百歳となって、彼自身のからだが死んだ状態であり、また、サラの胎が不妊であるのを認めながらも、なお彼の信仰は弱らなかった。彼は、神の約束を不信仰のゆえに疑うようなことはせず、かえって信仰によって強められ、栄光を神に帰し、神はその約束されたことを、また成就できると確信した。だから、義と認められたのである。」（ローマ人への手紙四：一七―二二）

ぼくたちはそこに素晴らしい神の奇跡、神の約束の成就を見る。でも、それを引き出す役割を与えられたアブラハムとサラの葛藤や信仰の試みを見落としてしまう。歴史のスポットライトに当たっていない陰の部分を。約束が与えられてまもない頃、三人の御使いがアブラハムのところを訪れ、こう言った。

『あなたの妻サラはどこにいますか。』

彼は言った。

『天幕の中です。』

その一人が言った。

『来年の春、わたしはかならずあなたの所に帰ってきましょう。その時、あなたの妻サラには男の子が生まれているでしょう。』

サラはうしろの方の天幕の入り口で聞いていた。さてアブラハムとサラとは年がすすみ、老人となり、サラは女の月のものが、すでに止まっていた。

それでサラは心の中で笑って言った、

『わたしは衰え、主人もまた老人であるのに、わたしに楽しみなどありえようか』。」（創世記一八・九―一二）

これでわかっていただけるように、神の約束は、子供を作る男女としての夫婦の機能をすっかり終えてしまっていた二人の老人に与えられたのであり、この約束を成就させるには、その場に突っ立っているだけでは二進も三進も行かないのである。もっとはっきり言ってもらいたい、曖昧すぎてよくわからない、というあなたのために、この際だからぼくも恥を忍んではっきり言ってしまうが、夜の楽しみもすでに遠い思い出、満月の夜などにたまにその気になったとしても、すっかり身体がいうことをきかなくなっている、そんな二人が、神の言われた言葉を信じて、いざ実行に踏み切ったのである。賞賛の拍手が贈られるべき場面ではないか。

信仰とは、実生活とはかけ離れた形式的な宗教用語の一つではなく、このように人間の限界に挑戦し、不可能な、常識では決して有り得ない部分で人に従順を要求される神を信じて、それを実行するという「狂信的」な要素を含んでいる。でも、そこにはこのユーモラスな部分もある。

さあ、あなたの想像力を働かせるチャンスが到来した。聖書の神は奇跡を行われるときに、何でもかんでもたった一人でしてしまうタイプの神ではない。その十ヵ月後に、赤ん坊の入ったバスケットをくわえたコウノトリをアブラハムとサラのもとへ遣わされたなどと短絡的なことを考えてもらっては困る。そういう類いは神話や御伽噺のストーリーであって、聖書の神の行動パターンとは異なる。神は、人間に自分で出来ることを行うことを要求し、人間が信仰を働かせてその「不可能」をとにかく実行しようとするときに、人間には出来ない奇跡をなされるからだ。

神の言葉を聞いたその晩、ベッドを共にしようと決心する二人の心の葛藤。そして、とうとう実行したときの二人の言葉には著わせないほどの驚きと喜び。何十年ぶりかで力がみなぎり、準備万端整った下半身を見て、驚きとためらいの交錯するアブラハムと、それを見つめ、手にとる内に、忘れていたあの潤いが蘇ってきて、顔を赤らめるサラ。人間的な弱さと無能の中に働かれる全能の神の力の物語は、だからぼくたちを励ましてくれるのである。

こうしてアブラハムに与えられた約束は、多くの祝福を伴ってその子孫へと受け継がれていくのだが、その過程で神は人に試みを与え、祝福を受け継ぐのにふさわしい器とすべく、砕いては練り、練っては形作る、という作業を繰り返される。砕いては練り、練っては形作る、というのはあまり耳障りの良いものではないし、これだけでも聖書を閉じて、さあ今来た道を帰ろーっという気分にさせるに十分なものだが、この主題は実際問題、大問題である。

クリスチャンを三十年近くやってきて、なお思わず顔をしかめてしまいそうなのが、この砕いては練り、練っては形作る、というやつだからだ。誰だって、今ある状態をできるだけ保ったままで、あまりいじられずに神の用途に適う器になれたら、と望むものだし、それが「人情」というものだが、「神情」というのはそうすんなりといくものではなさそうだ。ちょうど口に苦く、含んだだけで吐き出したくなるような昔の肝油のようなものだ。覚えている方も多いだろう。でも、なぜ肝油を飲まされたのか、子供だった頃には大人の子供に対する陰謀のようにしか思えなかったが、大人となった今はそれが子供の身体にとって良いものだから嫌がっても飲まされたのだと納得できる。納得しても飲みたいとは思わないだろうが。

この場合、子供を叱る親の気持ちを考えると、そうした試練を与えられる神の気持が理解できるだろう。あるいは、開幕に備えて自分の肉体を絞り込み、筋力訓練などのベーシック・トレーニングをする運動選手のようなものだ。子供時代は、大人になって人生を満喫するための準備期間のようなものであり、運動選手も実戦で実力を発揮できるようにトレーニングに励む。なにしろ、この地上での生活は、またその過程で与えられる試練のすべては、これからやって来る天国での生活の準備なのだから。この地上でぼくたちが経験するすべてのことはことごとく天国において何らかの形で活かされるようになるのである。

イエスを生み出すための、このアダムの系図はこうしてアブラハムを経由して、その子のイサクへと受け継がれ、ヤコブ、ユダ……と続いてダビデ、ソロモンに到り、その中途で歴史的に有名なあのバビロンの捕囚を体験したにもかかわらず家系はそこでも途切れることなく、イエスの父親となるマリヤの夫ヨセフへと続いていく。聖書は、四〇〇〇年間に渡って守られてきたこのイエスの家系を背景として大雑把な骨格を形成している。肢体はそれを中心にして様々な骨が連なって構成され、筋が骨を綴じ、さらに肉が生じ、皮膚が覆う。イエス・キリストをこの世に到来させることが神の最高にしてかつ第一の御心だった。

旧約聖書の様々なドラマは、その約束の家系を保護し、継続することの上に成り立ち、また展開した。聖書に記録されている諸々の物語はすなわち人々の神への信仰の表明である。個人や国民が信仰に堅く立ち、最善を尽くして神に従おうとした結果は祝福と繁栄であり、逆に信仰を捨て、目に見えない神に従うよりも自分たちの道を選んだ結果は呪いと貧困だった。この一冊には人が生きて行く上で絶対に知らなければならない重要な情報が満載されている。人がこれを無視するなら、たとえ世界中の図書に収められた知識をすべて習得しても、金銀貨幣に埋もれても、堅固な豪邸に暮らしても、目的地に到着せずに難破してしまう帆のない小舟同様なのである。

確かに人間の科学は発達した。百年前には想像すら出来なかったような生活がこの地上に実現されている。だがしかし、たとえ月に人を着陸させても、地球を何十回も破壊できるほどの核弾頭を保有しても、人はわずかでも寿命を延ばすことはできない。どんなに懸命に逃げ回っても、すべての人は死という門をくぐらねばならない。そこには貧富の差も、老若男女の違いもない。ちょうど太陽が東から出て西に沈むように、リンゴが木から落ちる引力の法則よりも確実に、死は平等に万民の扉を叩く。大宇宙の創造者である神の前に、昔も今も、人はやはり無力なのである。

第二章　モーセとダビデ

モーセ

モーセの生涯はあまりにも有名なので、ここでは一般に知られている事柄ではなく、ちょっと意外な面を探ってみることにする。

まずモーセの略歴である。これには歴史を少しさかのぼってヨセフという人から始めなければならない。アブラハムの曾孫にあたるヨセフは、神の不思議な計画に突き動かされてエジプトの地に売られていく。そこでヨセフは神から授かった知恵と洞察力をもってエジプトの王に貢献し、王の顧問の地位で活躍するのだが、ヨセフの死後、ヨセフのことを知らない新しい王がエジプトに起こる。移民の地でその数をはなはだしく増やして行くイスラエルの国民は、この新しい王によって奴隷とされ、重い労役をもって苦しめられるようになる。ピラミッドやスフィンクスの建設である。

モーセはそんな頃にエジプトで生まれ、王の娘の子、すなわちエジプトの王子として育てられる。このまま順調に出世街道をひたすら進んで行けば、次代の王として全エジプトに君臨するのも時間の問題だろうと思われたのは、モーセが四十歳のときだった。しかし、神の見えない御手に操られた運命というのは不思議なもので、このときを境にモーセの人生は一転してしまう。

モーセは、同胞のひとりであるヘブル人がエジプト人に打たれているのを見て、彼を救おうとエジプト人を打ち殺してしまい、そのためにエジプトを追われる身となってしまうのである。モーセはミデヤンの地に逃れ、そこで羊飼いとなる。パウロはヘブル人への手紙の中でそのことをこう書き記している。

「信仰によって、モーセは成人したとき、パロの娘の子と言われることを拒み、罪のはかない歓楽にふけるよりは、むしろ神の民と共に虐待されることを選び、キリストのゆえに受けるそしりを、エジプトの宝にまさる富と考えた。それは、彼が報いを望み見ていたからである。」（ヘブル人への手紙一一：二四―二六）

ここでは一言で「エジプトの宝」としているが、その当時の世界帝国といわれたエジプトの王になることがどんな意味を持つのか、ちょっと考えてほしい。栄華と繁栄をきわめたエジプト大帝国の王様である。これをぱっと捨ててしまい、その代わりに迫害され虐待される側に回ってしまったモーセは、今の時代だったら、早急に病院送りにされて精神鑑定に回されることだろう。一国の大統領、国王クラスの人物が突如、奴隷たちの信仰している砂漠の神を狂信してしまい、身分も財産もいっさい抛ってしまうほどの急転換を遂げてしまったとしたら、これは大問題である。

こうした行動が世間一般に、特に若者たちに与える影響というものを考えなかったのだろうか。実に常軌を逸している。常識外れもはなはだしい。こんな無責任な男が、あのヘブル人への手紙の第一一章を飾る信仰深い英雄たちと肩を並べて名誉殿堂入りを果たしたなんて、聖書は、神は、いったい何を考えているのだろうか。まぁこんなふうに、もうすでに起きてしまったことについて、神の無知な行動を非難したり、あれこれと御託を並べたりと、いまさら神の尻拭いをしても仕方がない。勿論、神には拭うべき尻もなければ、人間みたいに尻を拭う必要もないのだが。ここにもまた、神と人間の人生観や価値観の違いが明白に表れている。

それは、「彼が報いを望み見ていたから」とパウロは説明している。天国で受け取るものは、たとえ一国の王としての座を離れたとしても、決して断じて損にはならないものなのである。比較する方が気違いじみていると。

「信仰によって、モーセは王の憤りをも恐れず、エジプトを立ち去った。彼は、見えないかたを見ているようにして、忍びとおした。」（ヘブル人への手紙一一：二七）

ここにモーセの信仰の秘密が見てとれる。

「信仰とは、望んでいる事がらを確信し、まだ見ていない事実を確認することである」（ヘブル人への

手紙一一：一）

エジプトを立ち去ったときのモーセは、このような信仰を持っていた。すなわち、その存在を伝え聞いていただけで、いまだ見たこともなく足を踏み入れたこともない天国という世界を確信していたのであり、この世においても来世でも受け取ることのできる約束の成就という事実の裏付けを持っていたのである。そうでなかったなら、あのような行動は取れなかったはずだ。

しかし、モーセのその後の人生はぼくたちの想像や期待を見事に裏切ってしまう。エジプトと、エジプトが象徴するいっさいの物を捨て去った報いとして、ぼくたちだったら何を期待するだろうか。ここでもまた、神の道は人の道とは全く異なっていることを見せつけられて、ぼくたちは言葉を失ってしまう。

ミデヤンの荒野に逃れたモーセはそれからの四十年間を羊飼いとして過ごすことになる。そしてその期間に関する記録はほとんど残されていない。ただ、聖書にはこうした事例が幾つも記載されている。すなわち、人生の陰と日向であり、停止状態と活動状態であって、人には放電する時と同様、充電する時も必要であることを、神はよく御存知なのである。スポットライトの照らし出す華々しい舞台から、神はすっと役者を取り除かれて、人目のつかない舞台裏で人生に奥行きを与えられる。再び登場するときに、もっと豊かで潤いのある役をこなせるようにである。

モーセの場合もそうだった。エジプトを捨て去った彼の信仰は見上げたものだが、何百万というイスラエルの民をエジプトから導き出すという大事業をこなすためには、足りないものがあまりにも多すぎた。考えるだけで気が遠くなってしまいそうな四十年という、あまりにも長くあまりにも単調な歳月を羊飼いとして過ごしたモーセがまず最初に自覚しなければならなかったのは、自分の無知無力であり、羊飼いこそがおそらくは自分の生涯の職業だろう、ということだったのではないか。エジプト脱出の任務など、このときのモーセには知るすべもないが、そんなことは当然、彼の予定表には入っていなかったはずだ。

これがただ世俗的で物欲的な現世における成功とか繁栄とかであるのなら、それは所詮人間の世界のことなので、それなりの努力をすれば多くの物は確かに手に入れることができるだろう。だが、永遠というものを見据えた神のわざであるならば、最善の策は自分の能力の限界を悟り、力は内から生ずるものではないことを知ることである。出発点をそこに据えるなら、そこは神を見上げ、神に頼るのに最適の場所である。モーセもおそらくは木陰に座して自分が牧する羊を観察しながら、そんなことを感じていたのだろう。神の目には、ぼくたちもまた羊飼いに守られ、手ずから養われる必要のある羊に過ぎないのだということを。

「主はわたしの牧者であって、わたしには乏しいことがない。主はわたしを緑の牧場に伏させ、いこいのみぎわに伴われる。主はわたしの魂をいきかえらせ、み名のためにわたしを正しい道に導かれる。たといわたしは死の陰の谷を歩むとも、わざわいを恐れません。あなたがわたしと共におられるから

です。あなたのむちと、あなたのつえはわたしを慰めます。」（詩篇二三：一―四）

「わたしは山にむかって目をあげる。わが助けは、どこから来るであろうか。わが助けは、天と地とを造られた主から来る。」（詩篇一二一：二）

そんなわけで、四十年間という忍耐と辛抱の歳月は、自分の衝動によってではなく、心の内に聴く神の静かな囁きにしたがって決断し、それによって動かされることをモーセに教えた。ただ信仰を持って神に頼るならば、海を分け、山を移し、砂漠に水を生じさせることさえ可能になることを学んだ。モーセは、そのとき八十歳だった。そして、ついに出エジプトの任務が与えられる。ノアの箱舟造りには百二十年間、モーセの荒野での準備期間は四〇年、アブラハムに約束の子が授けられたのが百二十歳の時、こうして見てみると、神は準備に非常に多くの時間をかけられるようだ。

でも逆に、こうした周到な準備がなされたからこそ、この信仰の英雄たちは神の御心にかなう仕事をすることができたのである。しかも嬉しいことに、彼らのこうした人生を見て光を放っている部分があるとしたら、それは彼らに信仰があったという事実だけであって、彼らから信仰を取り去ってしまったら、後に残るものはぼくたちと同じような弱さであり人間臭さしかない。自分には何もできないと知っている人たちを、神は喜んで用いてくださるという事実だけなのである。

モーセの人生はこの後、出エジプト、シナイの砂漠での奇跡の四十年、そして約束を受け継ぐ直前に訪れる無念の死と、二転三転と曲折した道をたどっていくのであるが、それ自体ここで語り尽くせないほどの様々な教訓が含まれた物語の連続なので、今は時計の針をちょっと先に進ませて、とりあえず聖書の次のヒーローを取り上げてみることにする。モーセに導かれ約束の地へと向かうイスラエルの民の砂漠での生活については、別の章でまた触れることにしよう。

ダビデ

イエスは別格として、聖書に登場する偉人英雄たちの中でも屈指の存在はなんと言ってもダビデだと思う。ぼくもこのダビデという人物が大好きである。彼の武勇伝は聖書に数多く記録されている。ダビデがまだ羊飼いの少年だった頃、当時のイスラエルはライバルのペリシテという国と定期的に戦争をしていた。ぼくの好きなサッカーでいえば日韓定期戦のようなもので、勝っては負け、負けては勝ち、を繰り返していた。もちろん、イスラエルの勝敗に限っては彼らの神に対する従順がその結果を大きく左右していたことは言うまでもない。

ある時、三メートルに届くか届かないかという身長を誇る、ゴリアテという巨人が「タイマン」を挑んできた。つまり、ペリシテの代表選手がゴリアテで、彼も一人で戦うからイスラエルからも一人を選んで彼と戦わせ、負けた方が勝った方の奴隷になるというルールである。戦争というものが政治がらみの駆け引きであるのは昔から少しも変わっていない。

とにかくダビデはこの戦いに奇跡的な勝利を治め、一躍イスラエルの英雄にのし上がるのだが、聖書の中の他の偉人の例に漏れず、このダビデも様々な試練を通り、教訓を学びながら、神と人から愛された、イスラエル史上最も優れた王になっていく。ダビデは王であると同時に預言者でもあり、また聖書の詩篇作者としても知られている。またアダムからはじまり、最終的にはイエスをこの世に来たらせるために、神が超自然的な方法で守ってこられたあの「家系」の中継者でもある。王であるダビデは勇敢かつ賢明であり、ほとんどの場合は軍の先頭に立って敵と戦った人だった。また預言者としてのダビデは、ある意味では王としてのダビデよりも、聖書の中に書き記されることになるその託宣のゆえに、後の世代に貢献した人だった。

しかし、ぼくが何よりも敬愛するダビデの傑出した部分とは、むしろ詩篇作者としてのダビデである。このダビデという人は、人間であるゆえの弱さや罪深さを絶えず神に隠さず告白し、過ちや罪の大小にかかわらず、いっさいを無条件で洗い流し、許してくださる神の素晴らしさを讃美した人だった。聖書には、歴史とか預言とか哲学とか統計とかといった様々なテーマで、人が知るべき神の意志が表明されている。しかし、このダビデの詩篇が聖書のど真ん中に位置し、他のどの書よりも多くの紙面がこの詩篇に捧げられている事実は、神の優先順序を如実に表していると思う。そこには、聖書の底辺に一貫して流れている神の愛と許しのメッセージが凝縮されているからである。

「春になって、王たちが戦いに出るに及んで（例の定期戦である）、**ダビデはヨアブ**（ダビデの参謀のひとり）**および自分と共にいる家来たち、並びにイスラエルの全軍をつかわした。……しかし、ダビデはエルサレムにとどまっていた。」**（サムエル記下一一：一）

この時に至るまで、ダビデは戦いがあればほとんど例外なく先頭に立って軍を率いていたのだが、ここに人間ダビデの弱さ、怠慢、王としての高ぶりが表れている。罪が門口に待ち構えているような気配がする。

「さて、ある日の夕暮れ、ダビデは床から起き出て、王の家の屋上を歩いていたが、屋上から、ひとりの女がからだを洗っているのを見た。その女は非常に美しかった。」

夕暮れに床から起き出るという部分からは、軍を率いる王としての責任から離れて私生活にどっぷりと浸かった怠慢な毎日の生活が見てとれるが、暇を弄ぶダビデの目の前に罪がいよいよ戸を叩いてくる。

「ダビデは人をつかわしてその女のことを探らせたが、ある人は言った、『これは、ヘテびとウリヤの妻バテシバではありませんか』。そこでダビデは使者をつかわして、その女を連れてきた。女は彼の所にきて、彼はその女と寝た。」

行動の人ダビデの片鱗が伺える。だらけていても、この手のことにかけては流石に手早い。百戦錬磨の王である。人妻だと知りながら王の特権を濫用する実に人間臭いダビデの一面である。しかし、聖書のその部分には括弧の中に、ある注釈が付けられている。

「(女は身の汚れを清めていたのである。)」

これがどんな意味を持つのか、多くの人はあまりピンと来ないだろう。これはヘブル人に対して与えられたモーセの律法の中に、「女にもし、血の流出があるならば、その女は七日のあいだ不浄であって、その後さらに七日にわたって水に身をすすがなければならない」（レビ記一五章）という規則があるからである。バテシバは生理後一週間を経過していたことになる。

「女は妊娠したので、人をつかわしてダビデに告げて言った、
『わたしは子をはらみました』。」

さて、これは困った事態である。当時のイスラエルはいわゆる神権政治といって、この場合には王であるが、祭司や預言者を通して神が民を治めるという政体をとっていた。だから国の法律のほとんどは聖書の中で神の言葉として語られたものによって直接に定められたものだったのであり、その影響を受けていた民は、子は神からの嗣業であり、賜物であると考えていた。堕胎とか中絶などはもってのほかだったのである。ダビデも一応王なので、曲げようと思えば幾らでも物を曲げたり伸ばしたりはできる立場にいたのだが、ひとつの命、魂というこの部分だけはどうしても曲げることはできなかったのである。

「何か打つ手はないか、律法を曲げずにこれから逃れる手段はないものか。」
なんとか法の網目を潜り抜けようとして頭を悩ませるダビデの姿が見えるようである。
なにしろ人妻を奪っただけではなく、子まではらませてしまったのだから。これが人に知れてしまったら、神の預言者、イスラエルの王の立場もあったものではない。

「そこでダビデはヨアブに、
『ヘテびとウリヤをわたしの所につかわせ』
と言ってやったので、ヨアブはウリヤをダビデの所につかわした。」

このとき、ヨアブをはじめとするイスラエルの全軍は戦いに出ていたのだが、なぜバテシバの夫であるウリヤが呼び寄せられなければならないのか、そういう疑問もあっただろうが、とにかく王の命令である。

「ウリヤがダビデの所にきたので、ダビデは、ヨアブはどうしているか、民はどうしているか、戦いはうまくいっているかとたずねた。」

おそらくダビデはウリヤの顔を直視できなかったに違いない。どうして王のもとに呼ばれたのかもわからない哀れなウリヤには、こうしたダビデの質問の大意が掴めなかったはずである。とにかくダビデは真意を偽善の外套で覆い隠し、部下や民を思いやる普段の王を装う。そしてこの犯罪隠蔽行為を徐々に推し進めていく。

「そしてダビテはウリヤに言った、
『あなたの家に行って、足を洗いなさい』。」

あなたがシャーロック・ホームズか刑事コロンボだったなら、ここに犯罪の臭いを敏感に嗅ぎつけることだろう。ダビデは不倫の相手バテシバの夫であるウリヤをわざわざ戦地から連れ戻し、特別休暇という名目か何か知らないが、「家に帰って熱いシャワーを浴び、からだにコロンでもふりかけて、おまえの妻と久し振りの夜を楽しんだらどうかね」というメッセージを「あなたの家に行って、足を洗いなさい」という言葉に託したのである。「うまくウリヤがこれにひっかかってくれるなら、生まれて来る子が怪しまれる必要はない。まぁ、ちょっとこの俺に似てしまうのは避けられないが。」

このとき、ダビデはすっかり神の存在を忘れている。すべてをお見通しである神を全く忘れて行動しているのである。あれほどの強いコンタクトを神と持つこのダビデでさえ、神から離れればこの有り様なのである。これって、ダビデの武勇伝よりも、ある意味ではもっとぼくたちの励ましになると思いませんか。

「ウリヤは王の家を出て行ったが、王の贈り物が彼の後ろに従った。」

ウリヤを「その気」にさせるような、葡萄酒とかチーズとか、まあ今で言うならムードミュージックのCDとか、バテシバにプレゼントして着飾らせてあげられるようなセクシーな下着とか、きっとそんな贈り物だったのであろう。しかし、完全犯罪はなかなか成立しないものである。

「しかしウリヤは王の家の入り口で主君の家来たちと共に寝て、自分の家には帰らなかった。………そこでダビデはウリヤに言った、

『旅から帰ってきたのではないか。どうして家に帰らなかったのか』。」

自分の計画通りに事がうまく進まないことに対する苛立ちをひた隠しにして、王は露骨にならないよう注意しながら、ウリヤが家に帰らない理由をたずねる。

「ウリヤはダビデに言った、

『神の箱も、イスラエルも、小屋の中に住み、わたしの主人ヨアブと、わが主君の家来たちが野のおもてに陣を取っているのに、わたしはどうして家に帰って食い飲みし、妻と寝ることができましょう。あなたは生きておられます。あなたの魂は生きています。わたしはこの事をいたしません』。」

このウリヤの態度は実に立派であり、彼の王を敬う気持ち、軍の仲間をいたわる気持ちがヒシヒシ

と感じられる。しかし、ぼくたちの中にはダビデに加担して、彼の計画がうまく行くことを願って、ウリヤのこの態度に苛立ちを感じている部分が、ひょっとしたらあるのではないだろうか。正直に告白してしまうが、ここの所を読むたびに、ぼくは自分の中にダビデの犯罪がうまくいくようにと願っているもう一人の自分がいることを自覚してしまう。

聖書にこうした恥ずべき犯罪や過ちがあるがままに記載されているのは、たぶん、読者であるぼくたちの中にも、普段は上手に隠されていて人目につかないが、偽善の皮を一枚でも剥ぎ取られてしまうなら、善人の仮面の下にはダビデと同様の罪深い部分が渦巻いているのであって、やはり人間というものは神の前では罪人なのだということを認識させるためなのではないだろうか。

そこでダビデはさらに計画を推し進める。

「ダビデはウリヤに言った、
『きょうも、ここにとどまりなさい。わたしはあす、あなたを去らせましょう』。そこでウリヤはその日と次の日エルサレムにとどまった。ダビデは彼を招いて自分の前で食い飲みさせ、彼を酔わせた。夕暮れになって彼は出ていって、その床に、主君の家来たちと共に寝た。そして自分の家には下って行かなかった。」

ダビデは今回は贈り物という形ではなく、自分の目の前で宴を設けることによってウリヤを酔わせ、彼の内側に潜む本音の部分を誘い出そうと努めるが、やはりうまくいかない。ダビデは焦る。焦って次の手を考える。しかし、次に思い付く策略はもはや軽犯罪の域を脱してしまう。隠蔽手段を講じるダビデは、目先の証拠を隠そうと必死になるあまり、普段はあんなにもはっきりと明確に自分の心に語りかけてくる神の声が聞けなくなって、代わりにもっと恐ろしい手段を採って己れを救えと囁く悪魔の声に聞き従ってしまうのである。

「朝になってダビデはヨアブにあてた手紙を書き、ウリヤの手に託してそれを送った。彼はその手紙に、『あなたがたはウリヤを激しい戦いの最前線に出し、彼の後から退いて、彼を討ち死にさせよ』と書いた。」

いつでも止められる、これは自分の意志でコントロールできるのだから、と最初は軽い気持ちで始める戯れ行為が、気付かない内に完全な犯罪行為に姿を変えてしまう。小さな芽の内に摘み取れるものを放っておくなら、いつのまにか自分の破滅をもたらすほどの大木に姿を変えてしまう。これは心して学ばなければならない、「小さなこと」の重要性に関するレッスンである。

かくしてウリヤはいわゆる「戦死」という名目のもとに、ダビデの計画犯罪の犠牲者となってしまう。ダビデの忠実な参謀ヨアブは指示通りウリヤを最前線に送り、この殺人に加担する。ヨアブはその結果をダビデに知らせ、ダビデはその知らせを届けた使者に託してさらにヨアブに伝令を送り返して、こう言う、

「『この事で心配することはない。つるぎはこれをも彼をも同じく滅ぼすからである。強く町を攻めて戦い、それを攻め落としなさい』と。」

罪悪感にさいなまれるヨアブを励ますためである。

徹底した道化芝居である。数多いイスラエルの偉人英雄の中でも一際輝きを放つこのダビデが、その武勇伝をふんだんに伝える同じ聖書によってこのように暴露されている。これこそ聖書の驚異であり、ここに神の真意がある。武勇伝ばかりなら、凡人であるぼくたちには、神に近づく道が全くなくなってしまう。神が愛であり、神が慈しみ深く、許すことに速いことをいくら聞かされたとしても、もし聖書に神のために善をなし、神のために殉教した人たちのことばかりが記録されていて、こうした悪い見本や醜さの暴露がなかったとしたら、聖書がどんなに素晴らしくても、それは有益な書にはならない。実際に生活の中で活かしていける宗教では有り得ないのである。

でも、神は人のこうした醜さや弱さや罪の部分を暴露されることで、ぼくたちに希望を与えてくださるのである。こんな犯罪人が許されて、しかも英雄として賞賛されているのであれば、ぼくたちだって……

「ウリヤの妻は夫ウリヤが死んだことを聞いて、夫のために悲しんだ。その喪が過ぎた時、ダビデは人をつかわして彼女を自分の家に召し入れた。彼女は彼の妻となって男の子を産んだ。しかしダビデがしたこの事は主を怒らせた。」

このときダビデは盲目になっていて、自分の罪が見えない非常に悪い状態にいる。もちろん聖書はこの他にもダビデの諸々の罪を記載しているのだが、ダビデの素晴らしさとは、たとえ罪を犯し、間違いをしてしまっても、それを悔い、反省し、主に許しを求めて、その許しをすぐに受け取り、倒れた状態から跳ね返って起き上がれるところにある。ダビデの詩篇は言うなれば、そうした罪の告白と許しへの感謝とから成り立っている。聖書に記録されている詩の大部分がダビデの作であるのも納得できる。

ダビデの長所は彼の短所の中にある。彼の強さはその弱さの中に一際はっきりと見出される。一見、矛盾しているが、人を見定める際に神という存在を認めるとこうなってしまうのである。この方程式は絶対かつ確実で、時と場所を選ぶことなく、どんな数字、どんな人にも適用し、必ず正解が出てくる。聖書はこのようにして主人公たちの汚点を容赦なく露骨に暴露している。これは決して神が過酷で残忍な方で、勝手に不完全な人間を造っておきながら、それでいてその人間たちが間違いをしでかすたびに折檻したり叱責したり、挙げ句の果てには、その過ちをスクープすることを何よりの楽しみにしているからではない。ローマ人への手紙の中でパウロはこう言っている、

「すなわち、神はすべての人をあわれむために、すべての人を不従順の中に閉じ込めたのである。」

（ローマ人への手紙一一：三二）

またガラテヤ人への手紙の中では、

「しかし、約束が、信じる人々にイエス・キリストに対する信仰によって与えられるために、聖書はすべての人を罪の下に閉じ込めたのである」（ガラテヤ人への手紙三：二二）

とも言っている。

聖書の中に読み取れる最も重要なメッセージの一つとは、どんな人間も神の御前には決して誇ることができず、神の助け、許し、あわれみがなければ、何ひとつできない弱虫だということである。このところが理解できると、ぼくたちは絡みつく罪から解放されて自由になる。つまり、ぼくたちの短所がそのとき初めて長所となり、ぼくたちの弱さの中に神の強さが現わされるわけだ。

だから、これを読んで、「ダビデめ、ざまぁ見やがれってんだ。こんなヘマして、自業自得だぜ。俺だったら、もっとウマくやるのにヨ」というヘンな優越感を感じる人がいるなら、残念ながら、その人は神のあわれみから漏れてしまっているのである。

このダビデの「犯罪」に関する聖書の記述はなおも続く。すでに指摘したように、ダビデは王であると同時に素晴らしい預言者でもあって、神からの指示や導きを受け取ることに関してはずば抜けた能力を持っていた。ところが、このダビデのまわりにも何人かの預言者たちがいて補佐役を務めていた。神は普通このような方法で働かれるようだ。

神が望まれたダビデの一番理想的な姿とは、王としての位に高ぶることなく、神なしには取るに足らない者であることを自覚して、柔和さと謙遜を保ち、彼自身、神のメッセージに対して敏感であることによって、すべての栄光を神に帰し、民に対する良い見本となっているときだった。こうした条件が揃っているときには、自分が神の意志だとして確信していることについて独断的になるのではなく、常に裏付けや確証を周囲の預言者たちから受け取るという作業をしていたはずである。しかし、このサムエル記下一一章のダビデは、その見本とは程遠い、非常に傲慢な王だったのである。その証拠に自分の犯罪に対する罪の意識、良心の呵責がまったく見られない。

そこで神はダビデのもとに補佐役の一人、預言者ナタンをつかわされる。ナタンはあるたとえ話をダビデに告げて、ダビデの自発的な悔い改めを促すのだが、罪にとっぷりと浸かって盲目になっているダビデはかえって、自分のことは棚にあげ、そのたとえ話の中の悪人に非常に怒り狂い、死罪に当たると呼ばわるのである。そこでナタンはあからさまにダビデの罪を暴露する。神の霊によって真理を語る預言者ナタンの前にはさすがのダビデも形無しで、自分がいかに神から離れた存在に成り下がってしまったかを悔いるのだった。

これがダビデである。まるでバネのように、押し潰される度に跳ね上がってくる。聖書に、

「正しい者は七たび倒れても、また起き上がる。しかし、悪しき者は災いによって滅びる」（箴言二四：一六）

とあるが、たとえ罪ある者として倒れても、転倒し、埃りにまみれた状態の中で神に触れ、即時の悔い改めを持つことにより、神の義をもって再び起き上がってくるダビデは、まさにこの聖句そのものである。そして神も、即時の、そして完全なる許しをもって、ダビデの悔い改めに応えてくださる。

ここのところも、人がよく誤解してしまう神の一面だと思う。神にとっては罪の大小は関係ない。ダビデのような殺人犯でも、イエスが福音書の中で指摘されている心の中だけで犯される罪でも、ただ人が悔い改め、神に許しを求めさえするなら、無条件で罪を洗い流してくださるのである。一連の聖句を並べておくので参考にしてもらいたい。

「わたしこそ、わたし自身のために、あなたのとがを消す者である。わたしは、あなたの罪を心にとめない。」（イザヤ書四三：二五）

「わたしはあなたのとがを雲のように吹き払い、あなたの罪を霧のように消した。わたしに立ち返れ、わたしはあなたをあがなったから。」（イザヤ書四四：二二）

「悪しき者はその道を捨て、正しからぬ人はその思いを捨てて、主に帰れ。そうすれば、主は彼にあわれみを施される。われわれの神に帰れ、主は豊かにゆるしを与えられる。」（イザヤ書五五：七）

「主は常に責めることをせず、また、とこしえに怒りをいだかれない。主はわれらの罪にしたがってわれらをあしらわず、われらの不義にしたがって報いられない。東が西から遠いように、主はわれらのとがをわれらから遠ざけられる。」（詩篇一〇三：九、一〇、一二）

「丈夫な人に医者はいらない。いるのは病人である。わたしがきたのは、義人を招くためではなく、罪人を招くためである。」（イエス・キリスト）（マタイによる福音書九：一二、一三）

預言者ナタンによってその罪を暴露され、もはや隠蔽し続けることができないのを知ったダビデは、ちょうど目からうろこが取れた人のように、神の全知能力をすっかり忘れてしまっていた自分の盲目さと愚かさを悟り、悔い改めの道へと立ち帰る。そして神はやはりその豊かな憐れみと許しを無条件に与えてくださるのである。聖書はこうした人々の物語から成り立っている。

「ダビデはナタンに言った、
『わたしは主に罪をおかしました』。
ナタンはダビデに言った、
『主もまたあなたの罪を除かれました』。」（サムエル記下一二：一三、一四）

今これを読んでいるあなたは恐らくダビデのように殺人の罪を犯したことはないと思うが、神の目には心の中の罪もやはり同様に悪いものだということをすでに学んだ。だからいったいぼくたちの誰がこのダビデに非難の石を投げつけることができるだろう。

ぼくなど、これでも一応聖書を説き、神を証ししているはずの人間だが、一日の終わりにはたいてい指を全部使っても足りないくらいの悪事を心に抱いたのを思い出すことができる。子供に対して忍耐を切らしてしまう自分、物事がうまくいかないときに神や周囲の人や状況に対して苛立つ自分、自分が何か間違ったことをしてしまったのに何かと口実を作っては言い訳している自分、いとも簡単に嘘をついてしまう自分、自分のことをまず最初に考えてしまい、なかなか非利己的になれない自分。結局、行動に移してしまったか否かの違いだけで、ダビデと大差はない。

だから、このときのダビデの心中を察することができるのである。そして、神の許しを受け取ることのできるダビデの信仰の大きさに感嘆してしまう。神が許してくださると言われたから、自分は許されているのだ、といとも簡単に許しを自分のものにしてしまう、その信仰の秘訣はいったい何処にあるのだろう。

所詮、人の仕事は間違いをしでかし、罪をおかし、自業自得の鎖にからまれてしまうことだと昔から決まっているわけだが、それに反して神の仕事は、そうした愚かな人間を許して、ぼくたちには決して値しない大きな深い愛を示してくださることだと、やはり昔から決まっているのである。だったら、その覆ることのない真理をぼくたちもゴチャゴチャ言わずに受け入れたら良さそうなものなのに、そんなダビデのような、子供のような信仰を持つことにやはり苦労してしまうのである。神はぼくたちの父であり、ぼくたちは神の子であると聖書が教えてくれているのは、きっとそんな部分に人間的な違和感を持ってしまうぼくたち大人たちに、ただ単純に子供のようになればそれでいいのだよ、と言いたいからなのだろう。

「よく聞きなさい。心をいれかえて幼な子のようにならなければ、天国にはいることはできないであろう」（マタイによる福音書一八：三）

詩篇には、バテシバの夫であるウリヤに対する計画殺人の罪を暴露され、主に悔い改めたときに、ダビデが詠んだ詩が載っている。長い人類の歴史の、海辺の砂のように数えることも出来ないほどの幾世代ものぼくたち罪人は、この詩篇を読んで慰められ、たとえどんなに罪に汚れていてもやはり神に清めていただけるのだという信仰を見出してきた。

詩篇五一篇

（聖歌隊の指揮者によってうたわせたダビデの歌、これはダビデがバテシバに通った後、預言者ナタンがきたときによんだもの）

「神よ、あなたのいつくしみによって、わたしをあわれみ、あなたの豊かなあわれみによって、わたしのもろもろのとがをぬぐい去ってください。わたしの不義をことごとく洗い去り、わたしの罪からわたしを清めてください。わたしは自分のとがを知っています。わたしの罪はいつもわたしの前にあります。」

これはまさしくぼくたち罪人を代表して神にあわれみを乞う人間ダビデの姿である。この姿に自分自身をダブらせないでいられる人がはたしているだろうか。

「わたしはあなたにむかい、ただあなたに罪を犯し、あなたの前に悪い事を行いました。それゆえ、あなたが宣告をお与えになるときは正しく、あなたが人をさばかれるときは誤りがありません。」

ダビデの罪はもちろんバテシバとその夫ウリヤに対するものだった。だが、この犯罪の根元にはダビデの神に対する罪、不従順があることをダビデ自身よく知っていたということが、ここによく表れている。それゆえにダビデは、口実や説明といった問題の根源ではない枝葉の部分を省略して、一対一で神と顔を突き合わせているのである。そして神が与えられるどんな罰も受ける心の覚悟を表明している。何という見本だろう。言い訳だらけのぼくたちの毎日とは大差がある。だからこそダビデは、罪に汚れながらも、「神の心にかなう者」として聖書に記録されているのである。

「ヒソプをもって、わたしを清めてください。わたしは清くなるでしょう。わたしを洗ってください。わたしは雪よりも白くなるでしょう。わたしに喜びと楽しみとを満たし、あなたが砕いた骨を喜ばせてください。」

ここにぼくたちはダビデの強い信仰を見る。「求めよ、そうすれば、与えられる」というイエスの言葉はあまりにも有名だが、はたしてぼくたちには、このダビデが示している子供のような単純に信じて疑わないという信仰があるだろうか。ダビデは神が許す神であるのを知っている。ただ隠さずに告白して罪を認めさえすれば、どんな罪でも洗い清めてくださるという約束を、これっぽっちも疑っていない。このダビデの信仰の告白には、聖書を一貫して神が教えようとしておられることが凝縮されている。

ヒソプというのは清浄効果のある薬草のことだが、ダビデはこれをもって、「清めてください」と願うその瞬間に「清くなる」と信じて、その信じたことを告白しているのである。「洗ってください」と求めるその瞬間に、ダビデは、信仰によって、「雪よりも白く」なっているのである。

聖書には、神とぼくたちが親子の関係として描かれているが、はたして実際、大人になってしまったぼくたちの人間関係の中には、許し許されるというとき、このダビデの見本にあるような単純に信じ、受け入れるという行為が可能だろうか。表面上は受け入れているように装っても、心の中ではやはり自分がなぜ完全に許されていないか、許されるべきではないかを、ぐずぐずと考えてはいないだろうか。何か悪事をしでかして親に叱られても、親が「許す」と言うので、ただ単純にその言葉を信じ、次の瞬間には心の底から明るく笑うことのできる子供のような信仰が、本当にぼくたちには必要だ。

そしてこの「許された」という確信を基盤にして、ダビデは今、前向きの姿勢をとり、神のためにより良い器になるべく前進し始める。

「神よ、わたしのために清い心をつくり、わたしのうちに新しい、正しい霊を与えてください。」

心機一転を誓い、神に全面的な助けを求めるダビデがここにいる。

「あなたの救いの喜びをわたしに返し、自由の霊をもって、わたしを支えてください。そうすればわたしは、とがを犯した者にあなたの道を教え、罪びとはあなたに帰ってくるでしょう。主よ、わたしのくちびるを開いてください。わたしの口はあなたの誉れをあらわすでしょう。神の受けられるいけにえは砕けた魂です。神よ、あなたは砕けた悔いた心をかろしめられません。」

英雄たちの汚点がこのように暴露され記録されている聖書は、だからこそ素晴らしい。ダビデのこの見本はそれゆえに罪に汚れたぼくたちを慰め、神のもとに連れ戻してくれるのである。そのときはじめて、人は神の愛と許しを実感できるのであり、神との本来の関係を取り戻せるのである。人が真に有意義な充実した人生を送れるのは、そうした関係を神と築く時であり、その時はじめて、人はこの地上に生命を与えられた理由を悟るのである。それが聖書の語る真の「自由」を享楽することなのではないだろうか。

第三章　ぼくら、天国人！

――聖書の森の散歩道

序編

聖書とかキリスト教というと、ぼくたち日本人には何かとよそよそしいイメージがつきまとっていて、何かあまりしっくりとこない宗教っていう感を免れない。ほとんどの教会も、すっと暖簾をくぐって入って行けるような気軽さがない。あの一種独特の、ちょっと陰鬱な雰囲気に包まれているので、よっぽど内部事情に明るくない限り、やはり遠慮したくなってしまう。おそらくぼくたちの持っている神のイメージとは、旧約聖書時代の人々が抱いていたのと似たようなもので、遠くにおられる分には勿論いてくださって結構だが、あまり近くにはいてほしくない、畏怖の念の対象のような存在なのだろう。だが、ここの部分にちょっとした意識革命が必要な気がする。

神の方は、日常的で友好的なレベルで人と付き合うことを望んでおられるからだ。こうした神の気持ちを受け入れるには、まずぼくたちの頭の中で抱いている神についての間違った先入観や概念を取り除くという作業が必要になる。これが、本書の最大の目的である。聖書は神の履歴書のようなもので、それを読むと神についてのインフォメーションが実に明確にされているのがわかる。勿論、神の身長体重、血液型、生年月日、神の両親の氏名、出身地といったことは残念ながら書かれていないのだが、目に見えない、霊の存在であられる神のおおよその姿、性格、行動パターンなどは非常に良く分かる。あまり行間を読まないようにして、ただ単純に子どものように聖書を読み進んで行くなら、かなりの正確さで神を捕らえることが可能になるのである。

人の見方と神の見方の違い、地上と天国における視点の相違、今までの歴史の中で人が想像と思いこみと間違った解釈とで勝手に作り上げてしまった神のイメージと、本当の神の姿とが、そこに見えてくる。しかもその相違度は、今までまっすぐだと思っていたものが曲げられ、昼と夜が逆転し、前後左右がことごとく覆り、裏が表になってしまうほどに徹底している。「常識」が物の見事に逆転してしまうのである。

「わが思いは、あなたがたの思いとは異なり、わが道は、あなたがたの道とは異なっていると、主は言われる。天が地よりも高いように、わが道は、あなたがたの道よりも高く、わが思いは、あなたがたの思いよりも高い」（イザヤ書五五：八、九）

しかし、こうした違いに気付き、受け入れ、認めるにつれて、ぼくたちは天国的な考え方にある種の親近感を覚えるようになり、不思議な感動を経験するようになる。ぼくたちのルーツが、たどり辿って行けば天国に至ることを考えれば、これも一理あるのかもしれない。

日本にはどうしてキリスト教が根をおろさないのか、この問いにきちんと納得のいくような形で答えるのはきわめて困難だし、ひょっとしたら一生努力してみても結局は可能でないのかもしれない。だが同時に、日本人クリスチャンであれば誰でも、これはやはり一つのチャレンジとして捕えてみたくなる命題のようなものではないだろうか。歴代の様々なクリスチャンの先輩たちが、この「キリスト教の土着化」というテーマを生涯のチャレンジとしてきたことは言うまでもない。

本書でぼくが試みようとしていることは、歴史上これまでに積み重ねられてきた努力の上にもう一つ加えられるちっぽけな石ころのようなものかもしれないが、十九才でイエスと出会い、現在に至るまでクリスチャンとしての道を歩んできたぼくにとっては、三十年近くに及ぶ様々な体験の集大成とも言えるものなのである。

こう言うと、いかにも仰々しい内容を想像して途端に拒否反応を起こす人もいることだろう。でも安心してほしい。本書に書き著わそうとしていることの中に、神学的にも宗教的にも一本筋の通ったものを発見していただけるなら、勿論それに越したことはないが、実際にはそんな大それたものではなく、どちらかといえば、いわば徒然草のような、これといった明確な目的地もなく、決まったルートをたどることもなく、ただ聖書という大きな森の中を行き当たりばったりで、ここでは花を摘み、あそこでは小川の水を飲み、そこに腰掛け、あの木の下で昼寝をして、といった感じで散策するようなものである。こっちもその方が気が楽だし、肩も凝らずにすむ。

ぼくのささやかな祈りは、一人の日本人クリスチャンとして聖書からぼくが学んできたことを、日本人的感覚で、日本人としての観点に立って書き留めていきたいということだけである。

聖書を開いてみて最初にぶち当たる壁が何かと言えば、それは聖書という書物には、いかにも神話的で、決して現実には起こり得ない、常識を度外視したような奇跡や超自然的出来事が満載されているという事実だろう。ぼくたちのデリケートなお腹に消化不良を起こさせる、こうした「堅い肉」が入っていなかったなら、聖書はもっと多くの人に美味しく食べてもらえるのに——まだクリスチャンになりたての頃、よくそんなことを思ったりしたものだった。

でも、聖書からそうした「堅い肉」を取り除いてしまうと、後に残るのは僅かな量のスープだけになってしまう。それでは世界中の人々の餓えを満たすことはできないだろうし、いくら立派な皮表紙で綴じられていても、内容的にペラペラのパンフレットほどの厚さしかなかったなら、神の言葉としての威厳も何もあったものではない。

歴史上、他に類を見ないほどの、押しも押されもせぬ世界的ベストセラーであるという絶賛を博しながら、聖書という書物が実用書としてこうも一般に受け入れられていないのはどうしてなのか。それは他でもない奇跡や超自然的な現象の描写に聖書が相当のページ数を費やしてしまっている事実に原因がある。人格形成に欠かせないモラルをぼくたちに与え、また精神面の指導という点にかけては世界に数ある道徳書の中でも屈指のものであるこの聖書が、一般的な価値観によればギリシャ神話やローマ神話とほぼ同一のレベルに置かれ、しかも単なる古典の一つとしての評価しか与えられていないのは、特に旧約の歴史書を埋めている「お伽話的」記述のゆえであって、そこに「常識的解釈」や

「科学的説明」を施すのが極めて難しいからである。

信憑性あるべき「歴史」にそれほどにも「混ざり物」が見られるなら、その「歴史」はもはや信頼できなくなってしまう。けれども、聖書の不思議なところは、そうした「混ざり物」が堂々と、恥ずかしげもなく、むしろ威厳を放ちながら史的事実の隙間を埋めているという事実である。隙間を埋めているというよりは、むしろそれが骨格を構成し、そこに歴史という肉が付き、史的事実や証拠という皮が覆っているといっても過言ではない。そして事実、聖書に描写されている歴史が事実であることを裏付ける物的証拠は無数にあって、俗に言う「世界史」と「聖書の歴史的物語」とは相互に実証し合い、また支え合う揺るがぬ事実として、今日の文明社会の基盤をしっかりと形成しているのである。

また視点を少し変えて、聖書の与えられた目的という観点から見ると、聖書を一貫して流れる一つのはっきりとした観念に出会い、そこでぼくたちは目から鱗が落ちるような体験をする。聖書はそもそも、日本人だったら誰もがまず考えるだろうように、初めから一冊の書物として編集出版されたものでさえない。およそ一五〇〇年という気も遠くなるような時間の流れの中で、聖書を形成する一つひとつの書が、それぞれの時代の人々の手に、巻き物という形で渡されてきた。つまり、聖書は創世記に始まり黙示録で終わるまでに一五〇〇年という歳月という時間の経過の中で纏め上げられたものなのである。

そして世界最初の印刷機として有名なグーテンベルク印刷機で初めて印刷された記念すべき書物がこの聖書であり、聖書はその時に初めてぼくたちが今、聖書として知っている現在の本という形態を持つのである。聖書の誕生に費やされたその膨大な時間の経過もさることながら、まさに驚異といえるのは、聖書の著者とされている筆記者の数が四十人以上もいるという事実である。

一五〇〇年もの時間が流れれば、その間には人々の生活様式、考え方、慣習、言語、道徳観にも当然大きな変化が起こる。しかも四十人もの書き手がいたならば、思想も違うだろうし、文章の構成法、好みのスタイルなども当然多種多様だったと想像される。にもかかわらず、聖書は驚くばかりの一貫性を持っているのである。

「あなたがたは主の書をつまびらかにたずねて、これを読め。これらのものはひとつも欠けることなく、また一つもその連れ合いを欠くものはない。これは主の口がこれを命じ、その霊が彼らを集められたからである」（イザヤ書三四：一六）

加えて、聖書には莫大な数の預言が含まれている。つまり、個々の「著者」らに対し、歴史という時間上のその特定の時代に与えられた預言が、その後この世に誕生し、また起こることになる様々な個人、国、人民、都市を正確に描写しているのである。

また旧約聖書には、来るべきメシヤ、つまり、イエス・キリストに関する預言が三百箇所以上にも散りばめられている。旧約・新約を問わず、聖書を一貫している一つの思想とは、宇宙の創造主である神がヘブル民族という今ではイスラエルとして知られている国民を選ばれ、彼らに対して与えられた契約を通して、一つの家系からメシヤなるイエス・キリストの到来を予告し、そうした預言や約束をことごとく成就したイエス・キリストの十字架での犠牲によって人類全体に永遠の救いをもたらす、ということに尽きる。

そして聖書は、そのようにして示された神の愛を、この世に生を受けたすべての人に伝達するという命を、その読者・信者に与えている。そこまで掘り下げて考えてみると、必然的に一つの壁にぶつかってしまう。つまり、旧約時代から新約に至るまで、聖書から一貫して読み取れるメッセージは、宇宙の創造主なる唯一の神の存在と、そのひとり子なるイエス・キリストの示された大いなる犠牲の「証し」だからである。ある書物が、「証し」という役割を帯びて出版されるとき、そこには、「人に受け入れられる」という絶対的な前提がなければならず、それゆえに、その目的の遂行に障害となる要素は出来るだけ削除されていなければならない。

ところが、聖書には、そうした「つまづきの石」がふんだんに盛り込まれている。しかも、懸命に目を逸らそうとしても、向こうの方から遠慮なく勝手に飛び込んできて、「超自然的」でない部分を見つけることの方がむしろ困難であり、事実、不可能なほどなのである。ということは、その「理不尽」な点を、むしろ著者が敢えて意図したのではないかという、不可解な構想さえうっすらと浮かび上がってきてしまう。

つまり、奇跡や超自然的な描写、もっと攻撃的な言葉を使うなら、御伽話的、神話的な事柄で満載されているのは、読者に対する明らかな挑戦であって、聖書の「証し」する神やイエス・キリストの存在を信じ、受け入れるためには、人はまず人間社会の基盤とも言うべき「常識」という枠組みを取り去って、そうした「人には不可能なことも神には出来ないことはない」という屈辱的事実を全面的に認めなければならないということである。聖書がこれほどにも「信仰」を強調するのは、ここに理由がある。

ところで、新約聖書の原文はギリシャ語で書かれているのだが、「信じる」という言葉は、新約を一貫してオリジナルのギリシャ語では「ピスティオ」という単語が用いられている。「ピスティオ」とは文字通り、「飲み込む」という意味を表す言葉であって、それが聖書の唱道する「信仰」という行為を表すものとして、一つの明確な絵像を与えてくれている。聖書で、「信じる」という言葉が使われるとき、それは単にコップに入った水を見て、それが水であると「知る」以上のこと、つまり、水であると「知って」、さらに「飲み干す」という行為によって、その水に対する「信頼」を表明することを要求しているわけである。この方程式に当てはめてみると、神を信じるとは、神を「飲み込む」ことであり、私達の人生や生活の中に、すなわち、命そのものにまで奥深く取り入れる行為である。

ぼくたちははたして神をそのように「信じて」いるだろうか。「困った時の神頼み」という諺にあるように、神とか、神への信仰というものを、自分本位に、便宜的に、打算的に利用しているだけではないだろうか。だからこそ、神は敢えて聖書を「超自然的」で「奇跡的」なもので満たし、人が非常に好都合に使い分ける「常識」という概念を取り除く作業に忙しく従事されているのだと思う。

クリスチャンの中にも、自分はクリスチャンであって、毎週の礼拝は欠かしたことがなく、「信仰」を持って生活してはいるが、そうは言っても、聖書のすべてをそのまま「鵜呑み」にしているわけではない、と言う者たちがいる。イエスは救い主であると「信じて」はいるが、「復活」となるとちょっと、とか、イエスは素晴らしい道徳家だったと「信じ」はするが、イエスがなされたとする「奇跡」や「癒し」のすべてを「飲み込んでいる」わけではない、とか。この重大な核心的部分について、イエスはこう言われた。

「もし、あなたがたがモーセを信じたならば、わたしをも信じたであろう。モーセは、わたしについて書いたのである。しかし、モーセの書いたものを信じないならば、どうしてわたしの言葉を信じるだろうか」（ヨハネによる福音書五：四六、四七）

モーセの書いたものとは、聖書の創世記から申命記までの五書のことであり、そこには、目覚ましい科学の進歩に裏付けされた、この超近代的ハイテク時代に住むぼくたちにとっては、「飲み込む」どころか、口につけることさえためらってしまうような、突飛で、非常識的、非科学的な、「奇跡」が満載されている。イエスに言わせるなら、もしエデンの園におけるアダムとイヴの創造や、ノアの方舟、バベルの塔などに始まるヘブル民族の歴史を「飲み込め」ないのなら、クリスチャンになどなれるわけがない、というのである。

つまり、聖書というものは、いわゆる学校給食のように残さず全て食べてしまうことを期待されているものであって、好きな物は好きなだけ取って食べるが、嫌いなものは手を付けることもしないで済むようなバイキング形式で、読もうとしてはいけないということだ。

このようなバイキング・スタイルで、ただ「受け入れられる」箇所だけつまみ出して食べることが許されるなら、聖書には「食べられる部分」、つまり大衆受けする部分があまり残らなくなってしまうに違いない。「気に要らない」箇所や、「受け入れ難い」記述の載っているページを次々に破り捨ててしまうなら、多くのクリスチャンの手に残るのは恐らく表紙だけという、笑い話にもならない悲しい現実が当面の事実なのである。このことをあなたはどう思うだろうか。

なぜに奇跡なのか

しかし、一度こうした神からの挑戦を受けて立ち、「奇跡」を「飲み込んで」しまうと、神の意図がはっきりと認識できるようになる。「奇跡」が起きるには、まず人間の能力を越えた「不可能な状況」というものが必要とされる。自らを目に見えない存在に保ち、霊的な領域から常に舞台裏で仕事をされる神が、人からの「注目」を浴びるのは、こうした「不可能な」状況においてである。科学や知識を結集しても二進も三進も行かないような、人間の絶体絶命の大ピンチにあって初めて神が登場する機会を持たれる。

「あなたがたは恐れてはならない。かたく立って、主がきょう、あなたがたのためになされる救いを見なさい。主があなたがたのために戦われるから、あなたがたは黙していなさい」（出エジプト記一四：一三、一四）

これは、エジプトの地より脱出するために、杖を差し伸べて紅海を分けたときの、モーセの台詞である。人のつまずきにならないように、常道、常識、科学という観点から聖書を書き直すことができるなら、モーセと彼に導かれたイスラエルの民の取るべき道は確かに他にもあったことだろう。神の約束しておられた乳と蜜の流れる約束の地に至るまでのルートを、紅海を通らずに、乾いた地だけを通って行ける道で構成することが。しかし、それをしてしまったら、人間と神との間の微妙なバランス関係にずれが生じてしまう。神が神であるなら、やはりその神は人間をあらゆる点で超越した存在でなければならない。

日本にはよろずの神が存在して、トイレや台所をはじめとする家の中の様々の場所、学問や知恵、富や財産、安全や安産、はたまた火の神、水の神、風の神など細かく分業されている。一方、ギリシャ神話やローマ神話の神々はほとんど人間のように思考し行動する超能力者のように描かれているが、聖書の神は唯一、あらゆる意味合いで神らしい神なのであり、何処の誰が何と言っても絶対的に神なのである。そして、そういう神だからこそ人間に「信じよ」、「信頼せよ」、「信仰を持て」と要求できるのである。神は神であって、人ではなく、人のように失敗したり、偽ったり、約束を果たせなかったり、ということがないからである。

ぼくたち人間という存在は肉体的にも精神的にも完全というにはあまりにも不完全で、間違いはするわ、物忘れはするわ、病気にはなるわ、事故は起こすわと、怒ったり、怨んだり、わめいたり、苦しんだり、つぶやいたり、呪ったりで明け暮れて、一向に進歩する兆しはない。確かに科学は進歩した。だが、その代価として人間が失ってきたものはあまりにも大きすぎる。人間自身と人間社会を真っ向から正直に見つめるとき、ぼくたちにはそれでも、「万物は常に進化し続ける」といった誰かさんの学説を支持する理由が残っているだろうか。

一見、世の中は便利になったような気がしないでもない。だが、それはぼくたちを取り囲むプラスチック社会の構造上の便利さであって、それは薄っぺらのベニヤ板のようなもので、ちょっとでも引っ掻き傷を付けるなら、インスタント製品さながらの安っぽい実態が露にされてしまうのである。また道徳心のある魂としての観点から人を見るとき、ぼくたちは古代人と比べて確かに進歩を遂げてきたと、はたして断言できるだろうか。これを言うのは、ぼく自身、さあ、クリスチャンになりました、イエス様の愛を知りました、もう天国の住民です、皆と愛し愛されて生きていけます、ってな調子で、何の悩みも問題もなく、人格や性格もすっかり良くなってしまって、今では来る日も来る日も、聖人たちと座を共にして、ハープを奏でては、毎日ひなたぼっこを楽しみながら、雲や霞を常食として暮らしているわけではない。イエスに見つけられて、クリスチャンとなった十九才の時も、また、それ以前にもそれ以降にも、普通一般に「奇跡」として想像されているような、人格や性格上の大きな変化というのは皆目見当たらなかったし、なかなか脱皮の出来ないヘビのように、かなり幼稚で低いレベルで未だにもがいている状態である。

この点では使徒パウロと同意見である。パウロはさすがに大使徒と呼ばれるだけあって、ぼくたちクリスチャン仲間の間でもランクはずば抜けて高く、指導者としての地位を不動のものとしているが、そんなパウロでも、贔屓目なしで自己判断を下さなければならない立場に置かれるなら、彼が自分で書く内中書はぼくたちのそれと甲乙つけがたく、その実態の惨めさを書簡の端々で嘆いている有り様である。

「わたしの内に、すなわち、わたしの肉の内には、善なるものが宿っていないことを、わたしは知っている。なぜなら、善をしようとする意志は、自分にあるが、それをする力がないからである。わたしは、なんというみじめな人間なのだろう。だれが、この死のからだから、わたしを救ってくれるだろうか」（ローマ人への手紙七：一八、二四）

けれども、いかに惨めな自己を見せ付けられても、ただ嘆きっぱなしのままでいないのが、パウロのパウロたるゆえんである。そうしたみじめな状態にある人間と、イエス・キリストによって神の素晴らしい愛を体験する人間との間の大きなギャップを、パウロはその信仰の表明によって橋渡ししてくれている。

第四章　神と奇跡

世界中に信仰されている神は色々とあるが、聖書の神だけが唯一、その能力や性格や個性、また存在そのものにおいて人間の域を遥かに越えている。人間との共通点、あるいは類似点が何処にあるかと言えば、それは万物の創造の最後に、人間が神みずからのかたちに似せて創造され、神の祝福を受けて、地のすべての生き物を治める権威を授かったということ、つまり、神の目に人は明らかに特別な存在だったのであり、霊的な存在である神の愛する対象として、神の寵愛のもとに魂の生命を与えられたことだった。

愛という、この感情的な分野での一致点で互いを共有し合う神と人間とは、かくしてこの美しい地球という舞台で、愛と憎しみ、成功と失敗、祝福と呪いという大いなる歴史を織り成していくわけであるが、歴史がはっきりと立証しているように、人は神を覚え、神を認知し、神を信じ、従ったときにはことごとく、並々ならぬ祝福に浴してきた。逆に、神を忘れ、神から迷い出し、背き、逆らったときにはやはりことごとく、その報いをその身に負ってきたのである。

ただ、歴史家のアーノルド・トゥインビーが言っているように、「歴史から人間が学ぶ唯一のことは、人は歴史から何一つ学んでいないということ」なので、ぼくたちは自分たちの人生を意義ある、充実したものにするためにも、重力の法則のように確実な、この歴史の中に見られるパターンを認知し、神への信仰を学ぶべきなのである。


このように神の意志を踏まえ、神の意図される視点から、ぼくたちの置かれている世界を見つめるとき、ぼくたちは突如、目に見えないはずの神の御手の動きが見えてくるようになる。二十一世紀の幕が切って落とされようとしているこの時代にも、奇跡は毎日、世界の至る所で起きている。総人口六〇億とも七〇億とも言われる、この広い世界の中の、まるで浜辺の砂粒のような一人ひとりの人間たちの、一見何の意味もないような一つひとつの出会い、そして、その積み重なりによって、ゆっくりと、しかし確実に織り成されていく大きな綴れ織としての人間社会と、そこに映し出される様々な模様。聖書に見る人間の歴史は、人生において偶然に起こることは何ひとつないことをぼくたちに教えてくれる。誰かが、舞台裏で、ぼくたちの決断のひとつひとつを、一挙一動を見守ってくださっている。そのとき、この混沌とした無数の出来事がにわかに意味を持つ。

忙しいスケジュールからしばしの時間を取って、一日に起こる多くの「普通の」出来事を、信仰の視点から見てみると、「普通の」出来事がもはや普通ではなく、「超自然的」であることがわかる。病いの癒しについても同様のことが言える。世界には数え切れないほどの様々な病気や疾患があるが、病

「わたしこそ主であって、あなたがたを癒すものである」と言われる宇宙最高の医者が今でも癒しに忙しく携わっておられることがわかるだろう。医療によるとよらざるとを問わず、癒しはやはり神のなせる業であり、一つひとつの病いにはその目的があるのである。

天国

天国というものが確実に存在すると「仮定」しよう。こう言ってしまってから、こういう言い方をするのはやはり変だと思うのだが、おそらくは大多数の人が天国の存在に未だ確信を持っていない現状では、時に、このような逆説的なアプローチも日本人好みではないのだろうか。クリスチャンであるぼくは勿論、天国の存在を「確信」しているし、天国なしにはそもそもぼくたちの存在すら有り得ないと思っているし、ぼくたちを取巻くこの物質界だって消滅してしまうだろう。

ここに一匹のさなぎがいる。さなぎは自分がこれから美しい蝶になって大空を飛び舞うようになることを知らない。さなぎは、もちろん自分がさなぎなのだから、蝶になる日のことなど全く念頭になく、その非常に限られた活動範囲内で葉っぱをかじりながらその日その日を暮らしている。けれども、ある日、定めの時が来ると、からだに一大変化を起こし、さなぎから蝶への驚くべき変身を遂げるのである。

ここに一人のひとがいる。ひとは自分がこれから新しいからだを授かって天国を満喫するようになることを知らない。自分には寿命というものがあって、この地球上での偶然的な一生のあいだは、ベールで覆われた死後の世界や天国のことなどあまり考えずに、幼少の頃から敷かれてあった出生街道のレールの上を、ただ近視的に目先にあることだけを思って、その日その日を暮らしている。でも時々、親戚や友人の病気や死別など、死を考えさせるようなことが身のまわりに起こると、ベールの向こう側にはいったい何があるのだろうかと急に不安になるのである。そして、この不安感、あるいは故郷への慕情にも似た死後の世界に対する不思議な好奇心が何なのかと言えば、それこそ神が人の心に与えておられるものなのである。

この地上での生活が天国での生活のための準備期間であることを示唆している個所は、聖書に幾つもある。聖書の教える信仰とは、人は死んでも新たに生きる、死人は必ず復活する、この世が確かにあるように天国もまた確かに存在する、という覆すことのできない事実に基づいている。使徒パウロは、力強く復活を宣べ伝えているコリント人への第一の手紙一五章で、こう言っている。

「もしわたしたちが、この世の生活でキリストにあって単なる望みをいだいているだけだとすれば、わたしたちは、すべての人の中で最もあわれむべき存在となる」（コリント人への第一の手紙一五：一九）

つまり、ぼくたちがクリスチャンとして信じていることが単なる望みであって、実体もなく、裏付けも証拠もなく、確信の置けるものが何ひとつないのであれば、「クリスチャンであるのは素晴らしい」とか、「聖書には永遠の命への鍵がある」とか、「神の言葉はあらゆる問題に対する答えだ」とか、「神の愛は決して失望を与えない」とか、偉そうにふれまわったとしても、そんなものはペテンであり、インチキであって、クリスチャンなんてアホの集団以外の何物でもない。

さてぼく個人は、聖書のこうした根本的な問題に関しては、かなり初期の頃に確信を持ってしまったので、今この年になってもまだクリスチャンであり続け、神がクリスチャンに約束しているすべてのものを信じ続けることが可能になっている。しかし仮にこうした確信を掴めないまま、ずるずると現実に至ってしまったとしたら、つまり、欺瞞的な態度で、「一応、クリスチャンになってしまったんだから、中途で投げ出してしまうのもみっともないし、友人知人からも物笑いの種にされてしまう。まあ、穴だらけの袋にお金を入れて持ち歩くようなものだけど、自分が間違ってました、クリスチャンなんてなるんじゃありませんでした、と頭を下げて人生をやり直すより多少はましかもしれない」という惰性だけで十九歳から現在まで（今は四十五歳）生きてきたとするなら、これほど悲惨な人生はないだろう。

「もしキリストがよみがえらなかったとしたら、わたしたちの宣教はむなしく、あなたがたの信仰もまたむなしい。もし死人がよみがえらないのなら、わたしたちは飲み食いしようではないか、あすもわからぬいのちなのだから。……しかし事実、キリストは死人の中からよみがえったのであり、アダムにあってすべての人が死んでいるのと同じように、キリストにあってすべての人が生かされるのである」（コリント人への第一の手紙一五：一四、三二、二〇、二二）

これはなかなか説得力のある言葉である。聖書の言葉を、決して嘘をつかない神の言葉として受け入れられるなら、天国は、その意味でもこの地上での生活とそうかけ離れたものではないのであり、むしろ地上の生活の延長のようなものだということがわかってくる。それだからこそ、今、この命をどう生きているかが大事なのであり、確実な未来を見据えたクリスチャン的な生き方をして、今の命を懸命に思う存分生きると同時に、明日への準備も着実に進めていくということが大切になってくる。聖書が「自殺」を認めないのも、これを見るとわかる。

クリスチャン的な生き方

「クリスチャン的な生き方」、こんな言葉を聞くと、途端に金縛りにあったように、コリコリに固まってしまう人もいると思う。内部事情に詳しい人ならまだしも、以前のぼく自身も含めた大半の日本人にとっては、「クリスチャン的」という言葉には、実に堅苦しい、下半身を重い鎖でくくられてしまうかのような、「雨の日と月曜日」的響きがこもっているからだ。

今では神とか、信仰とか、イエスの愛とか、こんなことを日常の話題にしているぼくも、自分が晴れてクリスチャンとなるあの一九七三年五月一五日までは、曲線がやけに少なく、角と線とでデザインされた既成服を身に付け、人差し指を顔の前で振りかざして「人はこう生きなければなりません」などといった押し売り的な傲慢さで、偽善の臭気をプンプン放つ人種、というのが、ぼくのクリスチャンに関する定義だった。少なからず嫌悪感を抱いていたのである。でもそんなぼくが、なぜいとも簡単に「改宗」させられてしまったのか、それが今日の問題である。

まあ「改宗」といっても、ぼくの場合には、それ以前に何かの宗教に傾倒していたということはなく、典型的日本人の代表みたいに、神とか信仰とかいうものが何となくぼくの日常生活に入り込む余地がなかっただけの話で、「改宗」という言葉は当てはまらないかもしれない。が、強いて言わせてもらうなら、神頼みの、人様任せの人生というものには、むしろ反発していた。まだ高校生だった頃、八王子駅付近の街頭で本を人に見せながら「伝道」していた二人のモルモン教徒の一人のケツに、革靴ごと蹴りを一発見舞ってやったほどである。（もし当人がこれを読むことがあるならば、書面にて斯く謝罪いたします、ごめんなさい、もうしません、このぼくもお陰さまでクリスチャンになれました。）

そこに迫害者としての筋道の通った論理があったなら、それはそれで一つの道であり、格好も良かったのだろうが、なにせ毎日の決断の大部分はその日の気分と下半身で下していた高校生だったので、そんなものなど勿論あるわけはなかった。ただ、いるのかいないのかわからない、コーンフレークの箱の中に入っているおまけみたいな神に頼って生きて行く、というのが胡散臭かっただけだった。

けれども、そんな風に変に身構えて宗教を避けようとしていたこのぼくに、イエスがとったアプローチは凄かった。たまたまぼくはその日、ジェフ・ベックのコンサートを見るために武道館に行ったのだった。その当時流行っていたグラム・ロックに冒され、かのデビッド・ボウイーをヒーローとしていたその頃のぼくは、銀ラメのジャケットを着込み、顔には化粧をほどこし、スパンコールを散りばめるというイデタチだった。コンサート後、武道館を後にして地下鉄の九段下へと向かっていたぼくは、まさかその夜その場所で、思いがけない落とし穴に見事に転落してしまうなどとは夢にも思っていなかった。まあ、運命だったのだろう。イエスがぼくに会おうと、穴を掘って待ち構えていたのである。すっかりガードの下がっていたぼくは、あっと言う間に穴に落ち込み、上か下かも解らぬ混乱状態のぼくにイエスはいきなりパンチを見舞ってきた。そして、あまりにもあっけなくノックアウトされてしまうのである。

話すと長くなるが、何が起きたのかと言うと、とにかくぼくはイエスと出会ったのだった。イエスのことは、クリスマスとか何とかで勿論その名前は知っていたし、歴史上の有名人物で、世界中には彼を神と崇めている人も少なくない、という事くらいは知っていた。でも、ぼくにとっては、イエスなど地球の裏側に存在して、とっくの昔に死んでしまった一人のひとで、迷惑なことに後の世代の人々によって神や宗教にされてしまった人物で、存在感などこれっぽっちも無かったのである。

ところがどうして、イエスは実に巧みにその実存しておられることを超自然的にぼくに感知させ、実に個人的なレベルで、僕の人生の極めて日常的な部分に入り込んできた。ちょうどインフルエンザか花粉症か何かのように、イエスはぼくの心の中に入り込んできた。ぼくはイエスに冒され、熱病にかかってしまい、結局、その後決して癒えることのないイエス・フィーバーにかかってしまったのである。そう、人が風邪をひくときの図式がまさにイエスのアプローチそのものだった。ここでは説明を控えるが、イエス・キリストという方は状況や手段に合わせて姿を自在に変えることができるという特別兵器を持っている。音声や映像を用いるのは無論のこと、透明人間にもなれるし、映画に出て来るエイリアンのように人の姿をとることもできる。

風邪の菌のことを考えてもらいたい。もし、菌が見えるなら、風邪にかかる人はそう多くはないだろう。見えるほど大きいなら、圧倒的な力で押し倒してくる場合は別として、避けようと思えば避けられるからである。菌たちがたむろしているような界隈には近づかないように、なるべく足を遠ざけ、菌の方から接近してくるような風の強い日には外出を避け、といった具合に。実際には、彼らは超ミクロ級に属し、その階級から無差別級チャンピオンを目指してくるので、挑戦を受けて立とうとする者は、よっぽどデータを集積して相手を分析し、その攻め方、長所短所を心得ていないと、気がつかない内に急所攻撃を開始され、あっという間に体内に入り込まれ、内側からダメージを与えられてしまうので始末に負えない。ダウンするのは時間の問題だし、KO負けは目に見えている。

霊界に属する存在というのは、良きにつけ悪しきにつけ、イエスにしても悪魔にしても、良い天使や悪い天使にしても、そうしたミクロの世界に非常に似通っている。霊界における善悪の戦いはちょうど、病原菌が入り込んだ体内で、白血球とかリンパ腺とか、抗菌細胞とかいったものが諸々の菌を相手に戦うようなものだと、ぼくは思う。普通の状態では決して肉眼に入ることはないが、顕微鏡といった信仰の目で見るとき、はっきりとその存在を認知できる実存の世界なのである。

ちょっと脇道にそれてしまったが、イエスとの出会い、いや、イエスのぼくとの出会いといった方が適切だが、それはロックコンサートの帰りという如何にもアンオーソドックスで非クリスチャン的な奇襲攻撃によって、反撃の用意をしている内にあっという間に沈没させられてしまった戦艦武蔵にも似た決定的打撃を、ぼくに与えた。それは、ぼくがその後の人生を、現在に至るまでイエスに捧げてきたことでもわかっていただけるだろう。

ひとたび惚れ込んでしまったら決断も速かった。一応ぼくとしてはその当時、何ひとつ不自由のない「満たされた」と自分では思っていた毎日を送っていたのだが、真に価値あるもの、永続するもの、実体のあるもの、生き甲斐を実感できるものをひとたび味わってしまったら、その差は歴然としていたし、雲泥の差というほどの隔たりがあった。そのとき目の当たりにした「月とスッポン」的な違いもまた、ぼくの決断の速さや容易さに加担していたと思う。天国や永遠の命という誰もが欲しがるようなものを、その場で即、与えてくれるというのに、出そうになるヨダレを必死で飲み込み、もったいぶった振りをして、神に身分証明書を提示しろ、印鑑証明を取り寄せろと要求してみたり、納得のいく科学的裏付けが取れるまで方程式や応用問題に取り組んでみたり、世の中にはこんなことを信じる馬鹿もいるのだと感心してみたりする必要はなかったのだ。

射手座の性格がそのときには幸いして、ぼくは細かいことは棚に上げて、物事を深く考え込むことをせずに、いわゆるフィーリングにまかせて、取り敢えずはジャンプして、その後で時間があれば考えます、という今思ってみれば実に安易な方法で、イエスと、聖書の約束するものをすべてパッケージ・ディールでいただいてしまったのである。そして、自分がそうしたことを、今では心から良かったと思っている。

こんな話がある。細かいところまでは覚えていないが、ある読書好きの女性がいて、あるとき、行き付けの書店で新書の棚に並べられた色々なタイトルをながめながら、何か一冊と思って見ていると、どうしたわけかある本の題名が目についた。これも何かの縁だろうと、女性は棚からその本を取ると早速代金を払って家路についたのである。その晩、眠りにつく前にちょっと読んでみようと思って、いざ本を開いてはみたのだが、文体が馴染めないというか、期待していたものとはかなり違っていたので、がっかりしてその本を投げ出し、もう読み終わってリサイクルに回すことになっていた雑誌の束の上に置いてしまった。「無駄なお金を使っちゃったわ」と悔やんだのはその夜だけで、翌日からはもうすっかりその本のことは忘れてしまって、いつもの多忙な生活へと戻ったのだった。

それから一週間もしないある日のこと、読書好きの連中で作っているサークルが主催するパーティーが友人宅であったので、彼女も出席した。このパーティーには、今年出版された書籍の中から優秀な著書に対して与えられる色々な賞の候補にあがっている作家たちが招かれていたので、個人的に興味があったからである。そのパーティーの場で、彼女は一人の男性作家と出逢った。彼女は名刺を渡されるのだが、その時には、なんとなく聞き覚えのある名前だなと思っただけで、別に気にも留めずバッグにしまった。作家という職業に似合わず、明るくて、気さくな感じの男性で、二人はまたたくまに意気投合し、周囲の人など目にも入らぬほどに二人の世界に没頭するのだった。

別れ際に、彼女は一冊の本を渡された。彼の最新作だと言う。それは出版社の封筒に入れられ、しかもしっかり封が閉じられていたので、「家に帰って開けるのを楽しみにしてるわ」と彼女は彼に告げて、その晩は別れた。「こんな素敵な方が書く小説って、いったいどんなものなのかしら」、彼女は家に帰るやいなや、早速封を切り、中身を取り出した。するとなんと、彼のくれた本は他でもない、一週間前に書店で買い求め、数ページも読まない内につまらないといって投げ出してしまったあの本と、同じだったのである。

さて、彼女がその本をどうしたかは、ぼくがわざわざ言う必要もないと思う。そう、その夜は一睡もせず、あの愛しい彼が書いた本に読みふけったのだった。同じ本なのに、この一週間に生じたこの違いは何だったのだろうか。初めは退屈きわまりなく、面白くもおかしくもない本だと思ったのに、今では一行一行が脈動し、全く新しい世界が目の前に展開されて、かつて知ったこともない感動の深みに引きずり込まれてしまったのである。最大の相違点は、彼女が今は作者自身を知り、作者自身に惚れている、という点である。だから、この本の活字が突如命を持ち始めたのである。一行一行が、彼女には全く新しい意味を持っていたのである。

イエスという作者に出会うなら、あなたにも、今、本棚にほこりをかぶったまま忘れられている聖書について、これと同じ体験ができる。ほんの少し、視点をずらすだけで、聖書は突如あなたの心の中を不思議な光で照らし、あなたの霊の目を開いて、その中に書き記された数々の驚異を見させてくれる。聖書とはそんな本であり、その著者であるイエスはそんな方なのである。

第五章　死

人間としてこの世に生を受けた以上、絶対に避けて通ることができないのが「死」という門である。だが不思議ではないだろうか。どんなに金を積んでも、賄賂を贈っても、ロケットに飛び乗って大気圏外に逃れても、学歴を持ち出しても、百メートルを九秒フラットで走っても、誰にも平等にやって来て、誰もが必ず体験してしまうもの、つまり、この「死」を迎えることについて、ぼくたちはどうしてこれほどにも準備不足に感じてしまうのだろうか。

ひとつには、「死」という門をくぐった後に、肉体を離れた人の魂がどんな場所に行って、どんなことを体験するのか、確信をもって教えてくれる人がほとんど見あたらないからだろう。それとも、死とは永遠の忘却であって、人は死んでしまったら、魂も心も感情も、つまり、肉体という宿を借りて、その中で笑ったり、泣いたり、怒ったり、すねたりしていたはずの何かも含めて、その存在を全く消滅してしまうのだろうか。あなたは、この「死」という問題を、どのようにとらえているだろうか。たまには、毎日の忙しさや決められたスケジュールを離れて、こんなことを考えてみるのも有意義なものかもしれない。

ためしにテレビのスイッチを切って、外に出て、外気を胸いっぱいに吸い込み、夜空を見上げて、天空に輝く無数の星を見るとき（昔は確かに数え切れないくらいの星を見ることができたのだ）、そこには信じられないほどの発見がある。まず、肉体という借家の住民であるあなた自身が、そのあらゆる感情を含めて、そこに息づいているのを発見する。この感覚って、ちょっとスゴイと思いませんか。いつもとは違う次元に存在する自分に気づき、認識し、出会うのである。あなた自身がどんな人だったのか、何を考え、何を感じ、どんなことを恐れ、どんなことに喜びを見出す人だったのかを突然に悟る。神と出会ったり、神を理解したりするのはその後でも遅くはない。まず、神の御手にかかって創造された自分という存在を発見できるなら、神の発見はそれに付随するものなのだから。ちょうど、ジャガイモの蔓をしっかりと握りしめるなら、ジャガイモが続いて地面から顔を出すように。

だが、神とあなたとの距離はそれよりももっと近い。事実、その距離はマイナスである。天国はどこにあるのかと尋ねられたイエスが、「天国は、みよ、ここにある、あそこにある、という見られるかたちで来るものでない。神の国は実にあなたがたのただ中にあるのだ」と言われたように、もし天国が神の住まう場所であるならば、そしてイエスのこの言葉が確かであるなら、神はあなたが想像しているよりもずっと近くであなたを見守っておられるに違いない。

もし現在住んでいる家から別の町へ引っ越すことになったとしたら、普通ならあなたの関心は現在の居住地から新しい居住地へと移行する。つまり、これから自分が住むようになる家はどんな家で、何処に建ち、どんな隣人たちに囲まれて、どんな環境にあるのか、また自分の新しい町はどんな所で、学校や職場にはどんな交通機関を利用してどう行くのか、といったことがあなたの大きな関心事になる。人が「死」という門をくぐって天国に行くのも、実はこれと大差はないのである。認めようと認めまいと、人は誰でも引っ越すことになっている。引っ越しの時期に個人差はあっても、住み慣れた自分の肉体から出て、未知の居住地に引っ越すことは同じである。それならば、その新住居にどうしてもっと関心を示さないのかな、とぼくは思ってしまうのである。引っ越すことが必ず決まっているが、実は新住居に関する資料・情報はあまりない、ということであれば、然るべき情報源から広告なりパンフレットなりを取り寄せたらいいのに、と思う。信頼できる情報筋は幾つかあるが、その最たるものが聖書である。

聖書は、人が何処から、何の目的でやって来て、ここで何をして、その後どこへ行こうとしているのか、を明確に告げてくれる唯一の書物といっても過言ではない。そして、ぼくたちがその聖書で創造主を自称される神の手のわざであるならば、その「製品」の取り扱い方に関する情報については、製造元から取り寄せるのが一番確かである。この「聖書」というマニュアルには、上記の質問に対する答えだけではなく、この製品の地上における使用に際して故障や異常が起きたり、事故やトラブルがあった場合にどうするかについて、またどんな整備をしたらいいのか、注油などの定期点検をどうしたらいいのかといった、いろいろな助言が含まれている。「製品」が健康で幸せに作動し続けるための、わかりやすい取扱い説明書なのである。

だから、西洋の宗教であるとか、教会のメンバーになることとか、ぼくに言わせればどうでもいいようなことは棚の上に置いといて、こんな観点から神を発見し、神と出会うなら、話も手っ取り早いし、明瞭簡潔である。神と何語でしゃべるかなどと要らぬ心配をしなくてもいい。全知全能の神なのだから、勿論どんな言葉だってネイティブの誰よりも上手に操ることができる。神のコミュニケーション・システムはまた男女の違いや、年齢などの違いで支障をきたすこともない。人生を十二分に生きて、近ごろでは多少惚け始めているような老人にも、まだ言葉を十分に理解しきっていない幼児にも、もちろん学生にも社会人にも、それぞれのレベルで最適の方法により意志の疎通をはかることができる。聖書の神とはそんな神なのである。一度会って話をしてみたらどうだろう。それこそ、人生に大きな転換が起こることだろう。

もし神が、御自分の創造された世界と人間とが現在なりさがってしまった状態を見て、もう一度物事を最初からやり直そうと決心されたとしたら、はたして神はあの天地創造をもう一度繰り返し、エデンの園のような場所に人間を創造されるだろうか。これは非常に興味深い質問だと思う。その理由は、ぼくが思うに、人間が、神や霊的な世界を発見し認知する上で一番困難なのは、人には肉体本位で物事を考える習性ができあがってしまっているということだ。

神の初期設定によれば、まず最初に霊的なもの、つまり心とか感情だとかの精神面がきて、それに物質的なもの、つまり肉体だとか、肉にまつわる死とか病気とかが従ってくるということだった。ぼくたちが皆いただいているこの肉体は、いわばやどかりの巻き貝のようなもので、魂という霊の命がただ肉体という宿を借りているにすぎない。ちょうど成長するやどかりが、窮屈になってしまった貝殻を脱ぎ捨てて、もっと大きな巻き貝の中に移り住むように、ぼくたちもただこの地上に置かれている寿命と呼ばれる限定期間だけ肉体の中に住んでいて、肉の死が訪れる時には魂がもともと属している霊の世界に移り住むようになるわけだ。そういう面から見ると、ぼくたちが必死になってしがみつき、不当なほどの高い評価を与えているこの一時的な借り家は、あれよあれよと萎んでしまい、本来の価値に評価を下げることになる。つまり、単なる借り家であり、巻き貝である。けれども、やどかりとは異なって、神にそれほども寵愛されているぼくたち人間に対しては、そんな一時的な仮住まいであっても、かなり立派で豪華な邸宅が与えられ、その設備も目を見張るほどのものである。そして何よりも、聖書が天国と呼ぶその霊の世界での永遠に続く生活のための準備期間として、ぼくたちの魂がこのやどかり状態で色々なことを学びながら暮らすこの命には、極めて大事な意味が含まれている。それを教え諭してくれるのが聖書であって、ぼくたちは「もっとまさった命」を受け継ぐための準備や訓練を与えられている学生のようなものなのである。

　こうした教育が幼児のときから一貫して与えられ、この世の生活を次の人生のための準備段階として受け入れる事が「常識」となっているならば、この世の有り様はどれだけ変わることだろう。だが残念ながら、現実はそうではない。いわゆる唯物主義という人の目を肉の厚さで遮ってしまうような考え方が主流となっているがために、ほとんどどんな人に聞いてみても、生きる目的や生き甲斐が単に貝殻を喜ばせることだけに集中している有り様なのである。三週間後にヨーロッパへ旅行することが決まっているなら、なんだかんだと色々な準備を整えながら、その土地の様子をパンフレットで調べたり、地図でその国の位置を確認したり、どんなものを観たり見学したりできるのだろうか、とワクワクしながら出発の日を待ちわびていることだろう。

それが、天国という、ある意味ではヨーロッパ以上に現実的で、歴史も古く、文化慣習も素晴らしい国への旅行については、ほとんどの人が何の準備もないままに出発してしまう。こうした観光案内を受けないまま天国に到着してしまった人は、思いがけずにやって来たこの新しい世界にびっくり仰天するに違いない。まあ、天を仰ぐという言葉は、もう天国に到着してしまった人には当てはまらないだろうが。

祈り

「しかしわたしたちは、この宝を土の器の中に持っている。その測り知れない力は神のものであって、わたしたちから出たものでないことが、あらわれるためである」(コリント人への第二の手紙四:七)
「わたしたちの戦いの武器は、肉のものではなく、神のためには要塞をも破壊するほどの力あるものである」(コリント人への第二の手紙一〇:四)
ここに挙げた二つの聖句は「祈り」という行為に関するものである。「祈り」というと、一般には何か弱々しく頼りないイメージで受け取られる方も多いと思うが、ここで描かれている絵像はそれを見事に覆してしまう。最初の聖句は「祈り」を肉体という土の器の中に入れられた「宝」として描写している。しかもその「宝」の威力はあまりにも大きくて、ぼくたちはそれを測り知ることもできないと語っている。

二番目の聖句では、「祈り」が「戦いの武器」として、しかも「要塞をも破壊するほどの力あるもの」として描かれている。この二つの聖句をまず最初に掲げたのは、「祈り」に対するイメージ・チェンジを図るためである。

端的に言って、ぼくたちは「祈る」という行為を通して、肉体的かつ物質的限界という非常に狭い境界の中に綴じ込められた人間の必要だらけの世界に、人間的な領域をあらゆる面で超越している天国の無限の資源を搬入できるのである。祈りは、天国と人との間にパワーケーブルを直結する。人が祈るとき、天の門は大きく開かれ、力や知恵や大権など地に属するいっさいの需要がケーブルをつたわって供給される。

人が跪いて祈るとき、サタンは退散すると言われるが、その姿勢は自らの弱きを認め、より高き大いなる力にすがる謙遜の表われであって、神はそれを好まれる。そして天国とぼくたちの間の距離は、ぼくたちが想像するよりもはるかに近いということを知っていただろうか。魔のバミューダ海域とかで船や飛行機が消失してしまうことがあるという話はあまりにも有名だが、神の存在する天国や霊たちや天使たちが主に活動する霊の領域とか霊界と呼ばれる世界は、ぼくたちが今存在し、活動している物質界と隣り合っているからである。ひょっとしたら、隣り合っているというよりも重なり合っていると言った方が正解かもしれない。時々、人や物がタイムスリップして異次元に入ってしまったり、一つの場所にあったものが次の瞬間に距離や時間の全く隔たった別の場所に出現したり、というのも科学が未だ解明できない不思議の一つである。何が言いたいのかというと、つまり、天国はぼくたちが想像しているほどには、ぼくたちの世界とかけ離れてはいないということだ。

そのことが解ると、この「祈り」という媒介で天国と地上とを連結する神のコミュニケーション・システムはぼくたちの想像を越えてはるかに実際的なものだということが掴めてくる。電話が良い例だ。電話という媒介を利用すると、ぼくたちはそのネットワークを通じていま居る場所から地球上のほとんど何処とでもコミュニケーションを取ることができる。受話器を取って相手の番号を押すだけで、瞬時に望みの人と話をすることができる。祈りもこの電話のコミュニケーション・システムと酷似している。要は、受話器を取って神の番号を押すなら、神が電話に出てくださる、という信仰を持たなければならない、ということである。つまり、神が神であるなら、人間が創り出した電話コミュニケーション・システムよりもはるかに優れたシステムを有しておられるはずだし、そうした神が存在しておられるなら、信仰をもって近づいてくるすべての人と喜んでコミュニケーションをとってくださるはずだからである。

今はやりのインターネットは電話コミュニケーションをさらに進化させた驚異のコミュニケーション・システムだが、これもまた神のおられる霊の世界を理解しやすい形で象徴している。電話にしてもインターネットにしても、条件は、まずそのシステムが便利で信頼できるものだと判断し、それに加入した上で、最低知らなければならない情報をもとに、とにかく通信し始めることだけだ。実際、「祈り」として知られる神のコミュニケーション・システムは、インターネットなど足元にも及ばない最先端の優れものである。「信仰」という加入条件を満たすなら、その場で、その瞬間にメンバーシップが与えられ、ぼくたちは早速そのシステムの中に入り込んで、天国の情報をサーフすることができるし、ダウンロードすることもできる。また必要なものをすべて無料で即時購入できる特権も用意されている。

この「信仰」という最低条件に関しては、システムの説明書である聖書にこう書かれている、

「信仰がなくては、神に喜ばれることはできない。なぜなら、神に来る者は、神のいますことと、ご自身を求める者に報いてくださることとを、必ず信じるはずだからである」（ヘブル人への手紙一一：六）

ちょうどインターネットの創設者を含めて、そのシステム全般に信頼を持つ人が参加することによってインターネット全体が可能になるように、神の祈りのコミュニケーション・システムも、まず神がおられ、求める者には答え報いてくださるという信頼を持つことが条件になるのである。

「わたしに呼び求めよ、そうすれば、わたしはあなたに答える。そしてあなたの知らない大きな隠されている事を、あなたに示す」（エレミヤ書三三：三）

理屈は極めて簡単である。「信仰」という小さな鍵を持っていれば、天国の大きな扉を開いて、その中にあるいっさいの祝福と財宝とを自分のものにすることができる。しかも、神は実に感度の良いシステムを駆使しておられるので、たとえあなたの祈りが音声にならなくても、心のうめきや囁きに

さえ反応される。また、天からの答えをもたらすものは、決して人を感動させる流暢な語りや知恵の言葉ではなく、重荷を負った心が放つ叫びなのである。

言葉にならない幼な子の要求も母親にならわかるように、神はあなたの通信事項を反対側で誠意をもって聴かれ、理解してくださる。ただ祈りの態度は、当然の希望を持って宇宙に望遠鏡を向ける天文学者のように、神の御座に近づきたいという願望を伴ったものである必要がある。祈りとはまた独白ではなく、対話であるということも忘れてはならない点である。ぼくたちが信仰をもって疑わずに祈るなら、物事は確実に起こり、また変わっていく。つまり、あなたはこの大宇宙を司る神の御手をあなたの祈りによって動かすことができるわけである。早速、神とチャットしてみよう。

第六章　終末

世界中に広がる核の脅威、途絶えることのない戦争や内戦、民族間の根深い争い、不安定な東西のバランス、環境大気汚染、地球の温暖化、砂漠化、さらには蔓延する疫病や疾患、相次ぐ天災人災、悪循環の螺旋階段をただ下っていくだけの世界経済など……二十一世紀の扉がまさに開かれようとしている今、人類は岐路に立たされている。何らかの大決断を下さなければならない。ノストラダムスの予言や終末論を唱える新興宗教を信じなくても、このままの道を進み続けて行くわけにはいかない、という重苦しい危機感は多くの人が抱いていることと思う。

「終末」、これは非常に大きな主題である。これほどの危機感をもって、ぼくたちの生存そのものを危惧しなければならない時代は、かつてなかったはずだ。破滅や終焉を唱える予言者たちの言葉を借りなくても、世界には暗いニュースが十分すぎるほどにある。しかもそうした問題は、たとえ単独で取り上げたとしても、その一つひとつがぼくたちの未来を終わらせてしまうに十分すぎるほどの規模で、その傷口を大きく開いているのである。そして悲しいことに、こうした問題に対する解決策を世界に提示し、実行に移すことのできる政治家など一人もいないことを世界は知っている。

この終末論という考え方は、どこか二、三の新興宗教が専売特許を取ってしまったものでは決してない。「予言者」を自称する多くの人たちは、彼ら自身混乱していて自分が何を言っているのか全くわかっていないので、追従者たちを導けるわけもない。自分たちさえ理解していない聖書の預言に勝手な解釈をほどこし、自分たちの教義に仕立てて信者を集め、「伝道活動」を行なっている。

「彼らは盲人の手引きをする盲人である。もし盲人が盲人を手引きするなら、ふたりとも穴に落ち込むであろう」とイエスは語っている。（マタイによる福音書一五：一四）

この「終末」という言葉にはあまり希望が感じられないが、今、世界がしなければならないことは原点に立ち返って、こうした「予言者」たちが引用している聖書の言葉がいったい何をどう語っているかを見てみることだと思う。聖書の神が愛の神であるならば、ぼくたちに破滅という未来を与えて、希望のないまま放置されるわけがないからである。

例えば、サリン事件をはじめとする宗教グループならぬ非道な行動によって今や社会問題となっているオウム真理教。「ハルマゲドン」という言葉は、このオウム真理教によって一躍有名になってしまったが、キリスト教を基盤としていない彼らによって引用されているのも奇妙な話だが、これは実際には聖書の黙示録一六章一六節に出てくる言葉で、地名なのである。地図を広げてイスラエルという国を見ると、エルサレムの北方にメギドという場所を見つけることができるが、そこがヘブル語で「ハルマゲドン」と呼ばれる所であって、聖書はそこが近い未来に起こる大戦争の舞台になると告げている。興味があるなら是非読んでほしいが、この黙示録には、恐らくは今この時代を生きているぼくたちが目撃するようになるであろう世紀的イベントが幾つも記載されている。

しかし聖書の聖書である由縁は、ただ一つの書、あるいは一節が何かを予言しているだけではなく、一つの箇所で語られている事が他の幾つかの箇所によって裏付けられているところにある。しかも、重要度が増せば増すほど、重複度も増し加わっている。聖書は言うまでもなく人をその創造主である神に導く、道徳書、倫理書であるが、同時に世界の歴史的イベントや人物に関する予言を含む書物としてあまりにも有名である。旧約聖書にはイエス・キリスト個人に関する何百もの予言が幾つもの書に記載されている。世界史のピボットとも言うべきイエス・キリストの誕生や生涯は、もちろん聖書の中でも最重要視されているので、当然その予言の重複度も高いわけである。聖書はまた世界の大まかな歴史を、まだその大部分が起きてもいない内に予言している。そして歴史的予言もその重要度および必要性に応じて、記載されている頻度が異なっている。

イエス・キリストの来臨は二度あると聖書は予告している。つまり、約二千年前のあの最初のクリスマスとなったイエスの生誕時がその一つであるのは周知の事実であるが、もう一つはいつなのだろう。これらの予言によれば、それはいわゆる終末のある時点に、イエスが再び地上に戻って来られるという再臨の予告であることがわかる。実際、聖書を調べるとイエスの再臨に関する預言は、一回目の来臨に関する預言よりもはるかに多いという驚くべき事実が浮かび上がってくる。

最初のは今この場では取り上げないが、ここではまだ起きていないもう一つの来臨、つまり再臨についてちょっと触れてみることにする。ここの部分をある程度、明確な形で把握していないと、「一九九九年の七の月に恐怖の大王が降りて来る」とか、「ディープ・インパクト」や「アルマゲドン」といった終末映画に代表されるような、世紀末的な人類滅亡やこの世の終わりの「予言」に踊らされてしまう。ぼく個人としてはノストラダムスが神からの予見能力を授かった予言者であったことを信じている。神が創造され、宇宙空間に巧みに配置された星を読むことによって、彼は未来の様々な出来事を驚異的なほど正確に予告することができたのである。

創世記の第一章には、神は天のもろもろの星を「しるしのため」に造られたと書かれている。だから、いわゆる預言とか啓示とかによって神から一方的に授けられる預言もあれば、神の創造された宇宙体系、星の配置や惑星の運行などを研究することから、しるしとしての未来を予知する類いの予言もあるわけだ。クリスマスの時によく聞かされる、生まれたばかりのイエスを訪ねて東方からはるばるやって来たあの三人の博士たちも、実は星を研究してイエスの誕生を知り、星に導かれてイエスの所にまでやって来た占星学者たちだったのである。(マタイによる福音書二章)

聖書には、歴史の大きな流れとその中のメイン・イベントが鳥瞰図的に預言されている部分と、個々のイベントがクローズアップされてその詳細を伝えている部分とがある。きっと興味津々の方も多いと思うので、ここにその一例をご紹介しよう。

「あなたがたは主の書をつまびらかにたずねて、これを読め。これらのものは一つも欠けることなく、また一つもその連れ合いを欠くものはない。これは主の口がこれを命じ、その霊が彼らを集められたからである」（イザヤ書三四：一六）

「見よ、さきに預言した事は起こった。わたしは新しい事を告げよう。その事がまだ起こらない前に、わたしはまず、あなたがたに知らせよう」（イザヤ書四二：九）

この二つの節はある意味では聖書の自己紹介であって、聖書という書物が互いに支え合い、裏付け合うことの出来る内容から成り立つ性格のものであることを説明している。

「こうして預言の言葉は、わたしたちにいっそう確実なものになった。あなたがたも、夜が明け、明星がのぼって、あなたがたの心の中を照らすまで、この預言の言葉を暗闇に輝くともしびとして、それに目をとめているがよい。聖書の預言はすべて、自分勝手に解釈すべきでないことを、まず第一に知るべきである。なぜなら、預言は決して人間の意志から出たものではなく、人々が聖霊に感じ、神によって語ったものだからである」（ペテロ第二の手紙一：一九—二一）

「主は牧者のようにその群れを養い、そのかいなに小羊をいだき、そのふところに入れて携えゆき、乳を飲ませているものをやさしく導かれる」（イザヤ書四〇：一一）とあるように、神は、手を取り足を取るようにしてぼくたちの毎日を導いてくださると約束しておられるが、未来に関してはなぜか、その計り知れない知恵によって多くのことをベールに包み隠しておられる。けれども、上に挙げた節にあるように、時代の流れの中で自分たちが今どこにおり、何をすることになっているのかを知ることは、ぼくたちがこの時代をどうやって生きていくかを知るためにも大切なことである。

そういった意味からも、預言の言葉に目をとめ、正しく解釈して、時のしるしを見定めることが重要になってくるのである。もし人が預言を理解して、神が必ず起こると言われた事柄に備えることを望んでおられるのでなかったなら、神は聖書の多くの紙面を無駄にしてしまったことになる。

聖書の中で黙示録と並ぶ預言書として挙げられるのはこのダニエル書だろう。ダニエルは聖書を代表する預言者の一人で、紀元前六二〇年頃に生まれた。時はエジプト、アッシリアに次ぐ第三の世界帝国として当時の世界を統治していたバビロニア王朝の時代である。歴史的に有名なあのバビロンの捕囚で、このダニエルも捕われの身となりバビロニアに引かれて行くのであるが、神は特別な任務をダニエルのために用意しておられたのである。ダニエルは少なくとも七十二年間バビロンにいたとされるが、それはネブカデネザル王の元年からその後に続くさらに五人の王たちの治世にまで及んだ。つまり、バビロンの最盛期から滅亡に至るまで、さらにメデア人ダリヨスの統治を経てペルシャの王クロスの第三年まで、ということになる。

こうして見ると、驚くべきことに、神はいつの時代にも当時の世界を治めていた世界指導者のすぐ下に、神の預言者を配置してこられたことがわかる。そして、これらの王たちの、神の預言者の与えるメッセージに対する従順いかんで、その盛衰が決定づけられてきた。学校ではあまり教わらない興味深い事実である。

ダニエルの預言については別の章で詳しく取り上げることにするが、ここではダニエルを含む聖書の預言者が予告した、歴史の主流ともなるべきある一連の出来事に関する預言を追っていく。

「メデア人アハシュエロスの子ダリヨスが、カルデヤびとの王となったその元年、すなわちその治世の第一年に、われダニエルは主が預言者エレミヤに臨んで告げられたその言葉により、エルサレムの荒廃の終わるまでに経ねばならぬ年の数は七十年であることを、文書によって悟った」（ダニエル書九：一、二）

ここに出てくるエレミヤとは、ダニエルと同時代に活躍した預言者のひとりだが、ダニエルがバビロンの地で預言者としての役割を遂行している一方、エレミヤはイスラエルを職場としていた。しかし、上の節からもわかるように、この時代の預言者たちはこのように文書を通して、互いに受け取る神の預言を比べ合っていたわけである。ダニエルがここで参照しているエレミヤの預言は、このようなものだった。

「それゆえ主はこう仰せられる、あなたがたが（当時のイスラエルの民）わたしの言葉に聞き従わないゆえ、見よ、わたしは北の方からバビロンの王ネブカデネザルを呼び寄せて、この地とその民と、そのまわりの国々を攻め滅ぼさせる。……この地はみな滅ぼされて荒れ地となる。そしてその国々は七十年の間バビロンの王に仕える。主は言われる、七十年の終わった後に、わたしはバビロンの王と、その民と、カルデヤびとの地をその罪のために罰し、永遠の荒れ地とする」（エレミヤ書二五：八、九、一一、一二）

「主はこう言われる、バビロンで七十年が満ちるならば、わたしはあなたがたを顧み、わたしの約束を果たし、あなたがたをこの所（イスラエル）に導き帰る」（エレミヤ書二九：一〇）

ダニエルはこうしたエレミヤの預言を学び、正しい解釈を施すことによって、主御自身からさらなる預言を受け取ることが可能になったわけである。

「あなたの民と、あなたの聖なる町（エルサレム）については、七十週が定められています。……それゆえ、エルサレムを建て直せという命令が出てから、メシヤなるひとりの君（イエス・キリスト）が来るまで、七週と六十二週あることを知り、かつ悟りなさい。その間に、しかも不安な時代に、エルサレムは広場と街路とをもって、建て直されるでしょう。その六十二週の後にメシヤは断たれるでしょう。ただし自分のためにではありません」（ダニエル書九：二四―二六）

さあ、今まで読んできた預言を解き明かしていこう。まず、ここで一つはっきりしていることは、あのバビロンの捕囚の期間が七十年になるという預言である。バビロンの捕囚があった年は、聖書からも、また歴史書からも明白であって、紀元前六〇六年のことだった。そして聖書のネヘミヤ記という箇所を見ると、エルサレムの再建命令が出され、ネヘミヤが再建の仕事に着手するのが紀元前四五四年だったということがわかる。アルタシャスタ王の第二十年とあるからである。（ネヘミヤ記二：一、五―八）

上記のダニエルの預言によれば、再建命令が出されてからメシヤ、つまり、イエス・キリストの時までに七週と六十二週あることがわかり、しかも六十二週の後にイエスが断たれる、すなわち、十字架で処刑されることまで予告されている。預言の凄さとは、ダニエルやエレミヤがこうした預言を受け取ったとき、これらすべてのことは何ひとつ成就していなかったことにある。

今のぼくたちは、歴史というかなり信頼できる記録を持っているので、こうした主要な出来事が何時、何処で、どのようにして起きたかを知っている。再建命令は紀元前四五四年に出され、工事は紀元前四〇四年に終了したわけだが、月単位で正確に計算すると工事自体には四十九年が費やされたということがわかる。ここに、預言がなぜ七週と六十二週とに分けられているかの理由がある。ちなみに、聖書の中で「週」として訳されている言葉は原文の「セプア」というヘブル語の訳なのであるが、この言葉には「週」という意味と「七」という意味がある。つまり、七週とは七の七、つまり、四十九という数字を意味しているのである。

次の問題は、では六十二週は何なのか、ということだ。上の方程式でいくと六十二の七、つまり四八三という数字が出てくるが、預言ではっきりとその四八三年の後にメシヤなるイエス・キリストが断たれる、とされている。この後は単純な足し算であるが、これによって西暦三〇年という数字が出てくる。

聖書やキリスト教について少しでも知識のある人なら、この数字を見ると、「あれっ、それはおかしいじゃないか。もしイエスの誕生の年が西暦の元年であるならば、イエスは三十三歳のとき十字架にかかって死んだのだから、西暦三三年になるはずじゃないのか」と思うかもしれない。この疑問はごもっとも。だが、今ぼくたちが使っている暦が最初に導入されたとき、当時のカトリックの教皇だか司祭だかが計算間違いをして、気付いたときには暦がすっかり定着してしまっていたので、そのままにしてしまっただけなのである。

聖書にはこんなふうに二重、三重の預言も数多くある。一石二鳥とはまさにこのことで、この七十年の預言で、神はダニエルやエレミヤを通して、イスラエルの民のバビロンでの捕囚期間は七十年であることを予告されただけではなく、この七十という数字をさらにエルサレムの城壁の再建工事の期間とイエス・キリストの到来および死の年まで予告するのに用いられたのである。

ところで、注意深く読んでいる人なら、必ずこの点にひっかかると思うが、七と六十二とでは六十九にしかならず、七十という数字は出てこない。はて、困ったものである。神はうかつにも単純な計算ミスをなされたに違いない。ひょっとしたら、預言というのは曖昧で大まかなものなので、その解釈も柔軟性をもたせよ、という無言の教訓なのかもしれない。だったら、いつもは尻拭いされているので、今回だけはその「教訓」を学びつつ、かつ神様のお尻も拭ってあげましょう。このへんの微妙なところは、人間の知恵を働かせて……

もちろん、こんな心配は全く無用である。神は、人間が心配したり世話を焼いたりしなくても、立派に自分の世話をすることができる。この残りの「一週」、つまり七年についてはとりあえず、神は決して間違いをされない、という信仰をもってひとまず棚の上にのせておこう。でも完全に忘れてしまうようなことはしないで、頭の隅にこれを留めておきながら聖書をさらに調べていくと、ぼくたちは唖然とさせられるような事実に突き当たるのである。この行方不明だった七年が思いもよらぬところから転がり落ちてくるのである。

聖書には、終わりの時にこの世の中がどうなっているか、いわゆる終末にはどんな事件が起こり、どんな人物が出現するかなどが実に克明に描写されている。イエス・キリストの再臨に関する聖句だけでも旧約聖書で一八四五箇所、新約聖書では三一八箇所もあるので、終末全体にかかわる聖句を集めるならどのくらいの数になるかは想像もつかない。けれども、そうした数ある終末の預言の中でも一際重複度が高いのは、終わりの時の最後の七年間地上に君臨するようになるひとりの人物に関する聖句である。パウロはテサロニケ人への第二の手紙の中でこう記している。

「さて兄弟たちよ。わたしたちの主イエス・キリストの来臨（これは再臨、つまりイエスの二度目の来臨のこと）**と、わたしたちがみもとに集められること**（イエスの再臨に際してすべての信者に起こる一大イベントだが、このことについては別の章で取り上げることにする）**とについて、あなたがた**

にお願いすることがある。だれがどんな事をしても、それにだまされてはいけない。まず背教のことが起こり、不法の者、すなわち、滅びの子が現れるにちがいない」（テサロニケ人への第二の手紙二：一、三）

これは明らかにある「個人」に関する預言であって、この人物の出現と終わりの時と、さっき棚の上に一時おいておいたあの「七年」とが、非常に重要になってくるのである。何故なら、この七十年の預言を与えたダニエルが、先ほど引用した一連の預言のすぐ直後で、この「個人」についてこのようなことを告げているからである。

「彼は一週のあいだ多くの者と、堅く契約を結ぶでしょう。そして彼はその週の半ばに、犠牲と供え物とを廃するでしょう。また荒らす憎むべき者の翼に乗って来るでしょう。こうしてついにその定まった終わりが、その荒らす者の上に注がれるのです」（ダニエル書九：二七）

「彼は、すべて神と呼ばれたり拝まれたりするものに反抗して立ち上がり、自ら神の宮に座して、自分は神だと宣言する」（テサロニケ人への第二の手紙二：四）

「この獣には、また、大言を吐き、汚しごとを語る口が与えられ、四十二ヶ月（三年半）のあいだ活動する権威が与えられた。そこで、彼は口を開いて神を汚した」（ヨハネの黙示録一三：五）

これらの聖句を要約するとこのようになる。先ほど指摘したように、ここで言われている一週が一の七、つまり七年であるならば、終末の、しかも最後の時期に、この一人の人物が現れて、何らかの契約を七年のあいだ多くの者たちと結び、その半ば、すなわち、契約が結ばれてから三年半が経過した時点で、はじめからの方針を一転させ、それまで続いていた宗教的儀式を廃止するようになる、という内容の預言なのである。クリスチャンの間では、この人物は反キリストとか、アンチキリストとか呼ばれている。

冒頭で述べたように、世界が様々な問題を抱え、永続的な解決策を見出せないまま破滅の一途をたどっていくしかないのかと絶望に苛まれ、藁をも掴むような状態になっているちょうどその時に、この人物が突如、「七年の契約」というスーパー・ソルーションを提示しながら政治経済の舞台上に登場してくるのである。

神は時間を超越した霊の世界の存在なので、無論、過去も現在も未来もすべてお見通しなのであるが、地球的時間に束縛された人間に対しては未来の大部分をベールに包み込んでしまっている。ただし預言ということに関しては、神は人に対して非常に寛大である。ちょうどジクソーパズルの断片のように、いまだ起きていない事柄の多くを「預言」という形でぼくたちに知らせ、与えられたピースから大体の全体像を想像させて、信仰によって前方に進んで行くことを奨励される。正確に何がどのように展開されていくのかは、誰ひとり断言できないのだが、この「人物」が出現したら、その段階で、この終末の世に生活しているぼくたちが人類の歴史のどのポイントに立っているのかが、正確にわかるようになっている。つまり、この「人物」が出現し、世界中の諸問題を一挙に解決するとされる、このスーパー・ソルーション的「七年契約」を結んだ時点で、ぼくたちには、あと七年しか残されていないとわかるのである。

だが、心配しなくてもいい。この最後の七年の終わりはハッピーエンドなのだから。この時がイエス・キリストの再臨の瞬間であり、すべての信者たちが待ち望む復活の時、主の御もとに呼び寄せられる時なのである。

世の中で色々と唱えられている「終末論」と、聖書の語る「終末」との違いを、ある程度理解してくださったように望むが、こうして簡単に幾つかの聖句を使って示したものを見返すだけでも、聖書がいかに系統だって書かれたものかわかっていただけると思う。そもそも、こうした預言が与えられているのにも、神の人に対する深い愛が読み取れるし、神の御心は、こうした預言がまさに成就する時代に生きている人々が、預言を読むことによって神と近づき、預言を正しく解釈することによって神の意図される道を歩み、願わくはハッピーエンドを迎えられるように、ということなのである。

第七章　イエスがメシヤであることの証明

「ベツレヘムという村で、名もなき処女から生まれ、神と呼ばれ、その凱旋にはロバの子にまたがってエルサレムに入り、わずか銀貨三十枚という値段で裏切られ、罪はないと判断されたにもかかわらず、不正にも有罪とされ、裸で十字架に架けられ、その衣は兵士らによってくじ引きにされ、罪人と共に死に、何の関係もない金持ちの墓におさめられ、その三日後に死からよみがえる」

はたしてこの人物は誰だったのか。この章では、旧約聖書に記録されているイエスに関する数々の預言が、どのようにしてナザレのイエスという一人の人物の内に成就されたかを列記しようと思う。出来れば、あなたも自分の聖書を開いて、ここに出て来る幾つもの箇所を訪ねながら、この預言の成就の偉大さを実感してみてはどうだろうか。

ちなみに旧約聖書にはメシヤに関する預言が全部で三百近くあるが、イエスはそれらをことごとく成就した。

1　誕生

預言（イエスの誕生の約七五〇年前）

「それゆえ、主はみずから一つのしるしをあなたがたに与えられる。見よ、おとめ（処女）がみごもって男の子を産む。その名はインマヌエルととなえられる」（イザヤ書七：一四）

預言

「ひとりのみどりごがわれわれのために生まれた、ひとりの男の子がわれわれに与えられた。まつりごとはその肩にあり、その名は、「霊妙なる議士、大能の神、とこしえの父、平和の君」ととなえられる」（イザヤ書九：五）

この聖句の「大能の神」という部分は、神の子が人の赤ん坊の姿で来られるのをユダヤ人が待ち望んでいたことを示している。

預言（イエスの誕生の約七一〇年前）

「しかしベツレヘムよ、あなたはユダの氏族のうちで小さい者だが、イスラエルを治める者があなた

のうちからわたしのために出る。その出るのは昔から、いにしえの日からである」（ミカ書五：二）

成就

「六ヶ月目に、御使ガブリエルが、神からつかわされて、ナザレというガリラヤの町の一処女のもとにきた。この処女はダビデ家の出であるヨセフという人のいいなづけになっていて、名をマリヤといった。御使がマリヤのところにきて言った、

『恵まれた女よ、おめでとう。主があなたと共におられます』。

この言葉にマリヤはひどく胸騒ぎがして、このあいさつはなんの事であろうかと、思いめぐらしていた。すると御使が言った、

『恐れるな、マリヤよ、あなたは神から恵みをいただいているのです。見よ、あなたはみごもって男の子を産むでしょう。その子をイエスと名づけなさい。彼は大いなる者となり、いと高き者の子と、となえられるでしょう。そして、主なる神は彼に父ダビデの王座をお与えになり、彼はとこしえにヤコブの家を支配し、その支配は限りなく続くでしょう』。

そこでマリヤは御使に言った、

『どうして、そんな事があり得ましょうか。わたしにはまだ夫がありませんのに』。

御使が答えて言った、

『聖霊があなたに臨み、いと高き者の力があなたをおおうでしょう。それゆえに、生まれ出る子は聖なるものであり、神の子と、となえられるでしょう』。」（ルカによる福音書一：二六―三五）

成就

「ヘロデ王の代に、イエスがユダヤのベツレヘムでお生まれになったとき、見よ、東からきた博士たちがエルサレムに着いた」（マタイによる福音書二：一）

2　エルサレム凱旋

預言（イエスの誕生の約五〇〇年前）

「シオンの娘よ、大いに喜べ、エルサレムの娘よ、呼ばわれ。見よ、あなたの王はあなたの所に来る。彼は義なる者であって勝利を得、柔和であって、ろばに乗る。すなわち、ろばの子である子馬に乗る」（ゼカリヤ書九：九）

成就（イエスの十字架処刑の五日前）

「さて、彼らがエルサレムに近づき、オリブ山沿いのベテパゲに着いたとき、イエスはふたりの弟子をつかわして言われた、

『向こうの村へ行きなさい。するとすぐ、ろばがつながれていて、子ろばがそばにいるのを見るであろう。それを解いてわたしのところに引いてきなさい。もしだれかが、あなたがたに何か言ったなら、主がお入り用なのです、と言いなさい。そう言えば、すぐ渡してくれるであろう』。

こうしたのは、預言者によって言われたことが、成就するためである。

弟子たちは出て行って、イエスがお命じになったとおりにし、ろばと子ろばとを引いてきた。そしてその上に自分たちの上着をかけると、イエスはそれにお乗りになった。群集のうち多くの者は自分たちの上着を道に敷き、また、ほかの者たちは木の枝を切ってきて道に敷いた。そして群集は、前に行く者も、あとに従う者も、共に叫びつづけた、

『ダビデの子に、ホサナ。

主の御名によってきたる者に、祝福あれ。

いと高き所に、ホサナ』。

イエスがエルサレムにはいって行かれたとき、町中がこぞって騒ぎ立ち、

『これは、いったい、どなただろう』。

と言った。そこで群集は、

『この人はガリラヤのナザレから出た預言者イエスである』

と言った」（マタイによる福音書二一：一―一一）

3　裏切り

預言（イエスの誕生の約五〇〇年前）
「彼らはわたしの賃金として、銀三十シケルを量った。
主はわたしに言われた、
『彼らによって、わたしが値積られたその尊い価を、宮のさいせん箱に投げ入れよ。』

わたしは銀三十シケルを取って、これを主の宮のさいせん箱に投げ入れた」（ゼカリヤ書一一：一二、一三）

成就

「時に、十二弟子のひとりイスカリオテのユダという者が、祭司長たちのところに行って、言った、『彼をあなたがたに引き渡せば、いくらくださいますか』。すると、彼らは銀貨三十枚を彼に支払った」（マタイによる福音書二六：一四、一五）

「そのとき、イエスを裏切ったユダは、イエスが罪に定められたのを見て後悔し、銀貨三十枚を祭司長、長老たちに返して、言った、『わたしは罪のない人の血を売るようなことをして、罪を犯しました』。しかし彼らは言った、『それは、われわれの知ったことか。自分で始末するがよい』。そこで、彼は銀貨を聖所に投げ込んで出て行き、首をつって死んだ」（マタイによる福音書二七：三―五）

4　主の裁判

預言（イエスの誕生の約七五〇年前）

「彼は暴虐なさばきによって取り去られた。その代の人のうち、だれが思ったであろうか、彼はわが

民のとがのために打たれて、生けるものの地から断たれたのだと」（イザヤ書五三：八）

成就

「さて、イエスをつかまえた人たちは、大祭司カヤパのところにイエスを連れて行った。そこには律法学者、長老たちが集まっていた。

夜が明けると、祭司長たち、民の長老たち一同は、イエスを殺そうとして協議をこらした上、イエスを縛って引き出し、総督ピラトに渡した。

また、ピラトが裁判の席についていたとき、その妻が人を彼のもとにつかわして、『あの義人には関係しないでください。わたしはきょう夢で、あの人のためにさんざん苦しみましたから』と言わせた。しかし、祭司長、長老たちは、イエスを殺してもらうようにと、群集を説き伏せた。

そこでピラトは、十字架につけさせるために、イエスを彼らに引き渡した」（マタイによる福音書二六：五七：二七：一―二、一九―二〇：ヨハネによる福音書一九：一六）

5　十字架処刑

預言（紀元前一〇〇〇年）

「まことに、犬はわたしをめぐり、悪を行なう者の群れがわたしを囲んで、わたしの手と足を刺し貫いた。わたしは自分の骨をことごとく数えることができる。彼らは目をとめて、わたしを見る。彼ら

は互いにわたしの衣服を分け、わたしの着物をくじ引きにする」（詩篇二二：一六―一八）

成就

「さて、兵卒たちはイエスを十字架につけてから、その上着をとって四つに分け、おのおの、その一つを取った。また下着を手に取ってみたが、それには縫い目がなく、上の方から全部一つに織ったものであった。そこで彼らは互いに言った、

『それを裂かないで、だれのものになるか、くじを引こう』。

これは、

『彼らは互いにわたしの上着を分け合い、わたしの衣をくじ引きにした』

という聖書が成就するためで、兵卒たちはそのようにしたのである」（ヨハネによる福音書一九：二三、二四）

注釈

これを預言したダビデの時代には、まだ十字架処刑というものはなくて、イスラエルでは石打ちによる刑で犯罪者を処罰していた。ところがなんと、ダビデは十世紀も後に興るローマ帝国が好んで使用した十字架処刑によってメシヤが殺されることを預言していたのである。

預言（紀元前一〇〇〇年）

「主は彼の骨をことごとく守られる。その一つだに折られることはない」（詩篇三四：二〇）

「彼は自分の魂の苦しみにより光を見て満足する。義なるわがしもべはその知識によって、多くの人を義とし、また彼らの不義を負う。それゆえ、わたしは彼に大いなる者と共に物を分かち取らせる。彼は強い者と共に獲物を分かち取る。これは彼が死にいたるまで、自分の魂をそそぎだし、とがある者と共に数えられたからである。しかも彼は多くの人の罪を負い、とがある者のためにとりなしをした」（イザヤ書五三：一一、一二）

成就

「さてユダヤ人たちは、その日が準備の日であったので、安息日に死体を十字架の上に残しておくまいと、ピラトに願って、足を折った上で、死体を取りおろすことにした。そこで兵卒らがきて、イエスと一緒に十字架につけられた初めの者と、もうひとりの者との足を折った。しかし、彼らがイエスのところにきた時、イエスはもう死んでおられたのを見て、その足を折ることはしなかった」（ヨハネによる福音書一九：三一―三三）

注釈

十字架処刑では、十字架につけられた人が死ぬのに何日もかかることがある。イエスが十字架につけられた日はユダヤ人の安息日の前日だったので、彼らは、祝日に十字架上に人がぶらさがっているという醜態を避けるため、このように犯罪人らの足を折り、その体重によって息ができなくなるような形で、死を早めることをしたのである。ところが、イエスはすでに死んでいたために、足を折られることはなかった。預言の驚くべき成就である。イエスは十字架上でわずか六時間しか生きていなかったことになる。

6 埋葬

預言（イエスの誕生の約七五〇年前）

「彼は暴虐を行なわず、その口には偽りがなかったけれども、その墓は悪しき者と共に設けられ、その塚は金持と共にあった」（イザヤ書五三：九）

成就

「同時に、ふたりの強盗がイエスと一緒に、ひとりは右に、ひとりは左に、十字架につけられた。夕方になってから、アリマタヤの金持で、ヨセフという名の人がきた。彼もまたイエスの弟子であった。この人がピラトの所へ行って、イエスのからだの引き取りかたを願った。そこで、ピラトはそれを渡すように命じた。ヨセフは死体を受け取って、きれいな亜麻布に包み、岩を掘って造った彼の新しい墓に納め、そして墓の入り口に大きい石をころがしておいて、帰った」（マタイによる福音書二七：三八、五七―六〇）

7　復活

預言（紀元前一〇〇〇年）

「あなたはわたしを陰府（よみ）に捨ておかれず、あなたの聖者が朽ち果てるのを、お許しにならないであろう」（詩篇一六：一〇）

成就

「週の初めの日、夜明け前に、女たちは用意しておいた香料を携えて、墓に行った。ところが、石が墓からころがしてあるので、中にはいってみると、主イエスのからだが見当たらなかった。そのため途方にくれていると、見よ、輝いた衣を着たふたりの者が、彼らに現れた。女たちは驚き恐れて、顔を地に伏せていると、このふたりの者が言った、

『あなたがたは、なぜ生きた方を死人の中にたずねているのか。そのかたは、ここにはおられない。よみがえられたのだ。まだガリラヤにおられたとき、あなたがたにお話しになったことを思い出しなさい。すなわち、人の子は必ず罪人らの手に渡され、十字架につけられ、そして三日目によみがえる、と仰せられたではないか』。

そこで女たちはその言葉を思い出し、墓から帰って、これらいっさいのことを、十一弟子や、その他みんなの人に報告した」（ルカによる福音書二四：一―九）

「イエスは苦難を受けたのち、自分の生きていることを数々の確かな証拠によって示し、四十日にわたってたびたび彼らに現れて、神の国のことを語られた」（使徒行伝一：三）

「わたしが最も大事なこととしてあなたがたに伝えたのは、わたし自身も受けたことであった。すなわちキリストが、聖書に書いてあるとおり、わたしたちの罪のために死んだこと、そして葬られたこと、聖書に書いてあるとおり、三日目によみがえったこと、ペテロに現れ、次に、十二人に現れたことである。そののち、五百人以上の兄弟たちに、同時に現れた。その中にはすでに眠った者たちもいるが、大多数はいまなお生存している」（コリント人への第一の手紙一五：三―六）

「主イエスは彼らに語り終わってから、天にあげられ、神の右にすわられた」（マルコによる福音書一六：一九）

注釈

イエス・キリストが復活されたというこの一連の記述が多くの人にとって信じ難いものであることは理解できる。しかし敢えて言わせてもらうなら、この「信じ難い事実」を聖書の核としているところに神の御心の奥深さを見ることができるのではないだろうか。矛盾しているようだが、ここに確固たる信憑性があるからである。

セールスであれ宣伝広告であれ、もし何かを伝え広めていこうと思うのであれば、自分が売り込もうとしている「商品」の核たる部分、基礎や土台となる中枢部を人に受け入れてもらわなければ二進も三進もいかないことは、小学生にだってわかる。神はどういう理由でか、このイエス・キリストの「復活」という事実の上に聖書のすべてを積み上げられたのである。つまり、イエス・キリストが復活したという事実を認め、受け入れなければ、聖書の他の部分がどれほど素晴らしくても、またどんなにためになることが書かれていたとしても、いっさいは無価値なものと化してしまうということである。天国の存在も、人に対する神の不変の愛も、全知全能の神の在るということも、すべて崩れてしまう。

そして、上に挙げた復活に関する預言もさることながら、その成就に関する聖句は、そういった意味で圧巻である。

イエスの指導のもとに、三年半のあいだみっちりと神や天国についての教えを受け、イエスなき後のキリスト教の未来を託されていたはずの、あの十二弟子たちの「復活」についての不信仰は見事であるとしか言い様がない。イエスの十字架処刑によってすっかり意気消沈させられてしまった弟子たちは、イエス・キリストがはたして蘇られたのだという良き知らせの一つひとつをことごとく疑ってしまう。イエスが蘇られたという知らせを否定し、笑い飛ばした挙げ句、結局どうしても信じざるを得ない状態にまで追い詰められてはじめて仕方なく信じるようになるのである。

こうした「赤裸々の事実」をそのまま記載するということは福音の宣伝広告にはいたって致命的である。「商品」を宣伝し、売り込むのを商売としているセールスマンたちが自分たちの「商品」の最大のセールスポイントを、ここまで疑っていたと告白することは、やはり正気の沙汰ではない。だが視点を逆転させて、ここの部分に留意してよくよく考えてみると、イエス・キリストの蘇り・復活が紛れもない事実だったということが理解できるのである。

8 十字架処刑の正確な年

預言（イエスの処刑される約六〇〇年前）

「あなたの民と、あなたの聖なる町（エルサレム）については、七十週が定められています。……それゆえ、エルサレムを建て直せという命令が出てから、メシヤなるひとりの君（イエス・キリスト）が来るまで、七週と六十二週あることを知り、かつ悟りなさい。その間に、しかも不安な時代に、エルサレムは広場と街路とをもって、建て直されるでしょう。その六十二週の後にメシヤは断たれるでしょう。ただし自分のためにではありません」（ダニエル書九：二四―二六）

このテーマについては別の章で細かく述べているので（第六章、一一六―一一八頁参照）、ここでは割愛させていただくが、要は、事の起こる約六百年も前に、神はその預言者を通してこの歴史的イベントをはっきりと正確に予告していたということなのである。

この預言の成就はあまりにも鮮烈かつ正確無比なので、ここで敢えて幾つもの確証を並べ立てる必要もないだろう。

9　イエスの来臨後に起こるエルサレムの崩壊

預言（イエスの処刑される約六〇〇年前）

「また、きたるべき君の民は、町と聖所とを滅ぼすでしょう。その終わりは洪水のように臨むでしょう」（ダニエル書九：二六）

注釈

このエルサレムの滅亡に関しては、イエスも福音書の中で的確な預言をされている。

「イエスが宮から出て行こうとしておられると、弟子たちは近寄ってきて、宮の建物にイエスの注意を促した。そこでイエスは言われた、

『あなたがたは、これらすべてのものを見ないか。よく言っておく。その石一つでもくずされずに、そこに他の石の上に残ることもなくなるであろう』。」（マタイによる福音書二四：一、二）

「いよいよ都の近くにきて、それが見えたとき、（イエスは）そのために泣いて言われた、

『もしおまえも、この日に、平和をもたらす道を知ってさえいたら……しかし、それは今おまえの目に隠されている。いつかは、敵が周囲に塁を築き、おまえを取り囲んで、四方から押し迫り、おまえとその内にいる子らとを地に打ち倒し、城内の一つの石も他の石の上に残しておかない日が来るであ

ろう。それは、おまえが神のおとずれの時を知らないでいたからである』。」（ルカによる福音書一九：四一―四四）

成就

この預言はイエスの死後わずか四十年後に成就した。西暦七〇年、ローマの軍勢を率いてエルサレムにやって来た将軍タイタスが、上記の預言のようにエルサレムを取り囲み、人々を宮に追い込んで、ついには総攻撃を仕掛けて、宮も人ももろともに打ち滅ぼしてしまったのである。このとき、エルサレムの巷には右往左往する群集が犇めき合っていたのだが、彼らは「宮に逃げ込めば、神の保護がある」と叫ぶ偽預言者らの指示に従ったのだった。将軍タイタスはついに宮を焼き落とす作戦に出て、結局、大半の人は宮の中で焼け死んでしまった。ところが、ローマ帝国の軍勢の一方的勝利に終わったこの戦いが一段落したときに、イエスの語られた預言の驚くべき成就が起こることになる。

その通り、イエスの語られた預言の中の、宮の建物に関する「その石一つでもくずされずに、そこに他の石の上に残ることもなくなるであろう」とか、「城内の一つの石も他の石の上に残しておかない」という部分は、はたして的確に詳細にいたるまで成就したのだろうか。今ぼくたちが注目しているこの宮とは、かのダビデの息子であって、史上最高の賢者であり富者であると言われたソロモンが、ダビデの希望を受け継いで建築したものである。ソロモンについては、イエスも福音書の中でその富を引き合いに出して、人生における真の価値ということについて教えておられる箇所がある。

「それだから、あなたがたに言っておく。何を食べようか、何を飲もうかと、自分の命のことで思いわずらい、何を着ようかと自分のからだのことで思いわずらうな。命は食物にまさり、からだは着物にまさるではないか。空の鳥を見るがよい。まくことも、刈ることもせず、倉に取り入れることもしない。それだのに、あなたがたの天の父は彼らを養っていてくださる。あなたがたは彼らよりも、はるかにすぐれた者ではないか。あなたがたのうち、だれが思いわずらったからとて、自分の寿命をわずかでも延ばすことができようか。また、なぜ、着物のことで思いわずらうのか。野の花がどうして育っているか、考えて見るがよい。働きもせず、紡ぎもしない。しかし、あなたがたに言うが、栄華をきわめた時のソロモンでさえ、この花の一つほどにも着飾ってはいなかった。きょうは生えていて、あすは炉に投げ入れられる野の草でさえ、神はこのように装って下さるのなら、あなたがたに、それ以上よくしてくださらないはずがあろうか」（マタイによる福音書六：二五—三〇）

ソロモンの建てたこの宮に話を戻すが、この宮は実はソロモンの生涯をかけた大事業であって、それには莫大な財産が注ぎ込まれていたのである。当時の世界の長者番付の筆頭にあって、他に大きく水をあけていたあのソロモンがその財産を惜しみなく使って建設したこの宮は、使用された木材、内装に使われた金銀など、現代では考えられないほどに豪華絢爛たるものだった。聖書の歴代志にはその事が一部始終記載されているので興味のある方は読んでみたらいい。

ローマの将軍タイタスが宮を焼き落としたことはすでに語ったが、宮の内部を巧みに装飾するために用いられていた金銀がその火災で溶け、下へ下へと流れ落ち、石と石の間に溜まって固まってしまったのである。そこでタイタスは兵卒に命じて、宮を構成するすべての石をことごとくひっくり返して、その間や下に溜り固まっている金銀を採集させたのだった。こうしてイエスの預言は実に驚異的なまでの正確さをもって見事に成就したのである。

10　イエスの来臨後に東の門が閉ざされる

預言（紀元前五七二年）

「こうして、彼はわたしを連れて、聖所の東に向いている外の門に帰ると、門は閉じてあった。彼はわたしに言った、

『この門は閉じたままにしておけ、開いてはならない。ここからだれもはいってはならない。イスラエルの神、主がここからはいったのだから、これは閉じたままにしておけ』。」（エゼキエル書四四：一、二）

成就

イエスがエルサレムに入る際に、ロバの子に乗って入られるとの預言と、その成就については先に述べたが、マタイの福音書にはその位置関係が記述されていて、イエスとその一行がオリブ山沿いのベテパゲを経由してエルサレムに入ったと記されている。勿論、そこからはこの東の門を通って行かれるわけである。そして、西暦七〇年にエルサレムが将軍タイタスに率いられるローマ軍によって滅亡したことも述べたが、その後エルサレムは廃墟と化し、何世紀にも渡って復興されないままの状態

が続いた。

ところが、西暦五四二年のこと、イスラム教徒のサルタン、サリエマンが町の城壁を再建することになる。一つ重要なことをここで思い起こしてほしいのだが、旧約聖書に預言され、約束されている救世主なるメシヤの到来は、今証明しているように、このようにイエスの内に成就されたわけなのだが、イエスを拒んだユダヤ人にとっては救世主はいまだ到来していないことになる。そして先に挙げた「イスラエルの神、主が入場される」ことになるこの東の門からユダヤ人の王が入場されることを、ユダヤ人は期待していたのである。そこでユダヤ教にとっては異教徒にあたるこのサルタンは、この預言を封じるために、東の門を完全に封印してしまったのである。かくして、預言は成就され、今日に至っている。

旧約聖書にあるイエスに関する預言はまだ他にも数多くあって、ここに挙げたのはその内のほんの幾つかに過ぎないが、もし偏見を捨てて、常識的に見てみるなら、これだけでも十分すぎるはずである。勿論、大半のユダヤ人らは「メシヤはいまだ来ていない」と信じている。だが、これがあのナザレのイエスでなくて一体だれだと言うのだろうか。

だが、しかし、イエスがもし神の子であって、宇宙の創造主のひとり子であるなら、いったい何故に、どうしてこのように無力な幼な子の姿でこの地上に来られ、ぼくたちの間に住まい、ぼくたちが体験するあらゆることを自ら経験され、神の愛と知恵で人々に天国の世界のことを教え、愛を全うした生涯を送り、結局最後には十字架で処刑されるというあのような惨い方法で、ぼくたちのための犠牲となられたのだろうか。

それは、イエスがぼくたちを愛しておられるからである。

そして、こうした幾つもの預言を与え、それをことごとく成就させることで、神と神の言葉に対するぼくたちの信仰が強められ、それによって、神がそのひとり子、イエス・キリストを十字架の死に渡し、ぼくたちの罪の贖いとして与えてくださったほどに、この世を深く愛してくださった、という堅固な事実を容易に信じられるようになるためである。しかも、御子イエスと、彼のなしてくださった犠牲を信じるだけで、ぼくたちの罪は許され、天国の市民権まで与えられ、永遠の命という素晴らしい贈り物を得られるようになるためなのである。

「神はそのひとり子を賜ったほどに、この世を愛してくださった。それは御子を信じる者がひとりも滅びないで、永遠の命を得るためである」(ヨハネによる福音書三：一六)

第八章　信仰

信仰（その一）

「信仰とは、望んでいる事がらを確信し、まだ見ていない事実を確認することである」

これはヘブル人への手紙の一一章でパウロが定義している信仰という言葉の意味である。聖書は、目に見えない神と神のおられる領域である霊界の諸々を信じることを、ぼくたちに要求する。「信仰」という言葉を聞くとなんだかとても難しそうだし、蓋を取った瞬間に宗教的な臭いがプンプンしてきそうなので思わず敬遠したくなってしまうが、実際にはもっとカジュアルで、ぼくたちの毎日の生活に密着したものである。ぼくはこれまでに、この「信仰」というニュアンスを理解してもらうために、色々な説明を試みてきたが、結局は上に挙げたパウロの定義に行き着いてしまう。つまり、信仰のある人とは単純に「神の存在しておられること」、「その神が愛の神であり、ぼくたちを見守り、導き、願いを聞き届けてくださる方であること」を信じられる人のことなのである。

この世の中には、ぼくたちが日常生活の中で用いている物差しでは決して測ることのできないもの、常識的な枠組みの中には決して収まらないものがあるのを知っている。学校や会社、あるいはぼくたちが絶対の信頼を置く社会が答えてくれない、いや答えられないものが幾つもあるのだ。人間の能力や領域を超越した存在を意識したという経験は誰にだってあるはずだ。その良い例が死だと思う。

人は死と直面するとき、突如として、心とか、魂とか、精神とか、つまり、霊の世界の諸々のことを意識し、認識するようになる。つまり、死に対してこれっぽっちの力も持たない人間の肉的な限界を思い知らされる、この「死」という誰もがくぐらなければならない門の前に立たされるとき、今まで大事にしてきたもの、尊重していたもの、全幅の信頼を寄せていたものが、この世の価値観と共に音を立てて崩れ始め、揺らぐはずのない堅固な地盤がまるで夏の朝の霧のように消え去ってしまい、人は驚愕し、おじ惑うのである。

でも、「信仰」は、人間の前に立ちはだかるこの「死」という門のすぐむこうには、愛情深い神がいることを教えてくれる。「死」を克服するとき、人ははじめて「永遠の至福」への道を進み出すことができる。「死」が克服できなければ、この世でどんな暮らしをしていても、何を所有し、どんな名声を轟かせていても、結局は虚しいものだからである。

「わたしは裸で母の胎を出た。また裸でかしこに帰ろう」（ヨブ記一：二〇）

だが、「死」という門のむこうに神がいて、長旅からやっと戻って来たわが子を迎え入れるように、「天国」という新しい、永遠の住まいに受け入れてくださるのだとわかるとき、それは何という解放、喜び、至福だろう。聖書はだから、「信仰」によって信じられ、「信仰」によって実践されるべき書物なのである。

「信仰」によらなければ、聖書のどんな言葉もたちまちの内に有限の人間レベルに引き下げられてしまう。「信仰」によらなければ、世界中を埋める図書の中にあって、聖書を選び、優先する理由など何も残らない。でも「信仰」によれば、人はその中にこの人生で遭遇するあらゆる問題に対する答えと、「死」の門をくぐった後の素晴らしい世界を見出し、しかも所有することができるのである。

信仰（その二）

聖書を学ぶときに、ぼくがよくするのは、自分が読んでいる箇所に登場する人物の中の一人に身を置くことだ。ちょうど演劇の世界のように、聖書のその部分を台本として、自分がその役を演じることになる役者になったような設定を頭の中でして、読むのである。生命のない演技、現実味のない棒読みの台詞に感動する人などいない。見ているものを動かすには、役者がその役になり切っていなければならない。ここがポイントである。このようにして読むとき、聖書は力を帯び、神の霊に満ち溢れた、非常に現実的なものになる。

ここにマタイによる福音書一五章からの一節を台本として今あなたに受け取ってほしい。そしてこの部分の主人公である「カナンの女」をあなたに演じてもらいたい。まずは第一ステップとして、あなたは自分が役者なのだと思い込む必要がある。台本というものはそれを演じる役者次第でどんなものにもなり得る。だから、単なる文字に過ぎない台詞に命を吹き込み、「演技」ではなく「そのもの」になることによって、観客を感動させなければいけない。そのためには、まず時代や地理的な背景を探り、また自分自身、台本をよく読み吸収することによって、「カナンの女」がどんな人だったのかを自分なりに捉え、彼女の性格とか暮らしぶり、またイエスとの会話の中で揺れ動く感情の一つひとつの変化を身につけることが大事になる。(あなたのための時間。台本を読み、役になり切るために使ってもらいたい。)

じゃあ、準備も整ったようなので、幕を上げることにしよう。

「さて、イエスはそこを出て、ツロとシドンとの地方へ行かれた」(マタイによる福音書一五：二一)

この二つの地方は今のシリヤにある。ちなみにイエスの宣教というのは、どこか環境の良い地区の、交通の便も良く、何台もの車を収容することのできる駐車場がある場所に建てられた立派な教会を本拠地として構え、そこに聴衆を集めて厳かに行われる、というタイプのものではなかった。それとは程遠く、イエスのこの地上での短い生涯、さらにはわずか三年半ばかりの宣教生活の大半は、このように旅をして過ごされたのである。

イエスのそんな生活について、ルカの福音書の中にこんな記述がある。

「道を進んで行くと、ある人がイエスに言った、

『あなたがおいでになる所ならどこへでも従ってまいります』。

イエスはその人に言われた、

『キツネには穴があり、空の鳥には巣がある。しかし、人の子にはまくらする所がない』。」（ルカによる福音書九：五七、五八）

そしてイエスの宣教はイスラエルという国に限定されることなく、この福音がやがては弟子たちの手で、イスラエルが異邦人と呼ぶ絶対的多数者の存在する世界の大部分へ伝えられていくことの象徴として、このように隣国にまで及ぶ。しかし当時のユダヤ人には、独自の文化や宗教的慣例を守り抜くことが戒律として与えられていて、その純度を守るために、当然のことながら異なる文化や宗教を持つ異国人との交際についてはかなり厳しく規制されていた。そんな中、批判家に言わせれば、思い付きによる気紛れな旅に同行させられた弟子たちは、心の中で様々な思案に暮れていたことと思う。


「すると、そこへ、その地方出のカナンの女が出てきて、

『主よ、ダビデの子よ、わたしをあわれんでください。娘が悪霊にとりつかれて苦しんでいます』

と言って叫びつづけた」

このカナンの女があなたの演じる配役である。細かいことはさておいて、聖書はこのカナンという地をあまり高く評価していない。正確に言えば、イスラエルの人々のカナンの人々に対する評価は決して高くはなかった、ということである。天地の創造主である唯一の神を崇拝するイスラエル人にとっては、偶像崇拝が甚だしく行われていたカナンの地の住民たちは、目の上のコブのような存在だった。姿形あるものに頼ってしまう人間の弱さを考えると、こうした「悪影響」を持つ人々と交わることはやはり、ちょっと危ないことだったのだ。

が、しかし、これはキリスト教が伝統的に持っている持病のようなもので、教会の歴史はややもすれば受け身的な、防御優先のスタンスを取ってきたことを示している。イエスがしたように積極的に外に出て、「好影響」によって周囲の世界を変えていこうとするのではなく、自分たちの確立したものを出来るだけ失わないようにするための防衛戦だ。

あまり脇道に入り込んで行ってしまわない内に軌道に戻ろう。あなたは、このカナンの女を演じるにあたって、今、自分の感情をこの女の中に移入する必要がある。彼女自身になり切ることによって彼女の生活臭を嗅ぎ、彼女を取り巻くその当時の社会や毎日の生活を肌で感じるわけだ。その中心にあるのが偶像崇拝であることも忘れてはいけない。詳しいことは知らないが、その「宗教」にも様々な規律や定めがあって、献金とか崇拝とかの細々とした掟があったはずだ。そんな中で、ある日、自分の娘が「悪霊」にとりつかれてしまう。これが実は自分が生涯、神だと信じて崇拝してきたものからの影響だということは、彼女にも次第にわかってくる。いくら祈っても、何を捧げても、娘の苦しみは一向に良くならない。「困ったときの神頼み」というのは、よく日本人が冗談で口にする言葉だが、この言葉は多くの面で真実だと思う。神は、つまり、本当の神は、しばしば人を困難な状況に陥れることで、人が信頼すべきまことの神がいったい何処におられるのかを教え諭されるのである。

そんな状況の中で、このカナンの女が諭されたのは、自分がこれまで神だと思って崇拝してきたものが本当は神ではなく、幸福や喜びを与えるどころか、人を弄び、その苦しみを見て狂喜するといった偽者だということだった。このことについては別の章で触れることにしたいが、とにかく今、このカナンの女は目の前でのたうちまわって苦しむ娘を見ながら、何ひとつしてやることのできない自分の絶望状態にあって途方に暮れている。

だが、そこにあるニュースが口コミで伝わってくる。テレビも電話もない時代には、それが情報伝達手段だったのだ。イスラエルからイエスと呼ばれる人が自分の町に来ている。噂では、彼は教師とも、預言者とも、救世主ともいわれている。しかもこのイエスは、イスラエルの町や村で数々の力あるわざをしているそうだ。彼女の暗い生活に一筋の希望の光が差し込んでくる。ひょっとしたら。もしかしたら。

たとえ偶像崇拝ではあっても、やはりそれは一種の「信仰」であることには相違ないので、彼女には何かを信じるという「信仰」の下地は確かにあったはずだ。世紀末とか、世界の滅亡とかをマスコミが競い合うようにして煽《あお》り立てる中、ぼくたちの周囲にもこの世界的な宗教ブームが到来して久しい。一度ならずとも宗教の世界にはまり込んだ人なら判ると思うが、人が一つの宗教に入るとき、その度合の違いはあるとしても、それは人生の決算のようなものだ。自分の今生きている人生を一つの天秤に下げ、もう一方の天秤にその「神」をのせて、その重さを比べ合い、下がった方を取るのである。このカナンの女もそれをしたとぼくは思う。一方には今までの彼女の生活を、自分の信じてきたその地方の宗教や私生活の中での様々な不純物をすべて一個の竃に投げ入れて、そのもう一方の天秤には、まだ見たこともなく、触れたこともない、ただ口コミで伝えられるだけの、この「一抹の望み」をのせて。

ここで女は今までの信仰を捨て、すべての望みをこのイスラエルからの見知らぬ人に託すことになる。これは第一のテストだと言える。ぼくたちの間でよく言う「信仰の決断」というステップである。女は自分の望んでいるもの、つまり、娘の悪霊からの救出をまだ受け取っていない。だが、望んでいるものを手に入れるために、今まで手に持っていたすべてのものを捨てて、手を空にしている。これが聖書の言う「信仰」の極意である。そして知る限りでは、イエスはこうして必死の思いで助けをすがってくる人を今までただの一度だって突き放したことはない。

だがしかし、ここに展開されるシーンは、聖書の中でぼくたちが見慣れてきたものとは違って、これがあのイエスなのか、と思わず自分の読んでいる本を疑ってしまうようなキツイ雰囲気を漂わせている。

「しかし、イエスはひと言もお答えにならなかった」

これはかなりのショッキング度の強いシーンである。何故かって。あの、イエスですよ。いつくしみと優しさの代名詞のようなイエスが、悪霊にとりつかれた娘をかかえてうろたえるばかりのこの哀れな女を無視しているのだ。第二のテストである。「もしこれが自分の身に起こったら」、もしこのカナンの女が実は他ならぬ、自分だとしたら、あなたならこの場合、どういう反応を示すだろう。誰でも受け入れてくださる方だと信頼し、神の愛のひとしずくにでもあやかりたいと、あれほどの決意をして助けを求めているのに。

「いったい自分を何様だと思っているんだ、このヤロー。虫けらのように無視しやがって」

きっとそんな風に腹を立てて家に戻り、一直線にゴミ箱に走って、捨ててあった偶像を再び取り出し、罰当たりなことをしてしまって許してくださいまし、などと一にも二にも謝って、ワックスをかけて磨き、神棚か祭壇か仏壇の上に置き、果物や野菜、その他諸々の捧げ物をして、もとの偶像に「信仰」をリバイバルさせたとしてもおかしくはないはずだ。さあ、そんな心の激しい揺れ動きを演じてください。だが残念なことに、テストはここで終わりはしなかった。

「そこで弟子たちがみもとに来て願って言った、

『この女を追い払ってください。叫びながらついてきますから』。」

第三のテストである。だが、まあ、彼らの主であるイエスがこうした態度を取るのであれば、主のなさる通りにすべてを行なうようにと教えを受けている弟子たちがこう言ってくるのも仕方がないと言えば、仕方がない。勿論、「願って言った」というのはいただけないが。

「するとイエスは答えて言われた、
『わたしは、イスラエルの家の失われた羊以外の者には、つかわされていない』。」

これまで無視を決め込んでいたイエスがやっと口を開かれたかと思うと、それは予想通りというか、やはり弟子たちに対してであって、しかも今までの言動を肯定する類いのものだった。ここまでで判断するのであれば、聖書を逆さまにして読んでも、自分の方が逆立ちをして読んでも、どう見てもイエスはこの女とは何のかかわりも持ちたくないのだ、という結論が下せるだろうし、またそうしたとしても早とちりにはならないだろう。

旧約聖書を一貫してユダヤ人のあいだで排他的なほどに尊守され、伝達されてきた神の愛と救いが、イエス・キリストを通して全世界のすべての人に与えられる、という新約聖書の最大のポイントの一つであり最も大事な核心部分が、イエスとその弟子たち自らの言動によって打ち消されているのではないか、と思われてしまったとしても、これでは仕方がない。実際、聖書の限られた記述だけでは、このときの女の心の状態、動揺、失望と落胆は想像も及ばない。イスラエル人のグループの中で民族的にも宗教的にも人間的な価値の面でも孤立してしまったこのカナンの女は、このとき一体何を思い、何を感じていたのだろう。

勿論、天国に行ったら、そこの歴史館か何処かにある立体モニターで、このときの状況を再生して観ることができるようになるのだろうが、今はあなたがこの役を演じることになっているので、どうかそのまま引き続き感情を移入しながらカナンの女になり切ってほしい。

しかし女は諦めない。自分の望むものを手に入れるまでは決して引き返すことをしない、そんな信仰を彼女は持っていた。

「しかし、女は近寄りイエスを拝して言った、
『主よ、わたしをお助けください』。
イエスは答えて言われた、」

さあ、場面は急遽、良い方向に転換してハッピーエンドを迎えることになるのだろうか。あの優しく、いつくしみ深いイエスが、ついに女に対して向き直り、口を開いてくださったのである。女の顔にさっと輝きが差し込むのが見えるようである。

「『子供たちのパンを取って小犬に投げてやるのは、よろしくない』。」

まさに決定的一撃である。ぼくがクリスチャンになったばかりの、まだ湯気が出ていた頃、今でもよく覚えているが、ここのところの記述にはさすがにぼくも信仰を無くしかけてしまった。福音書全体から受け取れるイエスのあの愛と優しさ、そして許しのメッセージと、この部分の描写との相違があまりにも有り過ぎたので、正直なところ、イエスに対するイメージダウンを起こしてしまったのである。旧約のややもすれば重厚で、厳しすぎる感の強い万能の神を、ぼくたちの日常レベルの、いわ

ば「友」のような存在にまで引き下ろしてくれたのが、あのイエスだったのに。「ふんだ。こんなのが神の御子だというんなら、オレはもうグレてやる」

そんな感じだった。マタイという人も、せっかく福音書を書くんだったら、イエスの言動をもう少しうまく編集して、受け入れ易い部分だけで構成してくれればよかったのに。

しかし、ぼくたちはここまで神を批判していいのだろうか。批判とまではいかなくても、神の評判を心配してあれこれ気を使ったり、神が裁判か何かにかけられたときのために、こういう人格というか神格というかを疑わせるような言動を記録から上手に消去してしまいたいというのも、所詮ぼくたちのような愚かで無力な人間による老婆心的弁護なので、あまり助けにはならないような気はする。しかし、ここの部分をぼくはとても大事だと思う。

なぜなら、今ぼくたちは異邦人としての日本人という観点から、世界全体に与えられた神の賜物のことを学ぼうとしているからである。距離的には無論、カナンはイスラエルの隣接地なのだから、祝福された民からおこぼれを頂戴する式の見方をすることもできるのだが、問題の原点に立ち返るなら、やはりそれはユダヤ人の間で育てられてきたこの「信仰」によって神を知り、その愛に到達するという贈り物は、イエス・キリストの出現によって世界中のすべての人に歴史的空間を超越して届けられ、開かれるのだという基本的真理には変わりがない。

キリスト教はイメージ的には西洋の宗教という感じだが、実際の発祥地はアジアとして分類されているイスラエルであって、イエス自身、ぼくたち日本人にもう少し近いアジア人なのである。だが、新約聖書はそんな肉体的なことは問題外だとする。なぜなら、

「神には、かたより見ることがない」（ローマ人への手紙二：一一）

からであり、

「もはや、ユダヤ人もギリシャ人もなく、奴隷も自由人もなく、男も女もない。あなたがたは皆、キリスト・イエスにあって一つだからである」（ガラテヤ書三：二八）

だから、イエスをそのように見ることはいけないことだし、キリスト教をそのようにしてある特定の民族に限定してしまうのもいけない。でも、そのキリスト教の核ともいえるものが、今、このカナンの女とのやり取りの中で実質なきものにもなり兼ねないのだから、日本人としてはやはり他人事とは思えない、あまりにも現実に則した難問であり、異邦人クリスチャンとしての土台が崩れるかどうかの一大事なのである。

そして、この過酷ともいえる信仰のテストの中から聖書屈指の勝利が生まれてくるのであり、ひょっとしたらユダヤ人という一つの民族の中に再び閉じこめられてしまっていたかもしれない神の愛と祝福が、この問題だらけの一人の異邦人の女によって今再びぼくたちの前に開かれることになる。この女はその名前すら記憶されていない。だが、その賞賛は幾つもの時代を越えて、二十一世紀を迎えようとしているぼくたちの耳にも、心にも高らかに響いている。

「すると女は言った、

『主よ、お言葉どおりです。でも、小犬もその主人の食卓から落ちるパンくずは、いただきます』。」

どうだろう。この女は、自分を助けてはくれなかった偽りの宗教を捨てて、そのすべてを賭けてイエスへの信仰を表明しようとしていた。ところが、期待していた答えが即座に受け取れるどころか、その生まれたばかりの「信仰」がこれほどの波状攻撃を受けるのである。勿論、信仰は揺すられ、崩れんばかりになった。でも、重要なのはテストにあったとき、しっかりと立っていられるかどうかではなく、たとえ倒れたとしても、なお信仰の手を伸ばして、自分が信頼を置く対象に差し伸べることなのである。

このカナンの女は自らを低い、卑しい立場に置いて、この信仰の告白をする。つまり、イエスの与えるものは、たとえそれがパンくずだったとしても、彼女がそれまでに持ち得たどんなものよりも、またそのすべてを合わせたものよりも、ずっと素晴らしいものだったからである。

「そこでイエスは答えて言われた、
『女よ、あなたの信仰は見あげたものである。あなたの願いどおりになるように』。
その時に、娘はいやされた」

ある人は、こうした強い信仰を表明しなくても容易にイエスと出会い、その求めるものを手に入れる。ある人は、取り立てて求めてもいないのに、神の方から手を差し伸べられて、神に到達する。そしてある人は、様々な屈折、試練、破局、挫折、テストを通してやっとのことでイエスの恵みに触れることができる。一見、矛盾しているし、不公平のような気がしないでもない。だが、大事なのはイエスを通して神に出会うことであり、イエスを通して天国の一市民となることなのである。神がそのために、あなたに対してどんな手段を用いられたとしても、神は最善を御存知であり、「信仰」を手放さなければ、このような思いもしない形で神の祝福に招き入れられるのである。

この真理が見えたとき、ぼくの試練はもちろん見事に洗い流されてしまった。そして、この真理の中に日本人としての信仰の求め方が示唆されているように思えて仕方がない。さあ、この祝福の言葉、最高級の賛辞を受け取ったカナンの女の喜びの表情をあなたはどう表現するだろうか。彼女がしたように、イエスに手を差し伸べ、彼に触れてみたら、あなたもその喜びを共有できるのである。

第九章　試練

人生に試練はつきものである。晴れの日だけで雨が降らなければ、地は干からびてしまうように、人生も雨の日があってはじめて潤いが与えられる。だから順境と同様に逆境をも受け入れる人生観が必要になる。理想的には笑いと喜びに満ちた幸せな毎日を過ごせるなら、それが最高の人生といえるのだろうが、実際にはそうでないというのが現実である。

試練の波は誰の岸辺にも必ず押し寄せてくるのだから、それを受け入れ、それに処する道を知ることは、ぼくたちが人生を生きていく上でとても大事なことだと思う。ぼくはクリスチャンなので、何か答えとか指針とかが必要になると必ず聖書を開くようにしているのだが、聖書はこの「試練」というテーマにかなり多くの光を当ててくれている。普通ぼくたちが何か考え事をするときには、ぼくたちの心や頭が思考の活動の場所である。だからそこに神の存在や係わりを認めるには、ある程度の努力が必要になる。人間一人ひとりの頭の中では自分が中心人物であって、世界は自分を中心にして回っているからである。
それだから、聖書を開いてその中に答えを探るときにする第一の作業は、頭の中のディスクを初期化することになる。世界の中心に神が存在することを認めて、ディスクを正しい設定状態にする作業である。すると不思議なことに、人生に起こる様々な試練の中に、ぼくたちは神の手が見えるようになる。
まず聖書の中で試練というものがどのように位置づけられているか、見てみよう。

「あなたがたは、終わりの時に啓示さるべき救いにあずかるために、信仰により神の力に守られている」（ペテロの第一の手紙一：五）

これはすべてイエス・キリストを信じる者たちに与えられている特権であり、別の章で学んだように、人はイエス・キリストを信じて心に受け入れた時に、この人生の後に訪れる第二の人生を天国で過ごせるという「救い」を与えられるのであり、この世の人生についても上の聖句が語っているように、「神の力」という保護が与えられている。勿論、今のこの世の生活の中では、「信仰によって」という条件付きではあるが。

「そのことを思って、今しばらくのあいだは、さまざまな試練で悩まねばならないかもしれないが、あなたがたは大いに喜んでいる。こうして、あなたがたの信仰は試されて、火で精練されても朽ちる

ほかはない金よりもはるかに尊いことが明らかにされ、イエス・キリストの現れるとき、讃美と栄光とほまれとに変わるであろう」（ペテロの第一の手紙一：六―七）

「わたしの兄弟たちよ。あなたがたが、いろいろな試練に会った場合、それをむしろ喜ばしいことと思いなさい。

試練を耐え忍ぶ人は、さいわいである」（ヤコブの手紙一：二、一二）

試練というと、イメージ的にも非常に悲惨で思わず顔をしかめてしまうが、聖書を見ると、喜びをもって受け入れるようにとアドバイスされている。それはちょうど、人をより良い器とするための訓練のようなものだからである。

「わたしの子よ、主の訓練を軽んじてはいけない。主に責められるとき、弱り果ててはならない。主は愛する者を訓練し、受け入れるすべての子を、むち打たれるのである。

あなたがたは訓練として耐え忍びなさい。神はあなたがたを、子として取り扱っておられるのである。いったい、父に訓練されない子があるだろうか。だれでも受ける訓練が、あなたがたに与えられないとすれば、それこそ、あなたがたは私生児であって、ほんとうの子ではない。

すべての訓練は、当座は、喜ばしいものとは思われず、むしろ悲しいものと思われる。しかし後になれば、それによって鍛えられる者に、平安な義の実を結ばせるようになる」（ヘブル人への手紙一二：五

一二

では、試練を人に与える上での、神の最終目的とはいったい何なのだろうか。ちょうど草花を成長させるのに陽光ばかりでなく雨も必要なように、人格というものも人生の陰日向を通して形成されていく。それは、神がその手に握ったノミを使って人を彫刻していくのに似ている。ノミのひと刻み、ひと掘りが、人を深く、奥行きと味わいのあるものにつくり変えていく。言い換えるなら、試練というものが全くない人生は味わいのない薄っぺらなものになってしまいがちだが、試練というノミで掘り刻まれると、何の変哲もない一本の材木が何かの用途に造り上げられていくわけである。どっちの方が有益な人生であるかは一目瞭然である。

また神の与えられる試練は、人が仕立て屋に頼んで洋服をあつらえてもらう時のように、その人だけにしかフィットしない特別な仕立て方で、生地やデザインや寸法その他が決められていく。裸のままの人間に、神という最高の仕立て屋が、一人ひとりの身体にピッタリと合った洋服を仕立てて着飾らせてくれる。だからこそ人は両手を広げ、喜んでそれを迎え入れるべきだと聖書は告げるのである。

ならば、神はどうしてわざわざ試練を送り、人をかくも掘り刻むことを良しとされるのか。そのように造り変えられることが何故に人生に有益さをもたらすのか。そんな人生は試練を耐え忍ぶだけの価値ある人生と言えるのか。人間というものは所詮、生まれつき身勝手で自己中心的な存在である。社会とは、そうした利己的な人間たちが集まって共同生活を営む場所である。だからこそ、人は幼少の頃から社会生活の基盤である人間関係を学んでいかなければならないのである。

社会の潤滑な運営を助長するため、昔から規則とか法律とかが人間の行動を指示・制御してきた。旧約聖書の時代にモーセに与えられた十戒は、今日でも、多くの国々の憲法や法律の基盤となっている非常に優れた戒律である。しかし、新約時代の幕開けは、イエス・キリストがやって来て、十戒に代表されるおびただしい数のモーセの律法をたった二つの単純ないましめに要約された時、到来した。


「ひとりの律法学者が、イエスをためそうとして質問した、

『先生、律法の中で、どのいましめがいちばん大切なのですか』。

イエスは言われた、

『心をつくし、精神をつくし、思いをつくして、主なるあなたの神を愛せよ。これがいちばん大切な、第一のいましめである。第二もこれと同様である、
自分を愛するようにあなたの隣り人を愛せよ。これらの二つのいましめに、律法全体と預言者とがかかっている』。」（マタイによる福音書二二：三五—四〇）

神を愛すること、そして隣り人、つまり、自分以外の人たちを愛するなら、それだけで素晴らしい人間社会が形成できるという、非常に大胆なことをイエスは言われたわけである。でも人を愛するとは、具体的にどうしたらいいのだろう。そのことについて、イエスはこう言われている、

「だから、何事でも人々からしてほしいと望むことは、人々にもそのとおりにせよ。これが律法であ

り預言者である」（マタイによる福音書七：一二）
つまり、もしぼくたちが自分にしてほしいと思っていることを、こうしてもらいたいと望む方法で、他の人たちのためにしてあげられるほど、他の人たちのことをまず最初に思いやってあげられるような愛が持てるなら、社会はそれで成り立っていくと言うのだ。こうして文字にしてしまうと簡単みたいだが、実行するのはかなり難しい。だから、神の愛が必要になるのである。

ぼくたちが健康の有り難さを実感するのは病気になった時である。暗闇に取り残された経験がない限り、本当の意味で光を感謝することは出来ない。失恋を体験してはじめて失った愛の大きさを知るのであり、自分自身が傷つくことによって他の人の傷の痛みに心から同情し、憐れみを持つことが出来るようになるのである。

そして試練を味わうことによって、ぼくたちは神に寄り頼むことを学び、より深い次元で神を知るに到り、その慈愛や慰めに触れることができる。パウロはこう言っている、

「神は、いかなる患難の中にいる時でもわたしたちを慰めて下さり、また、わたしたち自身も、神に慰めていただくその慰めをもって、あらゆる患難の中にある人々を慰めることができるようにして下さるのである」（コリント人への第二の手紙一：四）

このように、試練を通過することによって、もしぼくたちが同じような境遇にいる他の人たちへの思いやり、憐れみを持つことを学ぶのであれば、ある意味では、ぼくたちとその人たちとの間には今まで存在しなかった橋が架かるのであり、道が通じるのであり、コミュニケーションとしての共通の言語が習得できるのである。つまり、試練を味わうということは、いわば新しい言語を習得するようなもので、試練に幾つも会えば会うほど、ぼくたちの使いこなせる言語の数は増し加わっていくことになる。

日本人であるあなたがアフリカのケニアにいる誰かに何かのメッセージを届けなければならないとする。しかしあなたはその国の言葉を話せない。だから当然メッセージを正確に伝えることは不可能である。するとメッセンジャーとしてのあなたの価値は半減してしまう。また渇きのために死にかかっている人が目の前にいて、あなたには水があるのに、ただ容器が無いためにその水が与えられないようなものである。そんな意味でも、試練という言語を習得し、試練を通して造り変えられ、もっと有益な器になった人は、有益になれる手段を増し加え、有益さを届けてあげられる地域を拡大できるわけである。その言語でしかあなたを理解できない人たちへの助けとなり励ましとなってあげられるわけだ。

あなたの周囲にもそんな人が必ずいるはずである。何か悩みがある時に、ああ、この人だったら、ぼくの言うことを聞いてくれる、理解してくれる、そして何らかの慰めを与えて温かく包み込んでくれる、といった人が。そしてそういう人たちに共通しているのは、あなたが現在悩んでいる悩みを、彼ら自身経験しているという点である。それゆえに人格的にも奥が深くて、許容力があり、人を突き放してしまうのではなく、むしろ中に引き入れ、包み込む、そんな能力を持っている人である。あなたは、何か困ったこと、深い悩みがあるときに、そんな人の所へ助けを求めに行かないだろうか。試練を神からのものとして受け入れることが出来る人は、そんな人格に造り変えられていく。

聖書の英雄の一人であり、イスラエル史上最高の王として称えられ、様々な武勇伝を残したあのダビデ王に注目してみよう。

聖書の中にぼくたちが見るダビデの人間像は、決してイスラエルの栄光の王としてのそれではなく、むしろ詩編作家としてのダビデである。彼自身の人間的な弱さや罪のために、しばしば神の送られる試練によって倒され、潰された、あの人間ダビデである。でも、彼自身の人生がこうして圧縮され、潰されたがゆえに、ぼくたち、後の世代の人々は、そこからたちのぼるかぐわしき芳香を嗅ぎ、ダビデ自身が神から受けた愛や許しや慰めを受け取ることができる。

そう、ダビデは決してスーパーマンなどではなかった。彼の信仰も決して絶対不倒のものではなかった。聖書は、絶体絶命の危機に陥ったとき、ダビデが恐れおののき、「わたしはいつか敵の手にかかって滅ぼされてしまう」と嘆いたことがあると、記録している。しかし、そのダビデが絶望の最中にあって、主を思い出し、主に向き直り、その約束を今一度心に留め、涙をもって呼ばわると、主はすべての恐れから彼を助け出されたとある。そして、**「ダビデは主にあって自らを力づけた」**（サムエル記上三〇：六）のである。

イエスの弟子の一人で、カトリック教会にあって初代教会の栄えある創立者として不動の地位に押し上げられてしまった「聖」ペテロはどうだろう。実をいうと彼もまた英雄からはほど遠い、実に人間くさい人で、その意味からも、ぼくたちにとっては身近な慰めの器となってくれている人なのである。行動家だが性急で早とちりなところのあるペテロは、イエスが言われることに常に最初に反応し、迅速な行動に出るのは結構だったのだが、その言動はほとんどいつも頓珍漢で、無鉄砲で、軽率だったため、「してはいけないこと」、「なってはならないもの」の見本とされた人だった。

こんなペテロでも、イエスに対する愛にかけては誰にも負けないという自負心だけは人一倍強いものがあった。ところが、イエスが十字架に架けられる前夜に、その「唯一の取り柄」のようなものまでもが叩き潰されてしまう経験をする。それは最後の晩餐の席でイエスが弟子たちにこう言われたときのことだった、

「そのとき、イエスは弟子たちに言われた、

『今夜、あなたがたは皆わたしにつまずくであろう。長老、祭司長、律法学者たちから多くの苦しみを受け、殺されるからである。しかし三日目によみがえって、あなたがたよりも先にガリラヤに行くであろう』。

するとペテロは答えて言った、

『たとい、みんなの者があなたにつまずいても、わたしは決してつまずきません』。

イエスは言われた、

『よくあなたに言っておく。今夜、鶏が鳴く前に、あなたは三度わたしを知らないと言うだろう』。

ペテロは言った、

『たといあなたと一緒に死なねばならなくなっても、あなたを知らないなどとは、決して申しません』。

弟子たちもみな同じように言った」（マタイによる福音書二六：三一―三五）

弟子としてこれはかなりの屈辱だと思う。自分たちの献身が如何に空ろなものであるかをこのような形で暴露されてしまうのだから。けれども、ここにも神の手が弟子たち全員の上に置かれているのがよくわかる。自分たちの主人の十字架の死後に、弟子たちがこの醜態から立ち直り、新しい、より有益な器となって造り変えられるための前提であるのが、ぼくたちには痛いほど良く見えるからである。

「イエスはペテロに言われた、

『ペテロ、ペテロ、見よ、サタンはあなたがたを麦のようにふるいにかけることを願って許された。しかし、わたしはあなたの信仰がなくならないように、あなたのために祈った。それで、あなたが立ち直ったときには、兄弟たちを力づけてやりなさい』。

ペテロが言った、

『主よ、わたしは獄にでも、また死に至るまでも、あなたとご一緒に行く覚悟です』。

するとイエスが言われた、

『ペテロよ、あなたに言っておく。きょう、鶏が鳴くまでに、あなたは三度わたしを知らないと言うだろう』。」（ルカによる福音書二二：三一―三四）

そしてこのイエスの言葉通り、ペテロはイエスを裏切ってしまうことになる。「ペテロはそのとき、主の言葉を思い出して、外に出て、激しく泣いた」。（ルカによる福音書二二：六二）

このように自分の内に善なるもの、徳と呼ぶべきものが何一つなくなってしまったペテロは、その失望と落胆の中で、神の慰めを体験することになる。それは、約束してあったように死後三日してイエスがついに墓から蘇ったときのことだった。十字架の場から逃げ去ってしまった弟子たちは、イエスの死後、ユダヤ人やローマ人の目を避けて、家の中に隠れていた。そんなとき、イエスが復活されたという噂が弟子たちに伝わってくる。すっかり信仰をなくしてしまっていた弟子たちは、勿論、そんな噂を信じようとはしない。一人また一人と、自分たちの目で実際にイエスを目撃し、自分たちの手でその御姿に触れることによって、弟子たちは主の復活を信じなければならない立場に追い込まれていく。

実際、復活されたイエスを最初に見たのは弟子たちではなく、イエスの死体に香料を塗るために墓に出向いた女たちだった。そして、天のメッセンジャーはイエスの復活されたことを女たちに告げ知らせ、この良き知らせを弟子たちに伝えるように言った。ここに、ペテロが立ち直るきっかけとなった、実に愛のこもった言葉が与えられるのである。

「驚くことはない。あなたがたは十字架につけられたナザレ人イエスを捜しているのであろうが、イエスはよみがえって、ここにはおられない。ごらんなさい、ここがお納めした場所である。今から弟子たちとペテロの所に行って、この復活を伝えなさい」（マルコによる福音書一六：六、七）

主イエスを裏切ってしまったペテロが如何に自己嫌悪に陥り、落胆と失意とで悩んでいたかを、神は御存知だった。そこで、ペテロを名指しで呼び、神が決してペテロを見放しにはされないことを告げようとされたのである。何と素晴らしい愛、思いやりだろうか。だから、ペテロのこの試練も彼が新しく造られるための、欠かすことのできない過程だったのである。そしてぼくたちはこの慰めをやはり聖書の中に持っている。これが聖書の素晴らしいところである。ぼくたちの弱さを思いやることのできる、いつくしみ深い救世主がいてくださるのである。

「イエス御自身、試練を受けて苦しまれたからこそ、試練の中にある者たちを助けることができるのである」（ヘブル人への手紙二：一七、一八）

「このイエスはわたしたちの弱さを思いやることのできないようなかたではない。罪は犯されなかったが、すべてのことについて、わたしたちと同じように試練に会われたのである。だから、わたしたちは、あわれみを受け、また、恵みにあずかって時機を得た助けを受けるために、はばかることなく

恵みの座に近づこうではないか」（ヘブル人への手紙四：一五、一六）

こうした障害を背負い、試練に悩まされながらも、その弱さの中に神からの力を受けて、歴史の中に輝く星となってきた見本は、聖書以外にも大勢いる。

英国史上最高の傑作といわれる失楽園を書いたジョン・ミルトンは盲目だった。

リューマチに悩まされた画家ルノワールは、筆を手に巻き付けて絵を描いたという。

「雷鳴さえ聞こえなかったのに、その魂は大空を駆け、壮大なシンフォニーを奏でた」といわれるベートーベンは聾者だった。

三十歳という若さで世界をまたたく間に征服した、かのアレキサンダー大王はくる病だったといわれる。

肉体的な障害が試練であるならば、そこにはウォルター・スコット卿がいる。

独房で人の有益さが失われるのであれば、そこにはジョン・バニヤンがいる。彼の書いた「天路歴程」は独房の鉄格子も閉じ込めておくことはできなかった。

バリーフォッジの雪が人の行く手を妨げるのか。その僻地からはジョージ・ワシントンが出現する。

視覚・聴覚・言語能力の三重苦か。そこにはかのヘレン・ケラーが、その後に続く幾百万の障害者のために、宝石のように輝く励ましと勇気の教訓をもって、闇と沈黙ともどかしさという苦境の中から舞い上がってくる。彼女は言った、

「束縛された人生の中にも美しさはある。どんなものにも驚嘆させられるような何かがある。暗闇や

沈黙の中にさえ。でも、時には孤独感に苛まれ、扉はすべて堅く閉ざされているように思えることもある。扉の向こうには光が、音楽が、交わりや語らいがあるのに、自分はそこに行けない……そんなとき、わたしは自分を忘れるようにしている。自分を忘れてしまうとき、そこには喜びが現れてくるから。美しくあるためには偉大である必要はない。どんな小さな花にだって、それなりの美しさがあるのだから」

肉体に障害を負い、失意に砕かれ、人生に挫折し、試練の波にあえぐとき、ぼくたちは試みの日のヨブ、モリヤの山に向かうアブラハム、ミデヤンの砂漠のモーセ、そしてゲッセマネの園のイエスに出会うのである。彼らもまたぼくたちの弱さを知り、かの世界から声援を送ってくれている。

あの聖パウロも背丈はわずか一五〇センチといわれているが、彼もまた、試練の中で自分の弱さを知り、そこに主の力を呼び込んだ人だった。人が行き詰まり、窮地に陥るとき、それは主が働かれるチャンスである。そのとき、ぼくたちは人の偉大さではなく、神の偉大さを見る。歴史の名誉殿堂に名を連ねるこれら「偉人」たちを真に偉大にし、支えてきたもの、それは彼らの内にあった才能でも力でもなく、神が送られた試練を受け入れ、そこに神を認め、自分の置かれた逆境や障害を越えて、無きに等しい肉体と心とを他の人たちのために神に捧げた信仰だった。ぼくたちはそこに真の励ましを見出す。ぼくたちにも何かできるんだ、という勇気が沸き上がってくる。

人が意を決し、前向きに物を見始めるとき、そこにはもはや障害というものはない。どんな状況も、何者も、その人の持つ可能性を阻み、閉じ込めることは出来ないのである。

「あなたがたの会った試練で、世の常でないものはない。神は真実である。あなたがたを耐えられないような試練に会わせることはないばかりか、試練と同時に、それに耐えられるように、のがれる道も備えていて下さるのである」（コリント人への第一の手紙一〇：一三）

第十章　神

さて、神はぼくたちのことをどう見ておられるのだろうか。神は霊的な存在であり、基本的にはぼくたちの前に姿を現すようなことをなさらないため、「神はこういう方なのだ。そして、われわれをこのように思っておられるのだ」と断言できる人はいまだ存在していない。だから宗教というものがあるわけだ。宗教が何かというと、それは神、あるいは最高の存在について誰かが個人的な解釈を施したものを体系的にまとめたものであって、そこでは、真偽はともかくとして、そうした存在が平均的凡人たちにも理解できる形で神がある程度定義され、有形状態にされているわけである。

勿論、そうした宗教の危険性はそこで神があまりにも独断的に定義されてしまっているというところにある。宗教という名の「神」代理店に集まってくる人たちは、本物を見たり、それに触れたりすることもなく、あっさりとそうした解釈や説明を受け入れ、そこでもまたそれぞれに自分なりのイメージにあった神を、その宗教の助けを借りて造り上げるのだ。

しかし、こうした莫大な数の代理店によって解釈され、説明されている当の本人である神はきっと苦笑しておられるに違いないが、この真の神が逆にぼくたちのことをどう見ておられるのか、それが今回の課題である。

こんなに単純で明快な質問も、そうしたことを普段あまり考えることをしないぼくたちには、やはり難解である。ぼくたちの心の中の、普段はずっと奥深いところに沈殿している様々な思いが撹乱されてしまい、闇鍋（やみなべ）状態になってしまうので、何かしまりのない、まとまりのつかない議論に至ってしまうのである。

しかし聖書を開くなら、その答えは明快である。

「神は、そのひとり子を賜ったほどにこの世を愛してくださった。それは、御子を信じる者が一人も滅びないで、永遠の命を得るためである」（ヨハネによる福音者三：一六）

神はぼくたちのことを愛してくださっている。被造物である人間のために、御自身のひとり息子を与え、十字架の死を通して和解させてくださったほどに。結局、ここの部分が理解できるなら、神がその過程で何をどうなされたか、なぜ人はかくも簡単に神から離れてしまい得る存在なのか、全知全能であるならどうしてこうなると知っていながらそれでも人を造られたのか、何故にユダヤ人が選ばれ、どうして彼らを通してこのような歴史を作ってこられたのか、どうして人間の救いにイエスの犠牲が必要だったのか、そんなことはどうでもいいのである。

神に知られ、神から愛されている。これは子供にも、老人にも理解できるメッセージだし、勿論、立派な大人たちにとっても理解できないメッセージではない。残念ながら、一般の大人たちは単純明快なメッセージをどういうわけか複雑でこんがらがったものにしてしまうのが得意だが。でも、もし人がこの単純な真理を受け取れるほど純朴になれるなら、神はそのことをたいそう喜ばれ、聖書という形で御自身とその意志とを人に示してこられたその最大の目的が果たせるのである。イエスが、

「よく聞きなさい。心をいれかえて幼な子のようにならなければ、天国にはいることはできないであろう」（マタイによる福音書一八：三）

と言われている通りである。それが一番はっきりと読み取れるのは何といっても福音書であるが、聖書のそれ以外の部分でさえ、その究極の目的はこのメッセージをぼくたちに伝えるためだったのであり、その核心となるメッセージをぼくたちが信じ、受け入れるのに助けとなるようなものが聖書を構成しているのである。歴史、預言、詩篇、律法、伝記伝承などである。

統計的に見て、クリスチャンの数は世界中でも驚くほど少ない。日本では全人口の1パーセントにも達していないそうだ。イエス・キリストは日本人には馴染めない神なのだろうか。ポルトガルをはじめとするヨーロッパからの伝道使節などの到来で、日本に流れ込んできたキリスト教は、日本人信者たちの間で日本的に消化され、幾つもの動乱を経、様々な試練を生き延びて今日に至っているが、

単なる数字だけで判断するなら、これは大きな失敗であるといえる。第二次世界大戦の直後にも欧米から多くの宣教師たちがやって来て、敗北に打ちのめされた日本人たちの間に信仰のリバイバルを起こそうとしたわけであるが、キリスト教はどうしても日本人の生活の中に根付かなかった。そればかりではなく、宣教師としてキリスト教を広めに来た外国人たちの多くが、宣教に挫折して自ら英語の教師と成り代わり、本来の目的を半ばで投げ出してしまった。いわゆる宣教師仲間では、日本は宣教師の墓場とまで言われている。

では、キリスト教が力強く広まってきた場所は何処かと言うと、それはやはり、生活状態もずっと厳しく、貧困の中にあえぐ、東南アジアやアフリカといった発展途上国だった。日本の場合、確かに種は根を生やし、芽を出しはするのだが、その後が続かないのである。ぼくの意見では、日本にキリスト教が育たなかった一番の要因に、それを伝えようとした人たちが、イエスという存在を一個の人格としてではなく、宗教として描写したことが挙げられると思う。一つの外来宗教を、今まで長い歴史の間ずっと人々の間にあって、人々の底辺、つまり生活に密着した部分から助け支えてきた日本産の宗教と比較するなら、敗北は目に見えている。新しいもの、珍しいものとして、すぐに飛び付く人はある程度いたとしても、やはり歳月というふるいにかけられると、根が浅いために、しばらくは信じていても、試練の時が来ると、信仰が枯れてしまうわけである。(ルカによる福音書八：五―一六参照)

時々うちにもエホバの証人がやって来て、小冊子とかビデオとかを置いていってくれる。昨日はたまたまいつも家に来てくれるエホバの証人の人と話をする機会があったのだが、彼らの伝道に対する熱意にはいつもながら頭が下がる思いである。この人たちの宣教に関する態度は実に真面目である。

エホバというのは要するに主の呼び名であるが、彼らは、このエホバの教え、そしてエホバによって建設されるとする王国を伝え広めることを、クリスチャンとしての自分たちの最大の使命としている。けれども、彼らの場合は基準点があまりにも高すぎて、大衆向けではない。勿論、その厳しさがややもすれば日常生活の多忙さに押し流されてしまうことから、彼らを守り、その信仰の純度を保ち、鼓舞し続けてくれるものなのだとは思うのだが、しかし、ぼくには受け入れられないのである。それは彼らの教義が間違っているとか、組織的に聖書から離脱しているとか、そういう次元の問題ではなく、聖書の神を、またイエスをどのように捉え、消化し、他に伝えようとしているか、といった次元の問題で、はっきり言って、雰囲気とか、感触とかが、ぼくの好みではないからである。彼らのもとでクリスチャンになるのもいいが、そこで学び、教わることを、自分の日常生活の中に活用できるようには感じられないからである。

聖書には幾つかの絶対的な約束事がある。その一つは、これは非常に大事な部分で、だからこそ聖書の中にはこのことが何度も何度も繰り返されて、人が誤解したり、間違って捉えたりしないようにしてくれているのだが、それは、イエスを信じる者に対して与えられる救いと、永遠の命と、天国の市民権である。聖書はその条件をただ神の御子イエス・キリストを信じることであると簡潔に言い切っている。参考のために、幾つかの節をここに列記しておく。

「御子を信じる者は、永遠の命を持つ」（ヨハネによる福音書三：三六）

「よくよくあなたがたに言っておく。わたしの言葉を聞いて、わたしをつかわれさたかた（神）を信じる者は、永遠の命を受け、またさばかれることがなく、死から命に移っているのである」（ヨハネによる福音書五：二四）

「よくよくあなたがたに言っておく。信じる者には永遠の命がある」（ヨハネによる福音書六：四七）

「わたしをつかわされたかたの御心は、わたしに与えてくださった者を、わたしがひとりも失わずに、終わりの日によみがえらせることである。わたしの父の御心は、子（イエス）を見て信じる者が、ことごとく永遠の命を得ることなのである。そして、わたしはその人々を終わりの日によみがえらせるであろう」（ヨハネによる福音書六：三九、四〇）

「永遠の命とは、唯一の、まことの神でいますあなたと、また、あなたがつかわされたイエス・キリストとを知ることであります」（イエスの祈り）（ヨハネによる福音書一七：三）

「罪の支払う報酬は死である。しかし神の賜物は、わたしたちの主キリスト・イエスにおける永遠の命である」（ローマ人への手紙六：二三）

「すなわち、自分の口で、イエスは主であると告白し、自分の心で、神が死人の中からイエスをよみがえらせたと信じるなら、あなたは救われる。なぜなら、人は心に信じて義とされ、口で告白して救われるからである」（ローマ人への手紙一〇：九、一〇）

「あなたがたの救われたのは、実に、恵みにより、信仰によるのである。それは、あなたがた自身から出たものではなく、神の賜物である。決して行いによるのではない。それは、だれも誇ることがないためなのである」（エペソ人への手紙二：八、九）

「神はそのひとり子を賜ったほどに、この世を愛してくださった。それは御子を信じる者がひとりも滅びないで、永遠の命を得るためである」（ヨハネによる福音書三：一六）

ここに挙げているのは聖書中に、特に新約聖書に見られる「救い」に関する数多くの聖句の幾つかだが、すべてから共通して読み取れるのは、救いとか天国での市民権が純然たる賜物、つまり、贈り物であること、それを受け取るためにはただイエスをキリスト（救世主）であると信じればいいこと、それだけが条件であって、それを満たしている限り、人の手には何も携えなくていいことがはっきりと語られている。

イエスを信じる前にあなたがどんな人間だったかは、神の救いの能力を制限するものではない。前科何犯もの犯罪者でも、ペテン師でも、あるいはもちろん善良な市民でも、この単純明快な条件を満たしている限り、救いと永遠の命と天国は、その瞬間にあなたのものになる。だからこそ、人の行いによるものではないという点が強調されているのである。無条件で一方的に救われる人間が、まだ救われていない人たちを侮蔑のまなざしで見て、自らを誇るといったトンでもない思い違いをすることのないためである。

神はそんな愛に満ちた神なのである。だから、その神がぼくたちをどのように見ておられるのか、という質問の答えは明白だろう。そう、あなたを表も裏も知り尽し、良い面も悪い面もひっくるめて、あなたを御自身の住まわれる天国に受け入れてくださるほどに、あなたを愛しておられるのである。しかも、神の側が御自身に課した条件は、人間をその救いに「ふさわしい」者にするために、御自身のひとり子であるキリストを捧げて、十字架での死の犠牲にするという、究極の愛のテストだった。これ以上のどんな証拠や証明が必要だろう。

神（その二）

人は神を理解することはできないが、その存在は誰にでも容易に認知することができる。神の造られた物はすべて、目に見えない神の世界の実在を象徴的に裏付けている。神がぼくたちに与えてくださっているこの美しい世界を見るなら、何処にでも神を見つけることができる。ダイナミックな宇宙の星の運行に、四季を彩る草花に、山や海や川に、またそれを満たすすべての生き物に、そして赤ん坊のあどけない微笑みに。

「神の見えない性質、すなわち、神の永遠の力と神性とは、天地創造このかた、被造物において知られていて、明らかに認められる」（ローマ人への手紙一：二〇）

神（その三）

神は愛である。（ヨハネ第一の手紙四：八）

教会

キリスト教というと教会、教会というと十字架の立てられた宗教の建物ということになるが、この「教会」という言葉について。

新約聖書は原文がギリシャ語で書かれている。新約聖書が書かれた当時の世界は、「すべての道はローマに通じる」との諺にもあるように、強硬な絶対的政治で世界を統治していたローマ帝国の時代だった。しかし文化や芸術の分野に関しては、ローマ帝国に先行して世界を短期間治めたギリシャ帝国の影響が根強く残っていて、ギリシャ語が文化・芸術の世界の共通語として用いられていたのである。

だから、どんなメッセージでも、世界に伝えられる必要のあることはギリシャ語で書かれる必要があった。新約聖書の言語にギリシャ語が選択されたのは当然のことだったといえる。そしてこの「教会」という言葉は原文のギリシャ語では「エクレシア」という言葉が使われていて、その本来の意味は「選ばれた者たち」ということである。だから「教会」とは実はぼくたちがすぐに結び付けて考えてしまうあの建物のことではなくて、「信者たちの集まり」であって、人々のことなのである。あなたがクリスチャンなら、あなたは教会である。それは神がユダヤ人たちに命じて建設させられた神殿について、神御自身が語っておられることとも共通する。

「主が仰せられる、
どんな家をわたしのために建てるのか。わたしのいこいの場所は、どれか。天はわたしの王座、地はわたしの足台である」
「いと高き者は、手で造った家の内にはお住みにならない」（使徒行伝七：四九、四八）

とかく人は神という存在を建物や形式や儀式の中に閉じ込めてしまい、それを「何々教」とか命名して宗教にしてしまうのが得意だが、世界には実際に神がその中におられない教会や神殿や宮がたくさんある。なぜなら、まことの神は世界に満ちていて、どこか住まいを持たれるのであれば、人の心の中に住むことを望まれる方だからである。だから、神を信じ、神の愛を心に受け入れ、神の戒めを守りながら、神と共に歩むことを選ぶ人は誰でも、神の教会なのである。そうした「教会」の中には確実に神が存在する。もし神と会いたかったら、そのような人と心と心を割って語り合うことで簡単に神が発見できるのである。

復活された後、イエスは天に昇って行かれる前に弟子たちにこう命じられた、

「全世界に出て行って、すべての造られたものに福音を宣べ伝えよ」（マルコによる福音書一六：一五）

つまり、信じる者たちがその心と生活の中に神の愛と福音を携えて世界中に出て行き、それぞれが神の召しだと信じる場所で、イエス・キリストの教えを実際の生活の中に活用することによって、福音を形あるものとして「教会」を大きくしていく、というのがイエスの真意だったのである。

「あなたがたは、地の塩である」（マタイによる福音書五：一三）

とイエスは言われたが、その意味もまた歴然としている。料理に塩は欠かせないが、塩という調味料は必ず調理される食べ物の中に混ぜられてしまう。ケチャップとかマヨネーズのように、出来上がった料理の上にはっきりと認められるような形では、塩の役割は果たせない。そんな形で塩が食べ物の上に山盛りにされていたなら、たまったものではない。クリスチャンの使命もそんなものではないか、とぼくは思う。毎週、教会でどんなにいい説教を聞かせてもらうよりも、実際にキリスト教を生きている人が隣りに住んでいてくれた方が、はるかにいい。説教は必ずしも教会のドアを出て、自分の家までやって来てくれるとは限らないからである。

でも誰かが毎日の生活の中で見本となってくれるなら、こんな風に生きるのがクリスチャンなのか、と誰にも納得できる。あなたの近くには、こんな生きた「教会」がいるだろうか。

「そのように、あなたがたの光を人々の前に輝かし、そして、人々があなたがたのよいおこないを見て、天にいますあなたがたの父をあがめるようにしなさい」（マタイによる福音書五：一六）

教会（その二）

ローマ・カトリック教会は世界中の宗教組織の中で最大の規模を誇っているばかりでなく、最大の富を備蓄している。教会が所有する建物や絵画を含めるとその財産は膨大な額になる。バチカンの金の保有量もまた世界屈指で、英国の保有量の三倍ともいわれている。イエスは言われた、

「あなたがたは自分のために、虫が食い、さびがつき、また、盗人らが押し入って盗み出すような地上に、宝をたくわえてはならない。むしろ自分のため、虫も食わず、さびもつかず、また、盗人らが押し入って盗み出すこともない天に、宝をたくわえなさい。あなたの宝のある所には、心もあるからである」（マタイによる福音書六：一九―二一）

このイエスの言葉はかなりシビアである。大半の教会は、その心をこの地上に置いているからである。イエスは決して富に反対しておられるのではない。ぼくたちはクリスチャンとして非常に富んでいる。この地上での生活においても主は必要物を豊かに供給してくださるし、同時に、神の愛をまわりの人たちに分け合うことによって天にも決して無くなることのない宝が積まれている。要は、その富をどのように投資し、循環させているか、である。

「施し散らして、なお富を増す人があり、与えるべきものを惜しんで、かえって貧しくなる人がある」
（箴言一一：二四）

福音という素晴らしい宝が与えられ、それを世界と分け合うという素晴らしい任務が与えられていたのに、教会はその「宝」を教会と呼ばれる建物の中にしまい込み、しかもそれをこの世の宝に換金し、利己的に蓄積してきた。したがって教会が天にどれだけの宝を積み上げているかについては、あなたの想像にお任せする。地上に宝を貯えるのに夢中になり過ぎて、真の宝をこの世の人々と分け合うという本来の仕事をおろそかにしてきたため、神の祝福や力は教会からは取り去られてしまっている教会が多く存在する。そして、それに気づいてもいない。

心にイエスを受け入れ、神の愛の福音をこの世と分け合う人こそ、神の祝福される真の教会、エクレシアなのである。

第十一章　使徒パウロ

聖書にあまり馴染みのない人にはパウロがいったい何者だったのか知る由もないだろうが、クリスチャンの間では誰が何といってもパウロはやはり新約聖書屈指のヒーローである。このパウロが歴史にもたらした前代未聞の決定的変革は、単にパウロの宣教だけではなく、その筆の力、つまり彼の書き残した書簡によるところが極めて大きい。勿論、歴史というものは天文学的数字から成り立つ膨大な数の人々や事件によって、時の経過とともに、一つまたひとつと形成されてきたものであるが、たった一個の人間の生涯が当時の世の中だけではなく後世にもこれほどの大きなインパクトを与えたというケースは、イエス御自身の生涯を除けば、他に類を見ない。しかるに彼はどんな人物だったのか。興味をそそられるところだ。

パウロは、イエスの直々の弟子たちとは違った方法でイエスとの接点を持つようになる。つまり、イエスが公けに宣教しておられた福音書の時代からは少し遅れて登場してくる。事実、彼の名が聖書に初めて現れるのは使徒行伝の第七章であって、それはイエスの弟子たちが初代教会としての下地を形成しながら、イエス・キリストの教えを人々の間に徐々に広めていた頃のことである。そして、この「新興宗教」に歯止めをかけるために既成ユダヤ教によって組織された「迫害者グループ」の一員として、このパウロは登場する。

イエスの死後、迫害を避けていったんは地下に潜っていた弟子たちが、イエスの約束しておられた聖霊を受け取ることによって、新たなる力を神より受け、目覚ましい奇跡やしるしをもって活動を再開する。使徒行伝には、かつては漁師や取税人などの下層社会の職に就いていた無知で無学な弟子たちが、ほんの短期間に遂げた奇跡的な変貌に驚嘆する人々のことが記述されている。

弟子たちはこうして次第にその数を増し加え、組織としても大きく力強くなっていく。そんな頃に、弟子たちが集中していたエルサレムを中心に大きな迫害が起こるのである。自分たちだけではほとんど何一つ出来ず、いつもイエスの翼の陰に隠れ、イエスの衣のすそに捉まって行動していたあの虚弱で臆病な弟子たちが、やっと一人立ちしたかと思ったらもうその途端に迫害という試練を受けることになる。

この使徒行伝七章には、初代教会最初の殉教者となるステパノの証しとその死の様が記されているが、パウロはここに、ステパノの殉教に立ち会ったサウロという名の若者として登場することになる。

「人々は大声で叫びながら、耳をおおい、ステパノを目掛けて、いっせいに殺到し、彼を市外に引き出して、石で打った。これに立ち合った人たちは、自分の上着を脱いで、サウロという若者の足もと

に置いた」(使徒行伝七：五七、五八)

明らかに、パウロはこの迫害者の一団でも指導的な立場にいた人だった。彼の履歴はといえば、生まれはキリキヤのタルソ、血筋としてはユダヤ人、かの有名な神学者ガマリエルのもとで律法を学んだ熱心なパリサイ人である。だからナザレ人イエス・キリストを神の子とする新興宗教がイスラエルに始まったとき、真っ先にその運動を潰すべく立ち上がったとしても不思議ではなかった。

「この道(新興キリスト教)を迫害し、男であれ女であれ、縛りあげて獄に投じ、彼らを死に至らせた。このことは、大祭司も長老たち一同も、証明するところである。さらにわたしは、この人たちからダマスコの同志たちへあてた手紙をもらって、その地にいる者たちを縛りあげ、エルサレムにひっぱってきて、処罰するため、出かけて行った」(使徒行伝二二：四、五)

と回想しているとおりである。

ところがこの旅の途中でパウロは、イエスとのあの劇的な出会いを体験し、またその結果として、自分が迫害していたこの忌わしい新興宗教、「キリスト教」に改宗されてしまうという一八〇度の方向転換を遂げることになる。「ミイラ取りがミイラになってしまう」ケースである。彼のダマスコへの迫害の旅は結局その目的を達することはなく、クリスチャンとして新たに生まれ変わってエルサレムに戻ることになる。しかも、その道で適宜な学問もせずに、免許もなく、いきなりプロの宣教師となってエルサレムはもとよりアジア、ヨーロッパを巡ってイエスがキリストであることを力強く宣べ伝え始めるのである。こんなことがもしこの二十世紀に起きたとしたら、そのニュースはあっと言う間に世界中を駆け巡り、自分の衝動に任せて無責任な行動をとる宗教的狂信者としてパウロは世間の非難を浴びるだろうし、マスコミもこれぞチャンスとばかりに色々な特集を組み、民衆を煽動することだろう。

しかし、すべてはそこから始まったのである。今日の西洋文明はキリスト教の影響に基盤を置いているといっても過言でないと思うが、モラルが失われ、堕落の一途をたどっているといわれる二十世紀末のこの社会にも、やはり底辺には人間としての絶対的な道徳感とか倫理体系とかが根強く残っている。パウロは初代教会のリーダーとして、キリストの教えを一般の人々が日常生活の中で実践できるものとして、その書簡の中に綴ってくれている。

宗教とは所詮、人間の概念の領域に存在するものではなく、生活の中で実践されるものなのである。それだから神はユダヤ民族を選び、彼らに律法を与えてそれを毎日の生活の中で実践させ、周囲の国々ばかりではなく、地の諸々の民族に対する証しとされたのだ。そうしてみると、このイスラエルの神は単に宗教的儀式の中だけで礼拝される神ではなく、ユダヤ人の生活に密着し、深く係わっていた神だった。

世界には色々な宗教が存在し、礼拝の形態も多々ある。しかし先に進んでいく前に、まずここで宗教という言葉を正しく定義する必要があると思う。ぼくが思うに、宗教は神への信仰というものと切り離して考えるべきなのだ。宗教とは概念であり、一つの学問の分野である。ちょうど科学や歴史、数学や天文学、語学や考古学や芸術といったものがあって、人はそれぞれ自分が学びたいと思うものを専攻する。けれどもそうした学問の分野としての宗教の中でしか会うことのできない神は、ぼくに言わせれば神ではない。

今回のテーマであるパウロはあるとき、ギリシャのアテネで人々に神をこう説明した。ギリシャは様々な神々や偶像でごった返していたが、人々は宗教という観点から言うならそれぞれに信心深かった所である。


「パウロは、広場で毎日そこで出会う人々を相手に論じていた。その中のある者たちが言った、

『このおしゃべりは、いったい、何を言おうとしているのか』

また、ほかの者たちは、

『あれは、異国の神々を伝えようとしているらしい』

と言った。パウロが、イエスと復活とを、宣べ伝えていたからであった。そこで、彼らはパウロをアレオパゴスの評議所に連れて行って、

『君の語っている新しい教えがどんなものか、知らせてもらえまいか。君がなんだか珍しいことをわれわれに聞かせているので、それがなんの事なのか知りたいと思うのだ』

と言った。いったい、アテネ人もそこに滞在している外国人もみな、何か耳新しいことを話したり聞いたりすることのみに、時を過ごしていたのである。そこでパウロは立って言った、

『アテネの人たちよ、あなたがたは、あらゆる点において、すこぶる宗教心に富んでおられると、わたしは見ている。実は、わたしが道を通りながら、あなたがたの拝むいろいろなものを、よく見ているうちに、「知られない神に」と刻まれた祭壇もあるのに気がついた。そこで、あなたがたが知らずに拝んでいるものを、いま知らせてあげよう。この世界と、その中にある万物とを造った神は、天地の主であるのだから、手で造った宮などにはお住みにならない。また、何か不足でもしておるかのように、人の手によって仕えられる必要もない。神は、すべての人々に命と息と万物とを与え、また、ひとりの人から、あらゆる民族を造り出して、地の全面に住まわせ、それぞれに時代を区分し、国土の境界を定めて下さったのである。こうして、人々が熱心に追い求めて捜しさえすれば、神を見いだせるようにして下さった。事実、神はわれわれひとりびとりから遠く離れておいでになるのではない。われわれは神のうちに生き、動き、存在しているからである』。」（使徒行伝一七：一七―二八）

なかなか説得力のある言葉だと思うが、どうだろう。本当の神は宗教という箱の中に閉じこめられるにはあまりにも大きすぎる、偉大な存在なのである。そして、その神は宇宙も収めきれないほど大いなる方であるが、ぼくたちが神を求め、捜し、出会うことを望むなら、どんなちっぽけな人にも見えるような大きさでその存在を知らせ、驚くべきことにぼくたちの心の中に住んでくださるほど小さくもなれるのである。

このパウロは、伝説によれば、身長はわずか一五〇センチ、しかも背は湾曲し、脚はがに股、頭ははげで、外見は非常に貧弱だったといわれる。コリント人への第二の手紙の中にこんなくだりがある。

「人は言う、
彼の手紙は重みがあって力強いが、会って見ると外見は弱々しく、話はつまらない」（コリント人への第二の手紙一〇：一〇）

この強烈なコントラストの中に、ぼくたちは聖書の中に流れる一つの不変のテーマを見る。それは、神が好んで用いられる人々というのは決してぼくたちが人間的に求めてしまう強さや美しさ、大きさ、才能を備えた人々ではないという、少々意外な事実である。ぼくにとってこの事実は聖書の中で発見した最大の励ましだった。

ぼくはよく自分を他の人たちと比較して、劣等感に苛まれ、落ち込むタイプである。ちびではないが決して大きくはなく、醜いとはいわないが決して人前に出せるほどの男前ではなく、妻子を含めた何人かの超人間的な愛を持つ人たちによって愛されてはいるが「愛されるタイプの男性」の平均値のはるか下を行く性格を持つぼくとしては、子供の頃にも、学生時代にも、大人になってからも、そして人生も半ばを過ぎた現在も、この点に関する神の意志を受け入れるのにはちょっと苦労する。もう少しハンサムだったら人生は変わっていたはずなのに、とか、体格がもう少し良かったらこれも出来たしあれも出来るのに、とか、芸術的な才能に恵まれていたら多くの女性の心を捕らえて離さないような魅力を持てたのに、とか、神が与えてくださらなかった物事に関する不平リストは尽きることが

恐縮ですが
切手を貼っ
てお出しく
ださい

1 1 2-0 0 0 4

東京都文京区
後楽 2－23－12
(株) 文芸社
ご愛読者カード係行

書　名				
お買上 書店名	都道　　市区 府県　　郡　　　　　　書店			
ふりがな お名前			明治 大正 昭和　　年生　　歳	
ふりがな ご住所	□□□-□□□□			性別 男・女
お電話 番　号	（ブックサービスの際、必要）	ご職業		
お買い求めの動機 1. 書店店頭で見て　2. 当社の目録を見て　3. 人にすすめられて 4. 新聞広告、雑誌記事、書評を見て（新聞、雑誌名　　　　　）				
上の質問に 1. と答えられた方の直接的な動機 1. タイトルにひかれた　2. 著者　3. 目次　4. カバーデザイン　5. 帯　6. その他				
ご講読新聞　　　　新聞		ご講読雑誌		

文芸社の本をお買い求めいただきありがとうございます。
この愛読者カードは今後の小社出版の企画およびイベント等の資料として役立たせていただきます。

本書についてのご意見、ご感想をお聞かせ下さい。

①　内容について

②　カバー、タイトル、編集について

今後、出版する上でとりあげてほしいテーマを挙げて下さい。

最近読んでおもしろかった本をお聞かせ下さい。

お客様の研究成果やお考えを出版してみたいというお気持ちはありますか。

ある　　ない　　内容・テーマ（　　　　　　　　　）

「ある」場合、弊社の担当者から出版のご案内が必要ですか。

希望する　　希望しない

ご協力ありがとうございました。

〈ブックサービスのご案内〉

当社では、書籍の直接販売を料金着払いの宅急便サービスにて承っております。ご購入希望がございましたら下の欄に書名と冊数をお書きの上ご返送下さい。（送料１回380円）

ご注文書名	冊数	ご注文書名	冊数
	冊		冊
	冊		冊

ない。長年、聖書を学んできてここの部分の神の御心というのを知り尽くしているのに、未だにこのレベルの葛藤が絶えないのだから、何ともやる方ない。

でも、ここに見出されるパウロの告白は、自分を見つめ過ぎて神を見ることを忘れてしまい、ややもすれば沈みっぱなしの状態にとどまりがちのぼくに生きる望みを、もう一度立ち上がって歩き始める勇気を与えてくれる。なぜなら、こんなにも多彩な才能に恵まれ、神のためにあれほども情熱的な愛を持ち、多くの困難にもめげることなく、暗闇に灯った大きなろうそくのように世界への希望のともしびとなり続けたあのパウロにも、こんな肉体的欠陥や疾患があったのだから。誰でもそうであるように、このパウロにだって性格的な欠陥はあったはずだし、おそらくは彼のいること自体をつまずきとした人だって当時の教会にはいたことだろう。でも、それって人間ではないだろうか。完璧な人間などいるわけもないし、聖書を見る限りでは、神はどういうわけか欠陥人間を好んで用いられたように思う。

「兄弟たちよ。あなたがたが召された時のことを考えてみるがよい。人間的には、知恵のある者が多くはなく、権力のある者も多くはなく、身分の高い者も多くはいない。それだのに神は、知者をはずかしめるために、この世の愚かな者を選び、強い者をはずかしめるために、この世の弱い者を選び、有力な者を無力な者にするために、この世で身分の低い者や軽んじられている者、すなわち、無きに等しい者を、あえて選ばれたのである。それは、どんな人間でも、神のみまえに誇ることがないためなのである」（コリント人への第一の手紙

一・二六―二九）

聖書にあからさまに記録されているこれら有名人たちの失敗、醜態、邪悪さは、決してぼくたちを落胆させることはなく、むしろ励ましと勇気を与えてくれる。自分を正直に見つめるなら、人間の弱さのゆえのこうした諸々のものに誰だって共鳴するはずだからである。

でも、たとえ欠点だらけでも、神を捕らえ、神に人生を導いていただくなら、神は確かにその人生を用いてくださるし、ぼくたちもまたパウロのように燃えて輝く明かりとなることができるのである。誰にも一度だけしか与えられていないチャンスなのだから、自分の欠点に説得されて失敗を恐れるあまり何もしない人生より、たとえ身体中欠点に覆われていても、失敗しながらでも何かを試みる人生の方が、はるかに良いと思わないだろうか。

これは人を愛することについても言える。愛は非常に大きなテーマなので、これについて語るにはここでは紙面が足りないが、今は簡単に「愛する」という動詞形の愛について、ぼくたちがちょうどパウロの人生から学んでいることと重ね合わせて、話したいと思う。「愛する」ということにかけては、ぼくは非常な臆病者だと思う。惚れっぽい質なので、心の中ではその「愛する」という感情が沸き上がるのだが、その感情をいざ動詞形に移す段階になると、その感情を表すまいとひたすら努力してしまうのだ。愛を告白して拒まれるときに受ける傷を負いたくないからである。これは男女間に愛が芽生えるときにも言えることだが、長年連れ添った夫婦にも、親子の関係にも、また友人関係にも現れる症状だと思う。たとえば、心の中に「愛」という感情が起こる。でもその愛は、その愛する対象である相手に伝えない限り、能動態にして何らかの五感で感じられる行動に移さない限り、何も起こりはしない。

しかし、思い切って告白した際に、その愛が必ず受け入れてもらえるという保証はない。だから世の中には、拒まれてしまうことを恐れて人を愛することを諦めてしまう人が大勢いるのである。愛するとは、内にある愛を他に注ぎ出す行為である。愛はまず心の中に生まれる。愛はしばらくそこで育まれ、ある程度の形あるものとなって心の外に出される準備が整う。ちょうど赤ちゃんが生まれてくるのに似て、母体から外に出るときがある意味ではその幼な子の生命の最大の関門である。でも赤ちゃんと違って愛の場合にはいつまでも心の中にくすぶらせていることも可能なので、多くの愛が日の目を見ずに灰となってしまう。

しかし、勇気をもってとにかく愛を押し出すとき、そこには試みる者だけに与えられる可能性の世界が存在することになる。その愛を優しく包み込み、受け取ってくれる手があるなら、可能性は現実になり、そこには全く違う次元から愛に伴うすべてのものが流れ込んできて、「愛する」者たちにしか味わえない素晴らしい世界が広がるのである。

ちょっと勇気を出して「愛」を「名詞」から「動詞」にするなら、そこからはこんなにも素晴らしい世界が顔を覗かせるのに、ただそれが百%保証されていないからというだけで、その種を踏みにじり、捨て去ってしまうのは何とも残念なことである。ぼくは今このことを学んでいる。行動に出さない限りそこには可能性はない。また、たとえ拒まれたとしても、その愛を告白し、形で示してしまった方が、傷つくことから自分を守ろうとする間違った自尊心によって心をいびつにしてしまうよりもずっと良いのだということを。その方がはるかに神の意志に適っているとぼくは思う。

もし神が、ただ受け入れてくれる人だけに陽光を輝かせ、求める人だけに雨を降らせていたなら、世界はとっくの昔にひからびてしまっていただろう。人間の愛もそれと同じなのである。受け取ってもらえずに地にこぼれ落ちる愛が、結局は自分の周囲の土壌を豊かに潤すのである。勿論、与えた愛が受け取られ、しかも自分に再び戻ってくるなら、それが一番なのだが。パウロのこの告白は、こんなことをぼくに考えさせ、ややもすれば愛することを恐れるぼくに、見返りを当てにせずに愛し続けることの大切さを教えてくれる。


ぼくは癖でよく一つの話から脱線して脇道に逸れてしまうことがあるのだが、今突然、愛についてもう少し書きたい気分になってしまったので、自分の気持ちに正直になり、衝動に駆られるままにそれをここに書いてしまおう。

聖書は「神が愛である」とぼくたちに告げる。「神は愛であり」、それゆえに、「愛は神なのである」。ぼくたちを創造された神は愛の存在であり、それゆえに被造物である人間も愛する能力を授けられて造られたのであり、愛することを戒めとして神より与えられている。それでは聖書で語られている「愛」がいったいどのような形態の愛なのか、その定義を知りたくないだろうか。ここに挙げる一章は、パウロが書き綴った多くの書簡の中でもおそらくは世界中で一番愛読されてきたものだと思う。コリント人への第一の手紙第一三章、いわゆる「愛の讃歌」である。

「たといわたしが、人々の言葉や御使いたちの言葉を語っても、もし愛がなければ、わたしは、やかましい鐘や騒がしいシンバルと同じである。たといまた、わたしに預言する力があり、あらゆる奥義とあらゆる知識とに通じていても、また、山を移すほどの強い信仰があっても、もし愛がなければ、わたしは無に等しい。たといまた、わたしが自分の全財産を人に施しても、また、自分のからだを焼かれるために渡しても、もし愛がなければ、いっさいは無益である。

愛は寛容であり、愛は情深い。また、ねたむことをしない。愛は高ぶらない、誇らない、無作法をしない、自分の利益を求めない、いらだたない、恨みをいだかない。不義を喜ばないで真理を喜ぶ。そして、すべてを忍び、すべてを信じ、すべてを望み、すべてを耐える。

愛はいつまでも絶えることがない。しかし、預言はすたれ、異言はやみ、知識はすたれるであろう。なぜなら、わたしたちの知るところは一部分であり、預言するところも一部分にすぎない。全きものが来る時には、部分的なものはすたれる。わたしたちが幼な子であった時には、幼な子らしく語り、幼な子らしく感じ、また、幼な子らしく考えていた。そして、おとなとなった今、わたしたちは幼な子らしいことを捨てた。わたしたちは、今は、鏡に映して見るようにおぼろげに見ている。しかしその時には、顔と顔を合わせて、見るであろう。わたしの知るところは、今は一部分にすぎない。しかしその時には、わたしが完全に知られているように、完全に知るであろう。

このように、いつまでも存続するものは、信仰と希望と愛と、この三つである。このうちで最も大いなるものは、愛である」

では本筋に戻ろう。今はパウロの欠陥部分にスポットライトを当てているので、パウロもぼくたちと同じ弱い人間だったのだということがわかってもらえると思うが、新約聖書に記録されているパウロの業績を読む限りでは、パウロはやはりスーパーヒーローである。ペテロとかヨハネという大使徒たちならある程度比較することはできても、ぼくたちのようなその他諸々の一般的クリスチャンなど、どんなハンディを背負わせたとしても絶対に公平なゲームなど出来ないほどに、大差をつけられてしまっている。パウロの神に仕える情熱一つとっても、それはぼくたちの比ではない。彼の体験した様々な試練や患難にしても、こうしたものに耐えることのできるパウロの信仰の強さあってのゆえである。

パウロのそうした面を見事に描写している部分がある。

「彼らはキリストの僕なのか。わたしは気が狂ったようになって言う、わたしは彼ら以上にそうである。苦労したことはもっと多く、投獄されたことももっと多く、むち打たれたことは、はるかにおびただしく、死に面したこともしばしばあった。ユダヤ人から四十に一つ足りないむちを受けたことが五度、ローマ人にむちで打たれたことが三度、石で打たれたことが一度、難船したことが三度、そして、一昼夜、海の上を漂ったこともある。幾たびも旅をし、川の難、盗賊の難、同国民の難、異邦人の難、都会の難、荒野の難、海上の難、にせ兄弟の難に会い、労し苦しみ、たびたび眠られぬ夜を過ごし、飢えかわき、しばしば食物がなく、寒さに凍え、裸でいたこともあった。

なおいろいろの事があった外に、日々わたしに迫ってくる諸教会の心配ごとがある。だれかが弱っているのに、わたしも弱らないでおれようか。だれかが罪を犯しているのに、わたしの心が燃えないでおれようか。
ダマスコでアレタ王の代官が、わたしを捕らえるためにダマスコ人の町を監視したことがあったが、その時わたしは窓から町の城壁づたいに、かごでつり降ろされて、彼の手からのがれた」（コリント人への第二の手紙一一：二三—三三）

まさに圧倒されてしまう。パウロはこの外にも多くの才能や賜物を恵まれていた。でも、そんなパウロが次の章ではこう言っている。

「しかし、わたし自身については、自分の弱さ以外には誇ることをすまい」（コリント人への第二の手紙一二：五）

ここからがクライマックスである。

パウロには彼が肉体のとげと呼んでいた疾患があった。ガラテヤ人への手紙を読むと、それが目の疾患だったことがわかる。

「あなたがたも知っているとおり、最初わたしがあなたがたに福音を伝えたのは、わたしの肉体が弱っていたためであった。そして、わたしの肉体にはあなたがたにとって試練になるものがあったのに、それを卑しめもせず、またきらいもせず、かえってわたしを、神の使いかキリスト・イエスかでもあるように、迎えてくれた。その時のあなたがたの感激は、今どこにあるのか。はっきり言うが、あなたがたは、できることなら、自分の目をえぐり出してでも、わたしにくれたかったのだ」（ガラテヤ人への手紙四：一三―一五）

言い伝えによると、パウロのこの疾患は症状が思わしくないときには、顔全体が醜くむくみ、周囲の人たちは思わず目をそむけずにはいられなかったほどだと言う。こうした肉体的ハンディを持つということは、パウロのような巡回伝道者にとっては致命的ともいえるものだった。素晴らしい神の愛や、イエス・キリストの真理を諸教会で説くという彼の仕事上、出来ることなら聴衆が心地好くパウロを見つめられるだけの容貌があったら、と思うのはぼくだけではあるまい。パウロはこの疾患をさらにこう説明する。

「わたしがすぐれた啓示を受けているので、わたしについて見たり聞いたりしている以上に、人に買いかぶられることがないように、わたし自身については、自分の弱さ以外には誇ることをすまい。そして、高慢にならないように、わたしの肉体に一つのとげが与えられた。それは、高慢にならないように、わたしを打つサタンの使いなのである。このことについて、わたしは彼を離れ去らせてくださるようにと、三度も主に祈った。ところが、主が言われた、

『わたしの恵みはあなたに対して十分である。わたしの力は弱いところに完全にあらわれる』。それだから、キリストの力がわたしに宿るように、むしろ、喜んで自分の弱さを誇ろう。だから、わたしはキリストのためならば、弱さと、侮辱と、危機と、迫害と、行き詰まりとに甘んじよう。なぜなら、わたしが弱い時にこそ、わたしは強いからである」（コリント人への第二の手紙一二：六―一〇）

どんな組織や会社でも指導的立場にある人だったら、これほどまでに露骨に自分の弱さ、醜さ、欠陥を人前で告白することはないだろう。むしろ、ひたすらに覆い隠そうとするのではないか。しかし、パウロの最大の目的は自分の弱さを人前にさらけ出すことによって、キリストの力を示し、人々をキリストのもとに連れて行くことにあった。だから、こんなことが可能になったのである。

初代教会の最高指導者が諸教会で醜い顔を人前にさらし、その書簡の中でさらに弱さを書き綴る。キリスト教とはそんな教えなのである。神の前には誰一人誇れる者などいない。イエスの栄光の前に立つとき、人の達成するどんな業績もあっと言う間にその輝きを失ってしまう。むしろ神の御心は、指導的立場にある者が正直に弱さを告白することによって、弱い一般大衆をキリストの強さに導くことなのである。

もしここでパウロが業績を書き綴るのに夢中になって、自分に栄光を帰し、実際にはパウロという人物の中で働いていたイエス・キリストを示していなかったなら、キリスト教の二千年の歴史からは多数のクリスチャンが神の恵みからこぼれ落ちてしまっていただろう。ぼくも含めて。

しかも、パウロは自分の肉体の疾患を正直に告白し、おそらくは信者たちを集めて癒しを求め祈ったのだろう。そんな祈祷集会を三度もしたと書いてあるからである。だが、祈りは彼の期待していた通りには答えられなかった。身を低くし、謙遜になって皆の協力を求め、祈ってもらったのに、奇跡は起きなかった。他人のためにはあれほどの信仰を持ち、様々な病気を癒す力のあったパウロなのに。自分のためにはそれが適わなかったのだ。

ここの部分もおそらくは人々が疑問に思っていたところなのではないかとぼくは思う。パウロには、何か未だ告白していない隠された大罪があるのではないか、だから神はパウロをこのように懲らしておられるのだ、とか何とか。人前で正直になることには、これだけの波紋が生じるのである。でも、ぼくたちのために、それを承知でパウロは真実をここに語ってくれている。だからこそ、パウロはこれほどまでに神に用いられたのである。弱さを告白する強さをもっていたからである。そしてこのように正直に告白される弱さこそ、同様に弱い人間をどぶの中から天国の高みにまで引き上げてくれる最大の要素なのである。

第十二章　聖書の内に見る驚異

聖書という書物は六十六書から構成され、旧約と新約の二つの思想体系に大きく分類することが出来る。前にも述べたように、聖書の最初の書である創世記と最後の書である黙示録とでは時間にして一五〇〇年の隔たりがあり、六十六の書はおよそ四十人の著者の手によって書かれている。

ある興味深い実験が行われた。信者は聖書を神の言葉であると主張するが、一方では聖書の神性を全く信じない人もこの世には大勢いる。そこで聖書の神聖さや信憑性を崩すために、聖書のデータをすべてコンピュータに入力して、「科学的な」角度から聖書の著者を割り出そうと試みたのである。ところが、コンピュータの打ち出した「解答」は、「このデータは共通で唯一の著者によって書かれたものである」というものだった。

聖書を読んでまず最初に感動させられるのが、この「一貫性」という部分である。誰かが言ったように、聖書は金太郎飴のようなもので、どの部分を切っても、同じ金太郎の顔が出てくる。一五〇〇年の隔たりがあり、およそ四十人の著者の手によって書かれているのに、聖書のどのページを開いても、「同じ声」が聞こえてくる。これがどれほど驚異的なことであるのかを知るには、江戸時代以前と、明治維新を経て世界大戦を経験し、現在に至っている日本の遂げた様々な変化の推移を見ることである。それも一五〇〇年と比較にもならないわずか数百年の間の出来事である。

「あなたがたは主の書をつまびらかにたずねて、これを読め。これらのものは一つも欠けることなく、また一つもその連れ合いを欠くものはない。これは主の口がこれを命じ、その霊が彼らを集められたからである」（イザヤ書三四：一六）

次に驚嘆させられるのは、聖書が持つ敵の数の多さである。もし聖書を単なる一冊の書物と見なすなら、聖書を嫌い、敵視し、この書物を地上から抹殺するためにあらゆる努力を惜しまない人々の異常なまでの数の多さをどのように考えるだろうか。これは他のどんな書物にも見られない、ただ聖書にだけ当てはまる特異な点である。その長い歴史の間に、おびただしい数の敵が現れ、ありとあらゆる類いの攻撃を仕掛けられてきたにも拘わらず、聖書は常に世界最高のベスト・セラーの地位を保ってきた。幾度となく国家を挙げて禁じられ、没収され、焼き捨てられてきたという事実にも拘わらず、聖書はやはり人々の心を捕らえ、迫害や困難を物ともしない信仰を与え、どんな暗黒の時代にも希望と平安の明かりを灯してきたのである。

更に聖書は、現代の地上に存在するほとんどの国にあって、その文化、歴史、思想、道徳、法律、芸術など、事実上すべての分野で中心的位置を確保している。勿論、大半の国家は聖書からの影響や聖書への依存を公然とは認めていないものの、ちょうど日が昇り、また沈むのを人は止めることも無視することも出来ないように、人類の現代はあらゆる面で聖書の恩恵に預かっているという事実を否定することは出来ないのである。

そして聖書の神の言葉であることを力強く証明しているものの一つが、聖書自体に含まれる数多くの預言の存在ではないかと思う。聖書の預言は、その正確度と鮮明度と預言から成就までの時間の経過の膨大さとにおいて、まさに驚嘆に値する。その一つひとつの預言が、人間的視界を超越した「永遠の今」という時間帯の中で、いつ、何処で、誰に関して、何が、何故、どのように起こるかを、正確に描写している。しかも、聖書の預言の内の三百以上は、聖書の主人公であり、世界の歴史の中心人物であり、全宇宙の核である、メシヤなるイエス・キリストの来臨に関する預言なのである。（第六章「終末」を参照）

一つ例を挙げて、旧約聖書のエゼキエル書にある古代フェニキア王国「ツロ」の滅亡と崩壊に関する預言を調べてみよう。

ツロの滅亡に関するこの預言が預言者エゼキエルに与えられたのは、ちょうどエルサレムが崩壊したのと同じ年、すなわち第十一年のことだった。（紀元前五八六年）

「第十一年の第一日に主の言葉がわたしに臨んだ、

人の子よ、ツロはエルサレムについて言った、

『ああ、それはよい気味である。もろもろの民の門は破れて、わたしに開かれた。わたしは豊かになり、彼は破れはてた』と。

それゆえ、主なる神はこう言われる、

『ツロよ、わたしはあなたを攻め、海がその波を起こすように、わたしは多くの国民を、あなたに攻めこさせる。彼らはツロの城壁をこわし、そのやぐらを倒す。わたしはその土を払い去って、裸の岩にする。ツロは海の中にあって、網をはる場所になる。これはわたしが言ったのである』と、主なる神は言われる。

主なる神はこう言われる、

『見よ、わたしは王の王なるバビロンの王ネブカデネザルに、馬、戦車、騎兵、および多くの軍勢をひきいて、北からツロに攻めこさせる。……彼らはあなたの財宝を奪い、商品をかすめ、城壁をくずし、楽しい家をこわし、石と木と土とを水の中に投げ込む。わたしはあなたを裸の岩にする。あなたは網をはる場所となり、再び建てられることはない』。」（エゼキエル書二六章）

この驚くべき預言は二つの段階をもって成就される。最初の成就は、この預言の与えられた翌年にネブカデネザルがツロに攻め込み、紀元前五七二年にとうとう陥落することによって起こる。

ちなみに、このツロという町はレバノン山脈の西側平野部の肥沃な低地と、沖合八百メートルにある島から成る二つの地域で、イエスの出身地であるイスラエルのナザレからは北西約三十五キロに位

置していた。ツロは古代世界の中でも屈指の海洋大国であり、紀元前十二世紀から六世紀にかけてはアフリカの東西両海岸沿いとスペイン、英国に幾つもの植民地を持ち、世界各国の商品がその港を通過するほどの商業力で地中海に君臨していた。預言に描写されているように、その栄華と富とは誇るべきものがあった。

それがネブカデネザル王による攻撃によって陥落し、もはや独立した一個の都市ではなくなってしまう。その時、おもに本土の平野部にいた住民は命からがら島へと逃れ、そこに再び町を建設することになる。ここが現在ツロとして知られる町となるわけである。

その後、ツロはペルシャの攻撃にさらされ、ついには二四〇年後の紀元前三三二年、アレキサンダー大王による決定的打撃を被ることになる。ツロの住民たちはその時にはすでに島の方に新たな町を再建していたのだが、本土の平野部にもはや取るべき富が残されていないのを見たアレキサンダー大王は、なんと平野部に残存する町を再攻撃し、すべてを瓦礫に変え、その残骸や瓦礫、ちりや木や土をかき集めては海に投げ込み、八百メートル離れたその島まで、馬や戦車、騎兵の通る道路を建設してしまったのである。

ツロはこうして完全に崩壊し、上記の預言が詳細に至るまでことごとく成就することになる。ツロは裸の町となり、今は漁業が細々と営まれているだけの、「網を張る場所」と化してしまったのである。

聖書の預言がこのように一点一画に至るまで文字通りに成就する確率は二百京分の一であると言わ

れる。そして、未だ成就を見ていない残りの預言は、今、ぼくたちが住む、この終わりの時代に成就されようとしている。

こうした確率をすべての預言で維持している聖書のすごさ、神の偉大さは言うまでもないことだが、ぼくたちに与えられている祝福とは、神の言葉を信じる信仰によって、この素晴らしい聖書の言葉の力に預かることができることにあると、ぼくは思う。一冊の書物の中にこれほどの宝がぎっしりと埋もれていることを、普段ぼくたちは忘れて生活している。通帳の預金高とか、手元にある現金とか、当面の生活費とか、今度のボーナスとか、ぼくたちはこうした「宝」についてはかなりの勤勉さで収支を合わせているが、すぐそばにこれほどの財宝が手もつけられていない状態で眠っているのを放置しておいていいのだろうか。

「あなたの口のおきては、わたしのためには幾千の金銀貨幣にもまさるのです」（詩篇一一九：七二）

「主のことばは清き言葉である。地に設けた炉で練り、七たび清めた銀のようである」（詩篇一二：六）

「草は枯れ、花はしぼむ。しかし、われわれの神の言葉はとこしえに変ることはない」（イザヤ書四〇：八）

第十三章　あなたの家庭を教会に……

もし神が、聖書に言われているように、宇宙の創造主であって、キリスト教が世界のすべての人々のための普遍的なものであるのなら、神は万人に理解でき受け入れられるものでなければならないし、キリスト教もあらゆる場所で、しかも日常生活のレベルで実践できるものでなければならない、というのがぼくの持論だ。

神という存在は日常生活に密着したところで捉えることができなければその存在価値は半減してしまう。一週間に一度、教会と呼ばれる建物に出掛けて行って、そこで語られる説教を聞き、神とのコンタクトを持ったような錯覚と若干の満足感を覚えて、その後は「普段の」生活に戻り「宗教」とは全く関係のない一週間を過ごすというのでは、人間との関係において神が意図された理想とはあまりにもかけ離れてしまっていると思うのである。毎日の生活で展開される様々な局面で、ちょうど調味料とか歯ブラシとか下着のように、ごく自然にかつ当たり前に活用できて初めて、生きた神を信じていると言えるのではないだろうか。

現実にはどうだろう。信仰の場を、教会とか、クリスチャン同士の交わりとか、個人的でプライベートな祈りの時間に見出すというのは、ある意味では容易であり、多くの人がそうしていると思う。でもそれは、毎日の色々な局面で信仰が活用されているのとはだいぶ趣きが異なる。そうした特定の場所や時間帯の中でのみ信仰を表明するというのでは、よそいきの洋服を着ている時だけが神との時間で、普段着の時には神が不在だということになってしまう。でも、ぼくたちが知りたいのは、普段着を着て過ごす日常生活とその大半を占める時間帯に、ぼくたちが今学んでいるこのキリスト教をどう扱うか、という問題に対する答えなのである。

ぼくの家族は目下五人家族である。したがって、食卓には椅子が五つ置かれている。ぼくが思うに、信仰を家庭内で実践するというのは、椅子をもう一つ増やしてイエスに座っていただくことなのである。イエスは黙示録の三章二〇節でこう言われている、

「見よ。わたしは戸の外に立って、たたいている。だれでもわたしの声を聞いて戸をあけるなら、わたしはその中にはいって彼と食を共にし、彼もまたわたしと食を共にするであろう」

これは、イエスが人々の心の中に入ろうとして、心の戸の外に立ち、ノックしている様子を描いている聖句である。

有名な宗教画の一つにこの聖句を描いたものがある。闇夜にイエスが片手に灯篭をかざしながら、

ある小さな家の戸口に立って、ノックしている絵である。見たことのある人もいるのではないかと思う。新聞の日曜版によく「絵の中の間違い捜し」と題して、この二つの同じ絵を見比べて、上の絵と下の絵で違っている個所を七個所見つけましょう、といったクイズが載っているが、この絵も注意してよく見てみると、何か一つ決定的に欠けている個所にやがて気付くようになる。イエスがノックしている戸にノブが付いてないのである。これに関しては勿論、批評家が目ざとく発見して、この欠陥絵画を辛辣に批判したそうである。しかし、この画家はそれに対して、「ああ、ノブはわざと描かなかったのですよ」と言った。

つまり、イエスが訪ねているこの家は人の心を象徴していて、人の心というのは内側からしか開けられないようになっているので、たとえ訪問者がイエスであったとしても、彼に出来るのは家の住人が内側にだけ付いているノブを回してその心の戸を開けてくれるのを、ノックしながら待つことだけだと答えたというのである。

クリスチャンとして毎日を暮していくのも、ある意味ではこれと同様だと思う。ぼくの友達の中にも、日常生活の中で信仰を表明したり、聖書の考え方を実行したり、他の人に「証し」したりするのが、如何に困難であるかをしみじみと話してくれる人が大勢いる。概念として頭ではわかっているつもりなのだが、実際の「応用編」ということになると何をどうしていいのかわからない、といった状態になってしまう。でも、例えば頭の中でイエスを家族の一員に加えるというアイデアを描くことが出来るなら、色々な意味で聖書や信仰を日常生活に応用する方法が見えてくるのではないだろうか。

宗教は宗教、神は神、信仰は信仰と、こうしたいっさいを宗教的同類項として一まとめにしてしまい、そのパッケージに「非日常的」というレッテルを貼り、普段は触れず、語らず、目にとめず、という一定の距離を神との間に置きながら、なるべく「プライベート」な生活ゾーンを大事に守っていきたいと願うぼくたちの毎日の暮らしの中に、このアイデアを使って、思い切って内側から戸を開いてみてはどうだろうか。食卓の椅子をイエスのためにもう一つ用意して。家族が集う毎食のテーブルにもしイエスも座っておられるなら、ぼくたちの生活はどれだけ違ったものになることだろう。

これはまた祈りの秘訣でもある。ぼくたちの祈りはとかく一方的な、モノローグなものになりがちで、願い事や嘆願はよくするが、聞くことはあまりしない。でも、もし食卓にイエスがおられるならば、イエスを含めた家族の団欒が出来るのであり、そのときには「対話」が可能になる。イエスが人格として家族の中にいること、しかもイエスには耳だけではなく、口もあって、とても興味深い、有意義で、価値ある話をしてくださることを発見するなら、ぼくたちのキリスト教は根本的に変えられてしまうことだろう。

「心をつくして主に信頼せよ、自分の知識にたよってはならない。すべての道で主を認めよ、そうすれば、主はあなたの道をまっすぐにされる」（箴言三：五、六）

イエスの弟子であることは、イエスが歩まれたように歩むこと、イエスの足跡に従うこと、イエスに似た者となること、イエスと生活を共にすることである。それは、イエスをこのような形で家族の一員として受け入れ、ぼくたちの普段の生活の中の様々な局面で下す決断をイエスに導いていただくだけではなく、宗教的な面も非宗教的な面も、朝も夜も昼間も、学校や仕事、家庭や近所の付き合いの中で、遊びや娯楽、問題や悩み事を含めて、いっさいの活動に参加していただくことによって可能になる。それこそ理想的なクリスチャンとしての生き方ではないだろうか。

その時、イエスは聖書のページから飛び出し、現実よりも現実になって、ぼくたちの生活の隅々まで満たしてくださる。ぼくたちの信仰もずっと強まるだろうし、他の人たちもぼくたちの生活そのものを見てイエスを知ることが出来るようになる。そうしたら、イエスはもはや日本人とは関係のない西洋の「宗教」ではなく、真の意味でぼくたちの家族の一員なのである。「これが私の主人です」、「ああ、あれはぼくの家内です」と言うのと同じ感覚で、イエスを周りの人に紹介できるなら、それがクリスチャンとしての「証し」であり、ごく自然な形でなされるこうした証しこそ他の人に理解され、受け入れてもらえるものだと思う。

二千年前に裏表紙を綴じた聖書についても同様である。「聖書は現代にも通用する実用書と言えるのか」と問われたら、クリスチャンである僕たちはどのように答えるだろう。例えば、普通の家庭には家族が病気になった時のために簡単な医学書が用意されているだろうし、主婦のためには料理の本、学生のためには諸々の参考書、また国語辞典とか百科事典などがあって、日常生活の中で色々と活用されているはずである。聖書も勿論そのように活用されることを意図されて人に与えられているはずなのであるが、教会や幾つかの特定の場所を除けば聖書が一般家庭で頻繁に重宝されているというのを、ぼくたちはあまり聞かない。

神の言葉が歳月や時代の推移というものによって風化し化石のごときものになってしまうのだとすれば、聖書本来の目的は全く失われてしまうことになる。そしてもし神の言葉の擁護者であり、実践者であるはずのぼくたちが、聖書の実用性が風化してしまうのを許してしまったのだとすれば、ぼくたちは何とかしてこの事態を改善し、聖書の汚名挽回のためにひと踏ん張りしなければならないと思う。なぜなら、聖書が伝えられるべき対象であり、聖書をいまだかじったことのない「未信者たち」から見れば、ぼくたちクリスチャンを自称する者たちでさえ実践していないのであれば、それはやはり他の宗教と全く変り栄えのない、実践することの出来ない、思想レベルの宗教としか捉えることができないからである。

エデンの園に始まり、中東に拠点を置いて、ユダヤ民族の中に育まれてきた旧約と新約から成る聖書に記載された神の言葉は、はたして世界中のあらゆる場所のすべての国民や民族の生活の中に浸透し、実際に日常のあらゆる分野の中で活用されているのだろうか。聖書に書かれている神の言葉は、聖書の書かれた時代とは環境も全く異なる科学万能のこの現代でも、さらには慣習、歴史、宗教、そして人々の考え方、ましてや言語さえ違うこの日本でも、普通の人々が暮す日常生活のレベルで、実際に生きられるものなのだろうか。

このポイントは、クリスチャンとして真剣に考える必要がある。こうした難題にぶち当たる時、ぼくたちはいつも原点に立ち返って解答を求めることができる。聖書に記された神の言葉を活用するチャンスである。聖書には、その答えとしていったいどんな解答が与えられているのか。イエス御自身はこの難題をどのように捉え、また解決されたのか。それは、活動の場としてイエスが主にどんな場所を用いられたのか、宣教の方法としてどんな手段を利用されたのかを見れば、わかる。イエスにとっては、彼の生き方、生活そのものが「宣教」だったのであり、「証し」をするのに彼は時も場所も選ばれなかったのである。

聖フランシスの名前を聞いたことがあるかもしれない。彼はイタリアのアッシジという町に生まれ、権威と物資欲とで腐敗していた当時のカトリック教会に清浄の風を送り込み、原点に立ち返るべくリバイバル運動を起こした宗教改革者の一人だった。その聖フランシスについてこんな話がある。

ある日、聖フランシスは彼の弟子たちに言った、「今日は町に証しに出掛けよう」。弟子たちは聖フランシスがどのように証しするのか非常に興味があったので、期待しながらお供した。聖フランシスは町への道を弟子たちと話をしながらゆっくりと進み、途中で何回も立ち止まっては、路地に入ったり、誰かの家に寄ったりしながら、あちこちで道草をくうのだった。通りで遊ぶ子供たちを見れば声をかけ、軒先でひなたぼっこしている老人がいれば話しかけ、母親が洗濯しているのに出くわせば水を汲んであげ、といったような感じで目的地に着くのにかなりの時間がかかってしまった。町に入ってからもそんな調子で結局一日が暮れてしまい、弟子たちはとうとう聖フランシスの「証し」を見ることが出来ないまま帰路につくのだった。

教会に戻ったとき、弟子たちは聖フランシスに、「先生、今日は町に証ししに行くはずでしたのに、結局出来ずに終わってしまいましたね」と言った。すると聖フランシスはこう答えたという、

「私たちは今日一日中証しして過ごしたではないか。」

弟子たちは言った、

「でも、私たちがしたのは子供と遊んだり、老人の世話をしたり、母親の洗濯を助けたりといったことだけで、イエス様のことは何ひとつ話しませんでした」

「主イエスを証しするとは、結局こういうことなのだ。主が今もここにおられたとしたら、今日一日いったい何をされただろうか。きっと人々の生活の場に入って行って、私たちが一日中していたようなことをされたことだろう」

そしてイエスの伝道ははたしてそのようなものだった。だから、あなたの家庭を教会にすることは、主の御心なのである。主がパートナーであり、家族の一員であれば、それは可能であり、そのとき人々は、ぼくたちの生活の中に実践され活用されているキリスト教を見るのである。イエスは言われた、

「あなたがたは世の光である。山の上にある町は隠れることができない。また、あかりをつけて、それを枡の下におく者はいない。むしろ燭台の上において、家の中のすべてのものを照らさせるのである。そのように、あなたがたの光を人々の前に輝かし、そして、人々があなたがたのよいおこないを見て、天にいますあなたがたの父をあがめるようにしなさい」（マタイによる福音書五：一四―一六）

「教会」という言葉は、新約聖書の書かれた原文のギリシャ語では「選び出された者たち」という意味の「エクレシア」という言葉の訳である。イエスを信じるクリスチャンたちの集まりが、すなわち

「教会」であって、神の教会とは生ける石で築かれたもの、神のエクレシア、信者たちの集まりである。

「あなたがたは神の宮であって、神の御霊が自分の内に宿っていることを知らないのか」（コリント人への第一の手紙三：一六）

「あなたがたは、もはや異国人でも宿り人でもなく、聖徒たちと同じ国籍の者であり、神の家族なのである。またあなたがたは、使徒たちや預言者たちという土台の上に建てられたものであって、キリスト・イエス御自身が隅のかしら石である。このキリストにあって、建物全体が組み合わされ、主にある聖なる宮に成長し、そしてあなたがたも、主にあって共に建てられて、霊なる神の住まいとなるのである」（エペソ人への手紙二：一九―二二）

イエスは聖書の中で、「互いに愛し合いなさい」とか、「天国に宝を積みなさい」とか、「神と神の言葉に信仰を持ちなさい」とか、様々な戒めを与えている。「福音を宣べ伝えなさい」というのも大切な戒めの一つである。ぼくたちはイエスを信じる者として、あらゆる事において、イエスに習い、イエスにまね、イエスの残された足跡をたどりながら、イエスのように行動すべきだし、まず第一にぼくたちの心の中に住んでいただくことによって主の生ける家となり、信じる者たちの集合体であるぼくたちの家庭を神の教会として、イエスの人格をなるべく反映させるように努めるのが、主に喜ばれる最善の方法だと思う。

　さて、イエス御自身はこの地上における短い生涯の間、はたしてどのような方法でこの「福音の伝達」をなされたのだろうか。福音書を見ればそのパターンを簡単に見て取ることが出来る。イエスの宣教は、ほとんどの場合、自らの足で町々村々に出向くことによって成り立っていた。一個所に拠点を設けてそこに人を集めるのではなく、イエス自身が人のいる所に出て行って、彼らの毎日の生活の中の出来事や普段ごく当たり前のように用いられていた日常の物事を使って、天国のことや神のことを教えられるというものだった。

　イエスは福音書の中で「あなたがたは、地の塩である」と語られた。（マタイによる福音書五：一三）

　このことを考えると、「選び出された者たち」の集団である神の教会が大勢で一つの場所に固まっているというのも、神の理想ではないと思う。調味料の中でも塩は一番ベーシックで大切なものの一つだが、ケチャップやマヨネーズといった他の調味料のように一つの場所にガバッと固まってのせられていたら、その料理はきっと食べられたものではなくなってしまうだろう。塩は、食物に振り掛けられ、見分けがつかなくなるまでに中に溶け込んではじめて、その真価を発揮するのである。ぼくたちで構成されているはずの「教会」も塩に見習う必要がある。クリスチャンとして交わりをもったり、互いに愛し合ったりするのは勿論好ましいことなのだが、クリスチャンとして何よりもそれを優先し、それだけがクリスチャンであることの証しだと勘違いしてしまうこともある。

　神の御心は、クリスチャンが互いに愛し合いながら、尚かつ本来の仕事である「イエス・キリストを宣べ伝える」ということに忠実であることである。そしてイエスは、そのためにぼくたちは「地の塩」になるべきだと言われる。一箇所に固まることなく、世界中に散在し、それぞれの生活や仕事や付き合いの中にある周囲の人々との接触を通して、「塩のききめ」をいかんなく発揮せよ、と言われるのである。

宗教パンフレットを手に持って、戸別訪問をして、人々に積極的に働きかけることを自分の召しとする人たちもいる。宣教師として世界の国々にイエス・キリストを伝えに出掛けることを召しとする人たちもいる。教会という場所を活用してそこに人を招いたり、そこに集まる人たちにメッセージを伝えることを召しとする人たちもいる。あるいは、職場で「地の塩」になったり、自分の才能を生かしてそれを福音の伝達に用いたり、家庭を教会として自分の身の回りにいる人たちに対する塩味となることを召しとする人たちもいる。要は、パウロも言っているように、自分の召しを見つけ、その「召しにとどまる」ことなのである。クリスチャンがこの一事を自覚し、それぞれの場所でクリスチャンとして「塩味」になる方法や手段を見出すなら、世界は瞬く間に良い世界に変えられることだろう。

ソルト・シェイカーを思い出してほしい。一つのシェイカーに収められた塩は、ただそのままでは一箇所に固まっていて、他に対する味付けという意味では何もしていない。けれども、適度に揺すられることによって、ややもすれば利己的になりがちな私生活という容器に心地好く収まっているクリスチャンとしてのエッセンスを、内から外に出すことを厭わないとき、ぼくたちは、イエスの言われる「地の塩」なのである。そのとき、ぼくたちは救いや天国、イエスのとりなしによって新たにされた神との関係という快適な安定した生活から抜け出て、他の人たちの必要の中に混じって行くことができる。
考えてみるなら、それこそがイエスのなされたことだったのではないだろうか。快適な天国での「神の御子」という立場を捨てて、イエスは今から二千年前に、この地上に降りて来られた。そして三十三年の生涯を「地の塩」であられたのである。ヨハネによる福音書にはこう書かれている、
「そして言（イエス）は肉体となり、わたしたちのうちに宿った。わたしたちはその栄光を見た。それは、父のひとり子としての栄光であって、めぐみとまこととに満ちていた」（ヨハネによる福音書一・一四）
天国というソルト・シェイカーから飛び出したイエスは、ぼくたちという食材の間に宿り、ぼくたちの生活、さらには心の中にまで溶け込んで、「神の栄光」を五感で掴めるようにしてくださったのである。その犠牲はここに言及するまでもないと思う。そのイエスがぼくたちにもイエスに従う者として、「地の塩」となり、ぼくたちの生活の中にある福音のエッセンスを周囲の人たちに振りまくことを求められたとしても、それは過大な要求ではないだろう。

第十四章　わたしが去って行くことは……

「わたしが去って行くことは、あなたがたの益になる……」（ヨハネによる福音書一六：七）

聖書の中には人知で測り知ることのできない謎が幾つもある。「人知では測り知ることができない」と今、敢えて言わせてもらったのだが、それは、そうした謎にもいったん人知の及ぶ域を超越して神の知識の域に入ってしまうなら、納得できる、釈明できるものが沢山あるからである。

例えば、大宇宙の王子であられたイエスがどうして人の姿を取らなければならなかったのか、何故に幼な子として女から生まれてくる段階から生涯を始める必要があったのか、そしてどういう理由でその生涯の大半を「匿名」の状態で過ごし、最後の三年半だけを公けに対する伝道奉仕に使われたのか、また、地上での生涯をあの十字架刑という無残な方法で終えられ、せっかく復活したと思ったら、その大事な「証し」という仕事を弟子たちに一任して御自分はさっさと天国に行ってしまわれたのか、ぼくたちクリスチャンには興味をそそられる疑問がいっぱいある。

今回は、この最後の部分の疑問点に取り組んで考えてみよう。

まず右に挙げた聖句が語られたのは、あの「最後の晩餐」の席上である。ヨハネによる福音書では、この「最後の晩餐」でイエスが弟子たちに与えられた説教を記録するのになんと五章が捧げられている。ヨハネによる福音書全体のおよそ四分の一である。

この場でのイエスの説教では、イエスが去られた後の弟子たちの挙動に関する指示が事細かに与えられている。つまり、福音伝道というのは本来、イエス御自身によってなされるべきものではなく、弟子たち、つまり信じる者たちに託された仕事だったということである。それは、イエスの活動範囲がイスラエルの限られた地域とその近隣地だけだったのと相反して、主であるイエスの無き後、イエスから託された福音を携えて弟子たちが走破した範囲は事実上、当時知られていた文明社会の隅々にまで及んだことからもわかる。

ここで、イエスが言われた「わたしが去って行くことは、あなたがたの益になる」との言葉を読み返してみよう。つまり、この最後の晩餐の席上で、イエスは前々から予告してこられた十字架での死がいよいよこの食事の後で成就されるようになること、そしてイエスが取り去られた後で弟子たちが何をすべきことになっているのかを、あからさまに話しておられる。

「わたしがこれらのことを語ったのは、あなたがたがつまずくことのないためである。人々はあなたがたを会堂から追い出すであろう。更にあなたがたを殺す者がみな、それによって自分たちは神に仕えているのだと思う時が来るであろう。彼らがそのようなことをするのは、父をもわたしをも知らないからである。わたしがあなたがたにこれらのことを言ったのは、彼らの時がきた場合、わたしが彼らについて言ったことを、思い起こさせるためである。これらのことを初めから言わなかったのは、わたしがあなたがたと一緒にいたからである。けれども今わたしは、わたしをつかわされたかたのところへ行こうとしている。しかし、あなたがたのうち、だれもどこへ行くのかと尋ねる者はない。かえって、わたしがこれらのことを言ったために、あなたがたの心は憂いで満たされている。しかし、わたしはほんとうのことをあなたがたに言うが、わたしが去って行くことは、あなたがたの益になるのだ。わたしが去って行かなければ、あなたがたのところに助け主はこないであろう。もし行けば、それをあなたがたにつかわそう」（ヨハネによる福音書一六：一―七）

神の子イエスと寝起きを共にするという特権に預かった弟子たちにとって、イエスと行動を共にしたその三年半という期間は、意外なことだが、まさに失敗とヘマの連続だった。イエスが語り、諭そうとされた神の愛、神の概念、この世の世俗的な人間的見解とはほぼ逆転している神の霊的な見解、天国、天国の仕組み、罪深き人間本来の姿、人がこの世に生まれてきたそもその目的、天国を目指して歩みながらしかもこの世で生活していくための心構え等々、そうした事柄を弟子たちはちっとも理解してはいなかったのである。それは何故だったのか。

イエスという史上最高の教師による指導を受け、しかも言葉だけではなく毎日の行動の中にイエスの素晴らしい見本を見る特権に恵まれ、人格そのものを肌で感じ取ることのできた距離にいたはずなのに、弟子たちはどうしてこうも見事に、かくも簡単に、すべての科目に落第点を取り、「出来損ないの落ちこぼれ」というレッテルを貼られてしまったのか。実に不可思議である。

だがその理由はいたってシンプルである。弟子たちの視線がイエスの肉の厚さに遮られ、核心部分の霊の真理まで届かなかったためである。弟子たちは時間的にも距離的にも空間的にもイエスという存在を身近に有していた。同一の時代の同じ時間と地理的空間をイエスと共有し、その肉声に聞き浸り、その姿に見とれ、その体臭を嗅ぎ、その肌に直接触れるという、ごく限られた祝福された者たちだけが受ける特権に恵まれていたにもかかわらず、彼らは滑稽なまでにイエスを誤解していた。彼らにとっては、イエスの座られた椅子、使用された食器、歩まれた道、イエスの身に付けておられた着物、杖、愛用された小道具、そういった物の方が、イエスの語る言葉、霊的な真理、天国、神の愛よりもはるかにずっと大切だった。

神の子であり、神の言葉と称されるイエスが肉体をとって地上に来られたという事実こそ、聖書の核心的真理であり、ぼくたち罪人が天国の市民となれるのはその核心的真理のゆえであるのに、その神の奥義がイエスの肉体そのものによって霞んでしまうというのは、考えてみればおかしな話である。肉という束縛や規制の多い器に閉じ込められている人間に神の世界をもっと良く理解してもらえるように、折角、イエスが肉体をとって地上を訪れ、天国を地上の肉のレベルにまで引き下げてくださったのに、ぼくたちはその崇高な霊的真理を、肉の目で見、肉の耳で聞き、肉の思いで理解しようと努めるあまり、すべて逸してしまうことさえあるのである。とにかく、イエスの弟子たちはそのレベルでイエスを理解しようとした。これではイエスの真理も流石に一溜まりもない。霊的なものは近視的肉眼では決して捕らえることはできないからである。

「この世の支配者たちのうちで、この知恵を知っていた者は、ひとりもいなかった。もし知っていたなら、栄光の主を十字架につけはしなかったであろう。……生まれながらの人は、神の御霊の賜物を受け入れない。それは彼には愚かなものだからである。また、御霊によって判断されるべきであるから、彼はそれを理解することができない」（コリント人への第一の手紙二・八、一四）

ところが、イエスの肉が取り去られるとき、弟子たちは見事な変貌を遂げることになる。今まではすべての面で主人に頼りっきりだった弟子たちが、知らず知らずの内にイエスによって植え付けられていたリーダーシップを発揮し始めるのである。そこに、「わたしが去って行くことは、あなたがたの益になるのだ」と言われたイエスの真意がある。もはやイエスの肉を持たない弟子たちは、今や聖霊によって思い起こさせられるイエスの言葉とつながることによってしかイエスとの接点を持てなくなってしまった。

イエスは生前、「わたしとわたしの言葉」という事を何回となく繰り返された。つまり、イエスの肉を慕い、イエスのなされる奇跡に感動し、イエスの与える愛に魅了される人々は実に大勢いたが、実際、イエスの語られる言葉を慕い、その深さに感動し、その真理に魅了された人は多くはなかった。弟子たちさえ、イエスの言葉に幾度となく喉を詰まらせ、イエスの言葉に消化不良を起こし、イエスの言葉のゆえに信仰さえ捨てそうになったのだから。

それがイエスの肉体という、ある意味では「障害物」でさえあった物が取り除かれ、今や神の聖霊を通して、ただイエスの言葉と純粋な形で接する時代が訪れることになる。それは言わば初代教会の成功の秘訣である。現代のクリスチャンの成長の鍵である。信者たちがイエスの肉を出てイエスの言葉と霊の内に入ったとき、何かが急変したのである。イエスは言われた、

「人を生かすものは霊であって、肉はなんの役にも立たない。わたしがあなたがたに話した言葉は霊であり、また命である」（ヨハネによる福音書六：六三）

然り、イエスの肉体はぼくたちの罪を取り除くための神のいけにえだった。（ヘブル人への手紙九：二五―二八参照）

「このように、わたしたちは血と肉とに共にあずかっているので、イエスもまた同様に、それらをそなえておられる。それは、死の力を持つ者、すなわち悪魔を、ご自分の死によって滅ぼし、死の恐怖のために一生涯、奴隷となっていた者たちを、解き放つためである。なぜなら、万物の帰すべきかた、万物を造られたかたが、多くの子らを栄光に導くのに、彼らの救いの君を、苦難を通して全うされたのは、彼にふさわしいことだったからである」（ヘブル人への手紙二：一四、一五、一〇）

ぼくたちはここで、イエスが何故に肉体でこの世に来られ、ぼくたちの間に住まわれ、結局最後に

あのような犠牲を払ってぼくたちを贖ってくださったのか、その本来の目的を見失ってしまってはいけない。つまり、ぼくたちの目がイエスの肉のところで止まってしまうなら、イエスの蹟かれた石とか、愛用されていた着物とか、イエスが納められていた墓とかを、まるでイエスそのものでもあるかのように大切に扱い、尊重するといった、肉の過ちを犯してしまうからである。パウロはこう言っている、

「肉に従う者は肉のことを思い、霊に従う者は霊のことを思う。肉の思いは死であるが、霊の思いは、いのちと平安とである。肉にある者は、神を喜ばせることができない。しかし、神の御霊があなたがたの内に宿っているなら、あなたがたは肉におるのではなく、霊におるのである。もし、イエスを死人の中からよみがえらせたかたの御霊が、あなたがたの内に宿っているなら、キリスト・イエスを死人の中からよみがえらせたかたは、あなたがたの内に宿っている御霊によって、あなたがたの死ぬべきからだをも、生かしてくださるであろう」（ローマ人への手紙八：五、八、一〇、一一）

だから今ぼくたちは、当時イエスと生活を共にしていたあの弟子たち以上にイエスを良く理解していると言える。イエスの肉に視線が止まり、その容姿によって思いを奪われて、はるかに大事なイエスの霊を見損なってしまうという問題から、ぼくたちは解放されているからである。

肉よりもいっそう確実な、「言葉」（ペテロの第二の手紙一：一九）という実体あるものを通して、ぼくたちはイエスをより明確に理解し、より確実に把握しているのであり、イエスの語られた霊と命の言

葉によって、ぼくたちはイエスにより限りなく近づけるのである。その時もはや両者の間には距離という隔たりは存在しない。ぼくたちがイエスの内に存在することも、ぼくたちの内にイエスを持つこともできる、時間や距離の隔たりが瞬時に消滅してしまうという、なんとも驚くべき奇跡を体験できるのである。素晴らしいことではないか。

そのとき、ぼくたちは愛する弟子ヨハネが老年になって語ったこの言葉がわかるようになる。

「初めからあったもの、わたしたちが聞いたもの、目で見たもの、よく見て手でさわったもの、すなわち、いのちの言について……いのちが現れたので、この永遠のいのちをわたしたちは見て、そのあかしをし、かつ、あなたがたに告げ知らせるのである。この永遠のいのちは、父と共にいましたが、今やわたしたちに現れたものである」（ヨハネの第一の手紙一：一、二）

イエス・キリストは、目に見えない神の本質を人に教え示すため、人の姿になることで神の性格を表現された。つまり、もし神が人の姿をしていたなら、どのように生き、どのように語り、どのように愛されるのだろうか、という人間の純粋な疑問に答えられたのである。イエスはその生涯を鏡にして一生懸命に神の姿を映し出そうとされた。そして弟子たちには、

「僕はその主人にまさるものではなく、つかわされた者はつかわした者にまさるものではない」（ヨハネによる福音書一三：一六）

と語られ、弟子として出来る最高のことは主人の生き写しになることだと教えられた。また、

「互いに愛し合うならば、それによって、あなたがたがわたしの弟子であることを、すべての者が認めるであろう」(ヨハネによる福音書一三：三五)

とも言われた。

つまりイエスは、弟子たちに自分に似た者となり、互いに愛し合うようにとの戒めを与えることによって、復活後の福音伝道を、その時点ではまだまだ未熟だった弟子たちに一任されたのである。これは非常に大きな責任である。今この世界の人たちが神を知り、イエスを知るには、ぼくたちクリスチャンとその生き様を見なければならないような形に、神は状況や条件を設定してしまわれたわけである。どうだろうか。ぼくたちクリスチャンは神の代理であって、イエス・キリストの顔であり、手であり、足なのである。

はたしてぼくたちの表情に人は神の愛を見ることができるだろうか。ぼくたちの態度に神の慈愛、憐れみ、忍耐、寛容は表れているだろうか。ぼくたちの手は善を行なうことに迅速で、ぼくたちの足は必要を抱える人々の所に常に向かっているだろうか。そして何よりもまずぼくたちは家族、友人、仲間の間で互いに愛を示し合っているだろうか。それが福音伝道なのである。

神は目に見えない。だから人は多くの場合、自分の解釈に基づいた神のイメージを作り上げ、「激

しい怒りと裁きの神」とか、「人の手には全く届かない遥か天上に住まわれる崇高な神」とか、「ユダヤ人をこよなく愛する異国の神」とか、「砂漠の神」とか、「エホバの神」とか、なんとかかんとか、実際、本当の神のイメージとはほど遠い、かなり歪んだ姿にしてしまう。世の中には神ほど誤解されている方はまずないと思う。

ぼくたちが、人格や生活にイエスの姿を反映させるには、いったいどうしたらいいのだろうか。パウロも言っているように、ぼくたちの内には善なるものが宿っていない。（ローマ人への手紙七：一八参照）どんな人だって正直に内面を見つめるなら、そこに見えるのが決して美しい景色ではないことを知っている。不純物や汚物がドロドロしていて、絶対に人様の目に晒すことなど出来やしない。だったら、このイエスの戒めがどうすれば可能になるのか。自分のそういった状態をまず認め、空っぽの器になってイエスに満たしていただくことが、その第一歩だと思う。その状態がクリスチャンの理想の姿であり、自分が罪人だということを知っている、神の贖いの作品である。そのとき、ぼくたちの内に何か良いものが見られるなら、それがキリストであり、それが神の栄光なのである。パウロはそのことについてこんな言い方をしている、

「さてあなたがたは、先には（クリスチャンとなって神に贖われる前は）自分の罪過と罪とによって死んでいた者であって、かつてはそれらの中で、この世のならわしに従って歩いていた。しかるに、憐れみに富む神は、わたしたちを愛して下さったその大きな愛をもって、罪過によって死んでいたわたしたちを、キリストと共に生かし、キリスト・イエスにあって、共によみがえらせ、共に天上で座

につかせて下さったのである。（要するに、キリストの贖いを信じたことに対して与えられる天国の市民権である）それは、キリスト・イエスにあってわたしたちに賜った慈愛による神の恵みの絶大な富を、きたるべき世々に示すためであった。（これこそ、罪にまみれ人格的にも貧相なぼくたちが、毎日の生活の中でイエスの愛を反映させる「福音伝道」のことである）あなたがたの救われたのは、実に、恵みにより、信仰によるのである。それは、あなたがた自身から出たものではなく、神の賜物である。（救いとはイエス・キリストを通して神から一方的に与えられるものであって、受け取る側はそれに対して何の支払いもすることはできない。そうでないと、賜物、つまり、プレゼントではなくなってしまうからである）決して行いによるのではない。それは、だれも誇ることがないためなのである。（ぼくたちには誇るものなど何ひとつない。これが救われたクリスチャンの本音でなければならない。誇る者は主を誇れ、と聖書が言っている通りである）わたしたちは神の作品であって、良い行いをするように、キリスト・イエスにあって造られた。神は、わたしたちが、良い行いをして日を過ごすようにと、あらかじめ備えて下さったのである」（エペソ人への手紙二：一―一〇）

さて、あなたに聞くが、あなたはイエス・キリストの生きていた時代に、イエス・キリストと共に暮らす特権に預かることを今でも望んでいるだろうか。それとも、イエスの言葉と霊とを通して真の姿のイエスを受け取ることを望むだろうか。

「わたしたちは、見えるものにではなく、見えないものに目を注ぐ。見えるものは一時的であり、見

えないものは永遠につづくのである」(コリント人への第二の手紙四：一八)

「あなたがたは、イエス・キリストを見たことはないが、彼を愛している。現在、見てはいないけれども、信じて、言葉につくせない、輝きに満ちた喜びにあふれている。それは、信仰の結果なるたましいの救いを得ているからである」(ペテロの第一の手紙一：八、九)

第十五章　愛と謙遜（ヨハネによる福音書一三章）

聖書の神が愛の神であることは良く知られている。この愛の神が語る「愛」が名詞形ではなく動詞形であることも別の章で書いた。その神のひとり子であるイエスも、ぼくたちに数多くの愛の助言を残してくれている。ここに少し列記してみよう。

「わたしは、新しいいましめをあなたがたに与える、互いに愛し合いなさい。わたしがあなたがたを愛したように、あなたがたも互いに愛し合いなさい。互いに愛し合うならば、それによって、あなたがたがわたしの弟子であることを、すべての者が認めるであろう」（ヨハネによる福音書一三：三四、三五）

「父がわたしを愛されたように、わたしもあなたがたを愛したのである。わたしの愛のうちにいなさ

い」（ヨハネによる福音書一五：九）

「わたしのいましめは、これである。わたしがあなたがたを愛したように、あなたがたも互いに愛し合いなさい。人がその友のために自分の命を捨てること、これよりも大きな愛はない」（ヨハネによる福音書一五：一二、一三）

「兄弟たちよ。あなたがたが召されたのは、実に、自由を得るためである。ただ、その自由を、肉の働く機会としないで、愛をもって互いに仕えなさい。律法の全体は、自分を愛するように、あなたの隣り人を愛せよ、というこの一句につきるからである」（ガラテヤ人への手紙五：一三、一四）

「どうか、主が、あなたがた相互の愛とすべての人に対する愛とを、わたしたちがあなたがたを愛する愛と同じように、増し加えて豊かにして下さるように」（テサロニケ人への第一の手紙三：一二）

「兄弟愛を続けなさい」（ヘブル人への手紙一三：一）

「あなたがたは、真理に従うことによって、たましいをきよめ、偽りのない兄弟愛をいだくに至ったのであるから、互いに心から熱く愛し合いなさい」（ペテロの第一の手紙一：二二）

「何よりもまず、互いの愛を熱く保ちなさい。愛は多くの罪をおおうものである」（ペテロの第一の手紙四：八）

「その戒めというのは、神の子イエス・キリストの御名を信じ、わたしたちに命じられたように、互いに愛し合うべきことである」（ヨハネの第一の手紙三：二三）

「愛する者たちよ。わたしたちは互いに愛し合おうではないか。愛は、神から出たものなのである。すべて愛する者は、神から生まれた者であって、神を知っている。愛さない者は神を知らない。神は愛である」（ヨハネの第一の手紙四：七、八）

「これらいっさいのものの上に、愛を加えなさい。愛は、すべてを完全に結ぶ帯である」（コロサイ人への手紙三：一四）

愛と一口で言っても、それには色々な種類・形態がある。外に流れ出て行く愛もあれば内に求め入れる愛もあるし、人類愛もあれば自然愛もある。男女間の恋愛も愛だし、親子の愛、家族の愛、兄弟愛、国民・民族的愛も確かに愛の形態だし、博愛、慈愛、さらには性愛と実に様々である。

しかし、ここでは福音書の中でイエスが語っておられるような、隣人を愛するような愛、行動で表される愛、言葉とか説教とか、抽象的な形で表現されるような愛ではなく、ぼくたちが毎日の生活の中で実際に受けたり与えたりすることのできる次元の愛について語ってみようと思う。

聖書の中で語られている「愛」を実生活の中で活性化し、この「愛する」という動詞を実際の行動で表現するのはかなりの困難を伴う作業である。人間は元来、愛し愛される能力を授かって創造されている。人間一人ひとりの容器には「愛」という原料が含有されている。もっともそれはあくまでも原料なので、その他の原料との組み合わせ次第で内容物にはかなりの違いが生じるし、その置かれている環境や条件などによっても原料の一つである愛がどの程度その効能を発揮できるかも異なってくる。つまり、人はもしその気になるなら相当量の愛を発揮できるし、また集積できるわけであるが、その逆も有り得るということである。

だが、どんなに贔屓目に見ても、ぼくたちが住むこの世界には愛が満ち溢れているとは言えない。ぼくたちクリスチャンの間でもまた然りである。純粋で非利己的な神の愛をお互いの言動に反映させ、毎日の生活の中に持ち上がるすべての問題を謙遜な態度で受け取り、「愛」というフィルターで濾過しながら、助け合い、励まし合い、支え合っているかと言えばそうではなく、実に「人間的な」レベルで偏見と憎しみと非難と裁きとで小さな問題をもエスカレートさせてしまって、ただでさえ混乱しかかっている状況をもっと込み入った難解なものにしてしまうのが常である。まあ、ぼくたちの場合には、神という無尽蔵の愛の貯水池に「イエス」という水管で接続されているので、自分たちの「愛したい」という意志によってバルブを開ける意思表示を神に示すなら、その愛を大量に受け取ることは可能なので、まだまだ希望はあるし、条件にも恵まれていることは確かなのだが。

映画や小説の中だったら「愛」を語り、描き、演じることは容易だが、毎日の生活の中で愛を実践するのは非常に難しい。だからこそイエスは「自分を愛するように、あなたの隣り人を愛せよ」と言われたのである。「では、わたしの隣り人とは誰のことなのですか」と誰かが尋ねたときに、興味深いことにイエスは次のたとえ話を使ってこのように答えている、

「ある人がエルサレムからエリコに下って行く途中、強盗どもが彼を襲い、その着物をはぎ取り、傷を負わせ、半殺しにしたまま、逃げ去った。するとたまたま、ひとりの祭司がその道を下ってきたが、この人を見ると、向こう側を通って行った。同様に、レビ人（神の言葉を託されている聖職者）もこの場所にさしかかってきたが、彼を見ると向こう側を通って行った。ところが、あるサマリヤ人が旅をしてこの人のところを通りかかり、彼を見て気の毒に思い、近寄ってきてその傷にオリブ油とぶどう酒とを注いでほうたいをしてやり、自分の家畜に乗せ、宿屋に連れて行って介抱した。翌日、デナリ二つを取り出して宿屋の主人に手渡し、『この人を見てやってください。費用がよけいにかかったら、帰りがけに、わたしが支払います』と言った。この三人のうち、だれが強盗に襲われた人の隣り人になったと思うか」（ルカによる福音書一〇：三〇—三六）

ここに登場するサマリヤ人というのは、イスラエルの隣りのサマリヤという地方に住む人たちのことである。イスラエルとは隣接しているので近所のよしみで多少の付き合いがあったのだろうと思えばそうではなく、むしろ寄れば触れば喧嘩になり、何かにつけていざこざが絶えないという犬猿の仲

だった。宗教も違えば、習慣も異なる「隣り人」に対して、当時のイスラエル人たちはある種の宗教的優越感を持ってサマリヤ人を見下していた。だから、サマリヤ人と接するということはイスラエル人にとっては「汚らわしい」ことであり、そのため旅などでサマリヤ以北に行かなければならないような時にも、あえてサマリヤを通過するようなことはせず、たとえ時間が倍かかったとしても、わざわざ迂回していたほどだったのである。イスラエルの人たちにとっては、イエスがこのたとえ話にサマリヤ人を登場させただけでも嫌悪感を覚え、拒絶反応を引き起こしたことだろう。

しかし、たとえ話の内容は明白である。イエスに言わせるなら、「愛」は行動に移されて初めて「愛」なのである。もちろん、祭司やレビ人も職業柄、愛を説いているはずの人たちだったので、彼らにも愛という概念はあったはずなのだが、それはあくまでも概念であって、行動を伴うものではなく、それゆえに凡人のぼくたちには汲み取りにくい類いの「愛」だった。人は口でどんなに素晴らしいことを語っても、それは「説教」の域を出ることはなく、舌の動きは速すぎておそらくぼくたちの心に登録されることはないだろう。だが、誰かが「愛」を行動してくれるなら、その見本は目で見ることができるので、ぼくたちもそれに習うことができる。このイスラエル人たちは、実際に愛を「行なわなければいけない」状況に置かれることによって、自分たちの「説く」愛が本物ではなかったことを暴露される。

だがそれとは対照的に、イスラエル人からは忌み嫌われていた「隣り人」のこのサマリヤ人は、「愛」という行動に出る理由などあまりない立場や状況に置かれていたにもかかわらず、その場の必要を見て取り、「愛」に動かされ、いかにも当然のように、ごく自然な形で、「愛」を実行してしまう。

「愛」とは、色々な人が様々な定義を施してきた「難解な」ものである。だが、「行動」という形に変換された「愛」は一番理解しやすい形態の愛である。そして残念なことに、ぼくたちの周囲にはこうした形に変換された「愛」を体験する機会がどうも乏しい。愛とは、ある意味では、衝動に近い感情であって、それに突き動かされる人というのは、結果とか理由とか正当性とか、誰がふさわしくて誰が価しないかといったことなど考えずに、とにかく愛してしまうのである。

イエスのこのたとえ話には五人の人物が登場する。一人は強盗に襲われたひと。一人はサマリヤ人。あとの二人は宗教家で、もう一人は宿屋の主人である。イエスはここで宗教的偽善、独善、宗教家の持つ偏見というものをも暴露されている。ぼくたちが神を学んでいく上で一番注意しなければいけない点がここにある。それは、神について知ることと、神を知ることとの違いのようなものである。宗教では神について学ぶ。しかし、イエスは神を知ることを教えてくれる。宗教では愛について学ぶ。しかし、イエスは愛せよ、と言われる。宗教では神の概念を作りあげる。しかし、イエスは神に触れよ、と言われる。宗教では神を理解しようと努める。しかし、イエスは「もうすでに神に知られていることを喜べ」と言われる。（ルカによる福音書一〇：二〇、コリント人への第一の手紙八：三参照）

宗教という人工的な概念で神のことを学び、神を理解しようと努めている「宗教家たち」の陥りやすい過誤とは、その宗教的自負心や独善によって、自分がすっかり神を理解したように思い込んでしまっていることである。そういった状態になると、人は、自分は当然上座に座るべき人物なのだという高ぶった態度になり、その思い上がった視線から他の人を見下して、「こいつらは神のことを少しもわかっちゃいない」などと勝手に決めてかかってしまう。ちょうど、このたとえ話の祭司とレビ人がそうだった。神を知り、神を説き、神の愛を伝達していたはずのこの二人には、異教の偶像を崇めて「宗教心」も「信仰」もないとして軽蔑の対象としていたサマリヤ人が当たり前のように実践してしまった「愛の行為」が出来なかった。

しかし、イエスに言わせるなら、その行為こそが神の心そのものだったのであり、それこそが神に尊ばれる行為だった。つまり、聖書の核心を実践していたのは他でもない、このサマリヤ人だったというのである。パウロも言う、

「知識は人を誇らせ、愛は人の徳を高める。もし人が、自分は何か知っていると思うなら、その人は、知らなければならないほどの事すら、まだ知っていない。しかし、人が神を愛するなら、その人は神に知られているのである」(コリント人への第一の手紙八：一―三)

冒頭でイエスが言われたこの二つの条件を、確かにこのサマリヤ人は満たしていた。神を愛し、隣人を愛するという行為によって。無論、神学的には、このサマリヤ人は神の名前も、神の住所も年令も電話番号も郵便番号も何ひとつ知らなかった。だが、サマリヤ人の知らなかったその神は幸いなことにいつでも「大通りや垣根のあたり」を歩いているので、何処の誰とでも出会える神なのである。教会や宗教人の集まる場所にしか現れないというような堅物ではなく、この神は柔軟性に富み、色んな服装をして、この世の様々な階層やレベルで人と接してくださるのである。

確かに、このサマリヤ人は真の神が誰なのか、イエスが一体何者なのか、神の律法が何であるのか、そんなことは知らなかったのかもしれない。しかし、この人は神の心に誰よりも近かった。この人は確かに神に知られ、神に動かされていた。だからこそ、天国の市民なのであり、神の子なのである。パウロがこう告げるとおりである、

「すべて神の御霊に導かれている者は、すなわち、神の子である」（ローマ人への手紙八：一四）

では、サブタイトルになっているヨハネ一三章を開いてほしい。時は今を遡ることおよそ二千年、場所はイスラエルの首都エルサレム、イエスの生涯の末期、すなわち明日は十字架で処刑されることになるイエス・キリストのこの地上における最後の晩、その晩餐の席上がその舞台となる。

「過越の祭の前に、イエスは、この世を去って父のみもとに行くべき自分の時がきたことを知り、世にいる自分の者たちを愛して、彼らを最後まで愛し通された」

ここにあるように、ぼくたちへのイエスの愛は、初めは素晴らしかったが、結局最後には尻切れトンボで終わってしまった、というような中途半端なものではなく、試練にあったために挫折して途絶えてしまったというようなものでもなく、愛される側のぼくたちがその愛にいかにふさわしくなくても、徹底して最後まで愛し続けてくださる種類の、本当の愛、神の愛なのである。そして、その愛の

完結が十字架の死だった。この十字架上で、イエスはご自身の愛を全うされたのである。何という犠牲、何という見本、何という愛であろうか。

「イエスは、父がすべてのものを自分の手にお与えになったこと、また、自分は神から出てきて、神にかえろうとしていることを思い、夕食の席から立ち上がって、上着を脱ぎ、手拭いをとって腰に巻き、それから水をたらいに入れて、弟子たちの足を洗い、腰に巻いた手拭いでふき始められた」（ヨハネによる福音書一三：三―五）

イエスとその父である神とのこの三十三年間の別離というのは、両者にとってはぼくたちの想像など到底及びもしないほどの熾烈な試練だったに違いない。しかも再会できるようになるためには、イエスはその前に、十字架につけられて殺されるという罪人の死を味合わなければならない。ここに描かれている場面は、その前日のことなのである。

イエスは、愛のために天国を去り、愛の内に生まれ、愛の姿となって愛に生き、その愛の生涯を愛を全うすることで愛の生きた見本となり、愛の最高の形式である「兄弟のために命を捨てる」行為を通して愛を完了された、愛の人だった。それによって、罪に汚れた罪人が「愛」そのものであられる神のもとへ招き入れられ、神の愛に直接触れることによって愛を知り、愛に贖われた人生を、愛のために生きることができるようになるためなのである。

弟子たちと暮らした三年半の共同生活の中でも、イエスはやはり愛を説き、愛に生きることによって、愛の見本となり、弟子たちにも同様に互いに愛し合うべきことを教えられた。そして、このヨハネ一三章に見られる衝撃的な「愛の形」は、愛の実践が非常に困難なことに思えるぼくたちにとって、「互いに愛し合う」ことを可能にするために、いったいどんな基盤を持っていなければならないのかを力強く教えてくれている。


「こうして、シモン・ペテロの番になった。すると彼はイエスに、

『主よ、あなたがわたしの足をお洗いになるのですか』

と言った。イエスは彼に答えて言われた、

『わたしのしていることは今あなたにはわからないが、あとでわかるようになるだろう』。

ペテロはイエスに言った、

『わたしの足を決して洗わないでください』。

イエスは彼に答えられた、

『もしわたしがあなたの足を洗わないなら、あなたはわたしとなんの係わりもなくなる』。

シモン・ペテロはイエスに言った、

『主よ、では、足だけではなく、どうぞ、手も頭も』。

イエスは彼に言われた、

『すでにからだを洗った者は、足のほかは洗う必要がない。全身がきれいなのだから。あなたがたはきれいなのだ』。」（ヨハネによる福音書一三：六―一〇）

ここでイエスが言おうとしておられるのは神の賜物のこと、すなわち、イエスを信じることによって神からの許しを得ている人たちは、「すでにからだを洗った者たち」、「全身がきれいな」人たちであるということであって、だから、「足のほかは洗う必要がない」と言っておられるのである。つまり、クリスチャンの「救」ということである。言い換えるなら、生涯で一度でもイエスを信じ、イエスを心と人生に受け入れるなら、その人はその時点で、イエスの贖いによって勝ち取られた永遠の救いを受け継ぐ者となれるのであり、その救いとは、一度いただいてしまったら決して失うことのないものなのである。

しかし、勘違いしてほしくないが、それはあくまでも救いや天国の市民権のような、神が一方的に与えてくださる贈り物のことを指しているのであって、クリスチャンとしての毎日がこの一度限りの行為によって、愛と幸福と喜びに満ちあふれた素晴らしいものに一変してしまうという約束ではない、ということである。

いくらクリスチャンになったとしても、クリスチャンを実証できるような愛を実践していない人だって大勢いる。前にも言ったように、そうした意味では、人間の「愛」の容量というのは非常に微々たるものなので、もし愛に潤った生活を営みたいのであれば、もともと空に近い自分の器の中に、神から愛を注いでいただくためのスペースを意識的に作らなければならない。空っぽの器ほど役に立たないがらくたが詰まっているものだからである。

では、いったいどうしたらイエスが説いておられるような愛を毎日の生活の中で実践できるようになるのだろうか。「自分を愛するようにあなたの隣り人を愛せよ」というイエスのこのいましめは、ぼくたちのような有限人間たちには極めて高いハードルだからである。しかし神に感謝すべきことに、そのハードルを飛び越えるコツを、イエスはこの手本の中で、ぼくたちにわかりやすく教えてくれている。

「こうして彼らの足を洗ってから、上着をつけ、ふたたび席にもどって、彼らに言われた、『わたしがあなたがたにしたことがわかるか。あなたがたはわたしを教師、また主と呼んでいる。そう言うのは正しい。わたしはそのとおりである。しかし、主であり、また教師であるわたしが、あなたがたの足を洗ったからには、あなたがたもまた、互いに足を洗い合うべきである。わたしがあなたがたにしたように、あなたがたもするように、わたしは手本を示したのだ。よくよくあなたがたに言っておく。僕はその主人にまさるものではなく、つかわされた者はつかわした者にまさるものではない』。」(ヨハネによる福音書一三：一二―一六)

「互いに足を洗い合う」、これが愛の土壌である。「愛」という高貴な華は「謙遜」という土壌の中でしか育たない。天地を創造された全知全能の神の御子、宇宙の君であられるイエス・キリストが、人間として過ごされたその短い生涯の最後のセレモニーとして、弟子たちの前に跪かれた時に示してくださった行為に、そのすべてが実に鮮烈に描き出されていた。御存知のように、イスラエルという国は雨が降らなければすぐに地面が乾燥し、降れば降ったで地面は泥濘と化す。そうした土地を、イエスは弟子たちを連れて裸足かサンダル履きで巡回されたのである。

だからこそ、旅人が着いた時には、汚れた足を洗ってもらうために、一家の主人はまずたらいに水をたたえて迎えることをもてなしの第一としたのである。その時の弟子たちの足もさぞかし汚れていたことだろう。

さて、彼らの教師、また主であるイエスは、そうした足を幾つも目の前にして、おもむろに跪き、ためらうこともなく洗い始められる。自らの手で、一人ひとりの汗とほこりにまみれた汚ない足を。それが済むと、今度は自分の手ぬぐいで足を拭ったとある。おそらくは御自身の顔の汗を拭うために使われた手ぬぐいを、弟子たちの足を拭くために。これが文字どおり謙遜の姿でなくて一体何であろう。

そして思い出してほしい。イエスはこの最後の晩餐に至るまで、弟子たちに終始一貫して「愛すること」を最大のいましめとして教え、説き、実証してこられたのである。そして晩餐の席上でも、イエスの最後のメッセージとして、自分が天国に戻ってしまった後でも、弟子たちに「互いに愛し合う」ことを繰り返されるのである。ここに関連がある。重要な結び付きが。つまり、クリスチャンとして互いに愛し合っていけるようになるためには、ぼくたちはまず、この謙遜という徳を身につけなければならない、ということである。「愛」ってカッコイイものだと誰もが思っている。「愛」には確かにそうした美しさと麗しさのイメージがある。

だが、イエスがここで自らのデモンストレーションで力説しておられるのは、「謙遜」さがあって初めて「愛」が実践できるという決定的真実なのである。ここには神の御子、宇宙の君、絶対的な権威と大能を誇る創造主としての威厳や華麗さは見受けられない。だが、ぼくたちの目に、脳裏に、心に焼き付いて絶対に消えることのない救い主の姿が、ここにはある。ぼくたちを救うために人の姿となり、汗とほこりのまみれた人間臭い日常生活の中で、ほとんどの時を貧困と欠乏の状態で過ごし、御自身が救いに来た人たちから逆に処刑され、すべての人に見捨てられて一人淋しく死んでいったイエス・キリストの、人間としての神の姿がある。心の砕けた、謙遜で、憐れみと慈しみとに満ちたイエスの姿がある。

だから今度、「愛せよ」という言葉を聞いたら、「足を洗え」という言葉に置き換えてみたらいい。それが「愛」という言葉を人間の毎日の生活に実践する場合の、正しい意味合いの翻訳語である。ぼくたちははたして「兄弟」の、「隣り人」の、「家族」の、「恋人」の足を洗う謙遜さがあるだろうか。その「謙遜」さがあって初めて、「兄弟」を、「隣り人」を、「家族」を、「恋人」を愛することが可能になるからである。

ではここで、愛の讃歌として非常に有名であり、多くの人々の心に愛の指針となってきた聖パウロによる愛のパッセージ、コリント人への第一の手紙の第一三章を書き添えよう。

「たといわたしが、人々の言葉や御使いたちの言葉を語っても、もし愛がなければ、わたしは、やかましい鐘や騒がしいにょう鉢（シンバル）と同じである。たといまた、わたしに預言をする力があり、あらゆる奥義とあらゆる知識とに通じていても、また、山を移すほどの強い信仰があっても、もし愛がなければ、わたしは無に等しい。たといまた、わたしが自分の全財産を人に施しても、また、自分のからだを焼かれるために渡しても、もし愛がなければ、いっさいは無益である。愛は寛容であり、愛は情深い。また、ねたむことをしない。愛は高ぶらない、誇らない、無作法をしない、自分の利益を求めない、いらだたない、恨みをいだかない。不義を喜ばないで真理を喜ぶ。そして、すべてを忍び、すべてを信じ、すべてを望み、すべてを耐える。

愛はいつまでも絶えることがない。しかし、預言はすたれ、異言はやみ、知識はすたれるであろう。なぜなら、わたしたちの知るところは一部分であり、預言するところも一部分にすぎない。全きものが来る時には、部分的なものはすたれる。

このように、いつまでも存続するものは、信仰と希望と愛と、この三つである。このうちで最も大いなるものは、愛である」(コリント人への第一の手紙一三：一―一〇、一三)

第十六章　幸せ

「幸せですか」、こう聞かれて、「はい、幸せです」、とあなたは躊躇わずに答えられるだろうか。時と場合によっても違うだろうし、気分によっても異なるだろう。それは一足す一は二といったような単純な問題ではないとも思われる。いつも隣りにいるようなのに、いざ手を伸ばして触れようとするとすり抜けてしまい、さあ、やっと追いつめた、虜にするのは今だとばかりにしっかりと捕らえ、二度と手放さないように鍵でもかけておこうとすると、その瞬間にまるで霧のように消滅してしまう。このつかみ所のなく、得体の知れない、「幸せ」という存在がこの章のテーマである。

一口に「幸せ」と言っても、その解釈自体、人や情況によって様々だろうと思うので、取り敢えず「幸せ」という言葉を辞書で引いてみた。するとそこには、「心が満ち足りた状態」と書かれていた。この定義によると、「幸せ」とは、単に肉体的に満たされた状態とか、五感で触知できるものとかを飛び越えた次元にある何かを言い表しているようである。だから、今お腹がいっぱいで幸せです、とか、ぐっすり眠れたので幸福感に浸っています、というだけでは、この「幸せ」の定義を満たせないわけである。

「幸せ」という言葉は、目的地とか終着駅を指し示すものではなく、旅そのもの、あるいは旅の仕方、歩き方、生き方、つまり毎日の生活モードであると言った人がいる。これは真理だと思う。一生、幸せを求め、探求し続けても、その旅の果てに、その人が幸せを発見する、または幸せになれるという保証はない。もし今自分が置かれている状態や環境の中に「幸せ」を見つけられないならば、たとえ目的地や終着駅に到達したとしても「幸せ」になれるかどうかは疑わしいからである。こんな話がある。

「昔、とある東の国を治める王様がいた。愛する妃や子供たち、忠実で愛情深い家令らに囲まれて、それは素晴らしい環境の中で毎日を過ごしていた。先代から受け継いだ立派な城は緑深い森の中に建ち、水晶のように輝く小川が近くを流れていた。この地方は資源にも恵まれ、農耕はもちろんのこと、金銀宝石類も多く発掘されていた。王は家令らにそうした地の産物を商いさせ、忠実な家令らの英知ある働きによって王国全体が繁栄を極めていた。

はたから見れば何の不自由もなく、あらゆる恵みを贅沢なまでに享楽し、すべてにおいて満ち足りた生活をしていたはずなのに、王は幸せではなかった。ダイヤモンドがその不幸せの原因だった。その地方で唯一発掘できなかった宝石がダイヤモンドだったのである。商売のためだけではなく、自分でも宝石類を収集することに最大の喜びを見出していた王にとって、自分の領地で唯一発掘できなかったダイヤモンドはまさに人生からすべての喜びを奪い去ってしまうに十分な不足だった。他の人が羨むありとあらゆる物を所有しているのに、自分が唯一持っていない物にそれほども心を奪われ、自らを悲劇の主人公ででもあるかのように哀れんでいたのである。」

実体のあるドーナツ部分にではなく中心部の穴に目を留め、その穴の大きさのゆえに何か自分が損をしているかのように思い込んで、ドーナツをゴミ箱に放り込んでしまう人に似ている。

エデンの園のアダムとイヴを思い起こさせる。あの時、主なる神は二人にこう言ったのだった、「あなたは園のどの木からも心のままに取って食べてよろしい。しかし善悪を知る木からは取って食べてはならない」

エデンの園がどれくらいの広大な敷地だったのか知る術もないが、ありとあらゆる種類の果物の木々や植物が生い茂るそれは美しい楽園だったはずである。考えてもみてほしい。何百、ひょっとしたら何千もの種類の果物を毎日心のままに取って食べることができたのに、二人はその楽園で唯一禁じられていた果物に喜びと幸せを奪い取られてしまった。数え切れないほどの恵みと祝福を存分に楽しみながら天国の日々を過ごすのではなく、たった一つの、自分たちが味わえない禁断の木の実のことで、心を曇らせていたわけである。

アダムとイヴは、禁断の実に「幸せ」があると思い込み、すでに「幸せ」を毎日与えてくれていた他のすべての物を投げ出してしまうことになる。そしてこの二人のように、物語の王も、悩み抜いた挙げ句、結局は完璧に近かった恵みと祝福の地を捨てて旅に出ることになる。「幸せ」を見つけに。「幸せ」になるために。

「ところが、自分に幸せをもたらしてくれるはずの、完璧な大きさと輝きを持つダイヤを、王はどこにも見つけることはできなかった。どのダイヤを見ても何かが欠けていたのである。幸せという最終目的地には結局たどり着くことはできなかった。王はこうして何年もの流浪の旅の後で帰途に着くことになる。疲れた足を引き摺るようにして歩く王の心は空しさでいっぱいだった。けれども、失意と挫折に打ちひしがれて帰還した王は、あれほども見飽きたと思っていた森や城、そこに息づく様々な動物、見慣れた人々の顔に、大きな変化を見つけることになる。旅に出る前はすべてが輝きを失い、どんよりと曇り、よどんでいたはずなのに、今はすべてが黄金色の光沢をはなっている。そして王は思う、『ひょっとしたら、理想のダイヤモンドを見つけていたとしても、小石や切り株、木々からこぼれる陽光、小川のせせらぎ、明るく自分を迎えてくれる人々の顔、鳥や動物、咲き茂る草花、いたる所に息づく生命の証し、今自分の目が見ているこの一つひとつにも優る輝きはなかったのではないか』と。

以前にはあれほども大切に思えたものが、今ではすっかり色褪せてしまい、以前にはあれほども軽んじていたものが突如、豊かな色彩と輝きを持つことになる、この違いはいったい何なのか。王は失われていた喜びを取り戻しながら思いをはせる。「幸せ」とはいったい何だったのかと。そして気がつくのである。幸せとは何処かに行って見つけるものではなく、自分の置かれたその場所でなれる心の状態なのだと。

数日後、王は森の小道を探索し、かつては気付くことさえなかった様々の美をそこに見つけることになる。そして靴を脱ぎ捨て、ちょうど子供の頃よくそうしたように、裸足で小川の中に入って行った。石を取り除けると、そこにも生命があふれている。手のひらですくって飲む水のなんとうまいことか。すると何かが水の中で太陽の光を反射して輝いた。王はかがんでその光の出所を捜す。そしてそこに見つけたものは、そう、ダイヤモンドだった。これさえ手に入れれば自分はきっと幸せを極められるのにと思い込み、地の果てまで捜し求めて結局は見つけられないまま戻ってきた、大粒の眩いばかりの光を放つダイヤが、なんと自分の足元にあったのである。」

誰もが幸せになりたいはずだ。でも、「幸せ」が目指すべきゴールとか目的地とかいったものではないのなら、ぼくたちが幸せになるための条件っていったい何なのだろうと思う。手を伸ばせば簡単に掴めるくらい、ごく身近にいつもあるはずのものなのに、実はそうではなく、あまりにも「身近」にあって、必要ならいつでも簡単に手に入ると思い込んでしまっているので、かえってその誤った安心感のゆえに、普段は手入れするのを忘れてしまっている日常必需品のような「幸せ」、ぼくたちはこれをいったいどうやって捕らえたらいいのだろう。曖昧な状態に放置されているものは、そのまま有耶無耶にしてしまわずに、しっかりと見据えて、手に触れ、実体のあるものとして扱うべきだろう。

さあ、この「幸せ」というテーマを、聖書と照らし合わせて今一緒に考えてみることにしよう。

人が「幸せ」であることを妨げるものの親分格として、聖書は「恐れ」を挙げている。この「恐れ」というやつもまた、肉体的な状態や五感で感じられるものを越えた領域から人の心を支配しようとする厄介な存在である。辞書で見ると、「怖がること、心配すること、悪いことを予感して懸念すること」とある。具体的に言うなら、過去の失敗や不手際を悔やんだり、将来起こると予感されるものを心配したり、不安がったりすることである。この過去への悔恨と将来に対する不安とについて聖書はこう言っている、

「すなわち、後のものを忘れ、前のものに向かってからだを伸ばしつつ、目標を目指して走り」(ピリピ人への手紙三：一三、一四)、「あすのことを思いわずらうな。あすのことは、あす自身が思いわずらうであろう。一日の苦労は、その日一日だけで十分である」(マタイによる福音書六：三四)

ここに一つの興味深い事実が浮かび上がってくる。つまり、「恐れ」を構成しているものの大部分は、物質的なものでも実体のあるものでもなく、決して事実として裏付けられる証拠で裏打ちされたものではない、という事実である。未来に対する懸念にしても、過去への悔恨にしても、現在形で表現できて、しかもしっかりと把握できるものではなく、人の心という精神的な、聖書の言葉を借りるなら霊的な領域に作用してくるものだからである。だから、ちょっと月並みな言葉になってしまうかもしれないが、「幸せ」にしても「恐れ」にしても、要は心の持ち方次第ということなのではないか。

イエスは有名な黄金律の中で、人が生活の中で抱える問題を実に簡潔に指摘され、その対応策までも与えられている。

「それだから、あなたがたに言っておく。何を食べようか、何を飲もうかと、自分の命のことで思いわずらい、何を着ようかと自分のからだのことで思いわずらうな。命は食物にまさり、からだは着物にまさるではないか。空の鳥を見るがよい。まくことも、刈ることもせず、倉に取り入れることもしない。それだのに、あなたがたの天の父は彼らを養っていて下さる。あなたがたは彼らよりも、はるかにすぐれた者ではないか。あなたがたのうち、だれが思いわずらったからとて、自分の寿命をわずかでも延ばすことができようか。また、なぜ、着物のことで思いわずらうのか。野の花がどうして育っているか、考えてみるがよい。働きもせず、紡ぎもしない。しかし、あなたがたに言うが、栄華をきわめた時のソロモンでさえ、この花の一つほどにも着飾ってはいなかった。きょうは生えていて、あすは炉に投げ入れられる野の草でさえ、神はこのように装ってくださるのなら、あなたがたに、それ以上よくしてくださらないはずがあろうか。ああ、信仰の薄い者たちよ。だから、何を食べようか、何を飲もうか、あるいは何を着ようかと言って思いわずらうな。あなたがたの天の父は、これらのものが、ことごとくあなたがたに必要であることをご存じである。まず神の国と神の義とを求めなさい。そうすれば、これらのものは、すべて添えて与えられるであろう。だから、あすのことを思いわずらうな。あすのことは、あす自身が思いわずらうであろう。一日の苦労は、その日一日だけで十分である」（マタイによる福音書六：二五―三四）

この章句には人が人生で抱える種々の悩み、煩い、不安、懸念、恐れなどが集約されていて、イエスはそれらに対して驚くべきほど単純で明快な解決策を与えてくださっている。はたしてそれは何だろうか。まずは神への信仰である。神がおられること、神が愛であること、そして宇宙全体のバランスを保ちながら神がすべての命あるものを司っておられること、そして何よりも、この動物界の中でぼくたち人間こそが神に最も寵愛されている存在であることを信じる信仰である。

この黄金律でイエスが語られている言葉は、神と人との間の架け橋となる基本的な決まり事、つまり、神の存在、神の人に対する愛、神の全知全能の力とか、人をこの地上に置いてくださったことで神がぼくたちに意図された全体的な計画とかが解っていると、稲妻が頭に落ちてつま先から抜け出るような衝撃で、突如、意味を成す。

信仰の眼鏡をかけて自然界を見てもらいたい。この地球という惑星で生命を営むあらゆる種類の有機物は、無機物を含めた地球という特別な環境の中で、互いにバランスを取り合いながら何千年にも及ぶ毎日を継続的に生きている。この場合、顕微鏡の使用はお勧めしない。大自然のその生命の営みはあまりにも膨大過ぎるし、かつ複雑難解を極めているので、観察するだけでも気が遠くなってしまうが、それはもちろん神の領域であって、神の仕事なので、ぼくたちが無きに等しい知恵と力とを絞り出して必死に取り組む必要はない。そのことを神に感謝しよう。

ただここで強調したいのは、ぼくたち人間が積極的に関与しなくても、神は何の問題もなく宇宙の大体系をスムースに運営することができるということなのだ。ぼくたちはそうした神の能力を信じ、それを信頼し、あとはただリラックスして、神から与えられているこの素晴らしい人生を満喫すればいいのである。そこに「幸せ」の秘訣が隠されているような気がしないだろうか。

地球の温暖化とか、人口過剰とか、廃棄物・排気ガス、様々な汚染、こうした問題がニュースのヘッドラインとなって久しいが、ぼくたちに出来ること、ぼくたちがすべきであることをすることで、そうした問題に取り組む姿勢は大事なのだが、自分たちの力をあまりにも買いかぶってしまうと思わぬ落とし穴に陥ってしまうことになる。だから人間の能力を越えてしまっていることに対しては、やはり神を信頼して、神に処理していただく方がはるかに賢いのではないだろうか。

天地創造このかた、宇宙を競い走る無数の星は人間の力を借りずとも各々の軌道を正確に守っているし、太陽が膨張し過ぎたり燃え尽きてしまったりすることもない。惑星たちは相変わらず同じコースを同じ速度で回り続けているし、ある日突然、北斗七星の柄の部分がもげたままで空に昇ったこともない。北極星はいつだって同じ北方に見つけられるし、身近な月だってウサギとか石鹸とか運動靴とかの夢をのせて、地球とのバランスを保ちながら満ち欠けを繰り返している。海も海で定められた境界線を守り、陸地を水で覆ってしまうことはないし、地震や台風、竜巻や干ばつなどの「天災」にしても、地球を破滅させてしまうほどの桁はずれたスケールで災害をもたらしたことはない。

このように、地球が神の愛の手によって、実に驚異的に、実に繊細に、そのバランスを保たれていることがわかるなら、ぼくたち自身の必要について神を信じることがもう少し容易になるのではないだろうか。衣食住の必要など、人間が何十億いても、神にとっては屁でもないのである。

聖書によれば、「幸せ」とは心の状態であって、持ち物の多い少ないにはあまり関係がない。イエスは、「**たといたくさんの物を持っていても、人のいのちは、持ち物にはよらない**」（ルカによる福音書一二：一五）と言われた。
「幸せ」とは、自分の手の内に持つことのできる所有物のようなものではなく、心の中に携えている精神的なものだということになる。もし道すがら発見できないのであれば、おそらくは終点に来ても発見することはないかもしれない。有名な「青い鳥」の物語のように、「幸せを捜しに旅に出る」という形式は成り立たない。また、「僕はどうしても幸せになれない」とか、「私は不幸の星の下に生まれついているの」という「ロミオとジュリエット」的な悲観論も足元がぐらついている。聖書が説く「幸せ」を掴むコツによれば、持ち物の多い少ないという条件だけではなく、個々の置かれている状態をも超越して、その可能であることを強調しているからである。勿論、家庭環境も、健康状態も、当然、貧富の違いも、育ちの差も、大きくは民族的なものも、先祖から伝来されてきたものも、そのいっさいを一まとめにして、「人の幸せとはあまり関係がない」としているからである。

人間的な尺度から見ると、社会には差別、身分の相違、特権の有無があまりにも有り過ぎて、同じ人間なのに何故、という疑問に思わず首をかしげてしまう。そうした「不公平」な境遇にあっては、ある人が幸福になり、ある人が幸福になれないとしても不思議はないではないか、ということになってしまう。この辺のところを皆さんはどう思うだろうか。生まれつき病弱で、内向的で、これといって秀でたところもない人はそれなりの人生を送り、健康に恵まれ、運動神経も発達し、それゆえに外向的な人は脚光を浴びた人生を送る、といった具合に。容姿にしてもまた然りである。男ならまだしも、この問題は女性にしたらかなり決定的だと思っている人も多いのではないだろうか。器量が良く、時代の波にうまく乗ってしまうような容姿風貌をもって生まれた娘なら、スタートの時点で何百ものハンディを他に与えてしまっているわけだし、それに加えて、美声で、しかも歌が上手で、芸術的にも月並みならぬものがあるというのであれば、そんなカテゴリーに属さない大多数の凡人にしてみれば、こんな不公平で理不尽なものはないし、初めからほぼ勝敗が決まってしまっている試合に出場するようなもので、なんともやるせない心境になってしまったとしても、はたして責めることができるだろうか。五十キロのやせっぽちが、百三十キロの巨漢を倒すなんて、よっぽどの奇跡でも起きない限り無理な話だ。

しかし、ぼくもあなたも知っているように、奇跡は確かに起こるのである。

プラス思考とかマイナス思考ということが色々と取り上げられるようになって久しいが、クリスチャンであるぼくにとっても、このポイントは、自分が持っているはずの信仰をしばしば根底から揺り動かし、時には覆すような問題を提起してきた。二つの全く異なる視点がこの同一の問題に対する結論を大きく左右してしまう。神の視点から見るか、人の視点から見るかで、同じ絵が全く違う印象を与える。

人はよく自分自身やその置かれている環境、それに属する条件を他の人のそれと比べ、その結果、幸せになったり不幸せになったりする。人が人を見て比べ合う場合の思考ポイントと、神が人を見る場合の思考ポイントには、水平思考と垂直思考との間の違いがある。人はほぼ同じようなレベルから互いに比較し合って甲乙をつけたり、相違や順序を決定したりするが、神は天からすべての人を見下ろしておられる。当たり前のようだが、高層ビルから眼下の大通りを歩く人々を見るなら、大通りにいて、そのレベルから比較できるものがほとんど比較できなくなってしまうことに気付く。神の公平さはそのようなもので、神が人を見られる時、その人の身長とか体重とか、身なりとか居る場所とか、人が大事に思うものをほとんど例外なく無視される。神が関心をもって見られるのは、一人ひとりの人が広大な神の御心の中にいるかどうかという、大雑把で、しかも基本的な枠組を通してである。

人間的な視点や社会一般から受け入れられている常識的な考え方によると、もつれは解けるどころか、何時の間にか全体像がすっかり歪んでしまい、気付かない内に混乱状態に陥ってしまう。「人生ゲーム」というゲームボードの上で、さいころの目の数に操られて右往左往するとき、ぼくはいつも思い切って「振り出し」に戻り、神と聖書という原点に立ち返り、この人生ゲームの作成者である神と、ゲームを進んで行く上で知らなければならない基本的なルールをおさらいして、しっかりと据えられた基盤の上に立って物事を見るようにする。浮遊しているもの、移り変わるもの、取り止めも無く動くものを基準にしていては、測定の度に異なる数値が出てしまうのは目に見えている。人間同士の比較でも、何か絶対的なものを基準に置いて測定しているのであれば、そこに与えられる数値にはかなりの信頼が置ける。しかし、絶対的なもの無しに測定しようとするなら、対象とするものや人、諸々の条件、数値などによって、相対値にはかなりの違いが生じてしまうはずである。

クリスチャンの偉人の中にファニー・クロスビーという女性がいる。彼女は九十五という年齢で天に召されるまでに、八千を越す聖歌を書き残したことで知られる世界的な詩人・作家である。普通なら、この「偉大さ」には人間的、環境的、遺伝的、特権的な要素が大いに係わっていたのだと、誰もが決め付けてしまうだろう。しかし、この偉人にはその幼年期にある大きなハンディがあった。大病を患い、高熱のために視力を失い、その後の一生を光のない、暗闇の中で暮さなければならなかったのである。

しかし、幸いなことにファニー・クロスビーには敬神的な祖母がいた。視力を失ったばかりで動揺していた孫娘に聖書を読んで聞かせ、そこから彼女の信仰が芽生えることになる。盲目であることに不平を鳴らし、投げやりになって、目の前に置かれていた人生というレースを棄権してしまうのは、彼女にとってはあまりにも簡単に出来ることだった。「不幸」な星の下に生まれつき、「哀れで」、「惨めな」存在であって、どんなにもがいてみたところで、この「不幸」な境遇には封印が押されてしまっているのだと、自分だけではなく、周りのすべての人に言い聞かせて納得させるだけの理由があったのだから。

しかしファニー・クロスビーはその境遇の中に絶対的な存在を発見し、この一見して不幸な状況を敢えて歓迎し、その中に、その境遇にしか見つけられないような宝石を発見しようとしたのである。ファニー・クロスビーは祖母から読んでもらう聖書の言葉を一生懸命に暗記した。心の中に暗記する神の言葉の一つひとつが、彼女の人生の錨となって、嵐にも潮の満ち引きにも動じることのない基盤を与えた。詩篇や箴言の大部分、その他の聖書の個所を幾つも彼女は暗記したと言われている。

そんなファニーが八歳の時に書いた詩にこんなのがある。

「私ほど幸せな子がいるのでしょうか。

もちろん、この目は見えないけれど、
私はいつも幸せと一緒に歩いていたい。
他の人たちと比べたって、
幸せの数では絶対に負けない、
だから泣かない、たとえ目が見えなくたって。
目の見えない幸せを、私は見つけるんだもの」

ファニー・クロスビーは、盲目であることの祝福をまたこのように表現している。「自分が盲目で幸せだと思っている理由の一つとして、私はこのことを挙げたい。それは、私が天国に召されて新しい目、光、視力を受け取る時に、その新しい目で最初に見る顔が、最愛のイエスの顔だということです」。

ヘレン・ケラーはこう言った、「束縛という人生の中にも美と喜びは見出せる。万物には驚嘆すべき何かが息づいているからです。暗闇や沈黙にさえ、それは言えると思います。私だって、時には孤独感に苛まれ、すべての扉が目の前で重く閉ざされているように感じることもあります。でも、そんな時だって、扉の向こうにはやはり光が、音楽が、人々の幸せな交わりや語らいがあるのです。自分はそこには入れない、そんな思いに誘われるとき、私は自らを忘れることにより、神と喜びを見出すように努めます。美しくあるためには、偉大でなくても構わないのですから。華麗な百合の花にだって、野に咲く名も無き可憐な花にだって、神から授かった美しさがあるのです。」

きっとヘレン・ケラーは、神を知るその絶大なる知識の中に自らの「不幸」を埋め、あらゆるものを復活させる神の力により神の美をもって舞い上がったからこそ、人の観点から見るなら「不幸」だとも言える人生を、栄光と偉大さ、そして決して剥げ落ちることのない真の美しさをもって満喫し、その生き様により彼女よりもずっと「幸せな」、あるいは「不幸な」人々に「幸せの鍵」を手渡すことができたのだと思う。

言い換えるなら、生まれつき備えられ、与えられ、渡されているものの中に、神の御心を発見し、「もしこれが神からの授かりものであるならば、この人生を生きる上で不足はない」とする信仰の決断によって、使徒パウロと共にぼくたちもまた、「わたしは、どんな境遇にあっても、足ることを学んだ。わたしは貧に処する道を知っており、富におる道も知っている。わたしは、飽くことにも飢えることにも、富むことにも乏しいことにも、ありとあらゆる境遇に処する秘訣を心得ているからである」と言うことができる。これこそが幸せの鍵、幸せでいる秘訣ではないだろうか。

この言葉が使徒パウロの口から発せられたものであることには重大な意味合いがある。パウロがクリスチャンになってから味わった試練、苦しみ、迫害、欠乏のリストはコリント人への第二の手紙の一一章に延々と続いているが、彼の持つ信仰こそが、自分の置かれている立場や境遇を他と比較して不満を持つのではなく、人との比較を飛び越えて神の域に届かせしめたものだったのである。

オーケストラの中にあって、たとえ大太鼓やピアノ、チェロやトロンボーンになれなくても、小さなピッコロを忠実にこなすなら、神の交響曲を作り出す重要な役割を果たすことができる。第一バイオリンに選ばれなくても、表面からは消えてしまうが陰からそれをサポートする、無くてはならない第二バイオリンを務めることに幸せを極めることができるはずだ。

あの有名な指揮者マイケル・コスターについて、こんな話がある。

あるコンサートのための練習で指揮者マイケル・コスターが指揮棒を振るっているとき、オーケストラの一員であるピッコロ奏者は失意と落胆とを味わっていた。他と比較して自分の役割があまりにもちっぽけで、取るに足らないように思えたからである。楽器の中でも最小の部類であるピッコロを手に持ち、しかも自分に与えられている演奏箇所はたったの二小節に過ぎない。自分なんかいなくたって、誰もその違いに気付く者なんかいやしない。そうだ、演奏しているふりをして、実は吹くのを止めておこう、ピッコロ奏者はそう心に決め、その計画を実行した。自分の受け持ちの二小節はあっという間に過ぎ去り、オーケストラの仲間ははたして誰も気付くことはなかった。か、のように、ピッコロ奏者には思われた。ところが、次の瞬間に指揮者マイケル・コスターは指揮棒を投げ捨て、オーケストラ全員に演奏を中止させ、こう怒鳴ったのである、「ピッコロはどうした。」

ぼくたちも、もし自分がピッコロだと思うなら、ピッコロとして生まれてきた事実を受け入れ、それを自覚し、自分の生い立ちや生まれつきの才能の有無、置かれた状態や境遇をマイナス思考で否定的に考えるのではなく、ピッコロ以外のものに憧れず、自分を卑下することもせず、ただピッコロにしか果たせない役割を一生懸命に成し遂げることで日々を完全燃焼し、たった一度の人生なのだから、目いっぱい、悔いの残らないように生き抜くべきだと思う。そのとき、ぼくたちは神の御心と真に調和するのであり、神がそもそもぼくたちをこの地上に置いてくださった目的と使命とを全うして、真の幸せを掴むことができるのである。

ぼくたちの脇には、そのとき、忠実な旅の伴侶として「幸せ」が寄り添ってくれているはずだ。

第十七章　堕天使ルシファー

今回は少し趣きを変えてゲストに悪魔氏を招いている。

彼は独占欲が強く、しかも高慢で、人の上に立つことを好み、皆の脚光を浴びることをこよなく愛している。しかし、その行動パターンはきわめて巧妙かつ老獪で、世界中に張り巡らされた彼独自のネットワークを駆使して多方面に影響を及ぼしている。どちらかと言うと舞台裏にとどまっていることが多いので、お目にかかることは滅多にないのだが、政治、経済、教育、通信、メディア、その他ありとあらゆる分野に深く関与し、陰から糸を操ってはあらゆるものを支配し、その一方で汚い仕事、目立つ仕事は、彼を崇拝する忠実な手下どもに委任するという、とにかく一筋縄ではいかない存在である。悪魔という言葉は誰もが知っているが、悪魔が誰であって、どんな性格の持ち主なのか、普段どんなことをして、何を楽しみに毎日を暮しているのか、そのへんのところはあまりにも漠然としている。

悪魔というだけで、陰険、巧妙、不吉、邪悪、冷血、といった雰囲気に包み込まれてしまうみたいなので、彼をゲストに招いて人目に晒すことさえ、ひょっとしたらしてはいけないことなのかもしれないが、実際、彼が存在することは間違いないし、然るべき手段を講じて、然るべき手続きを踏み、然るべき場所に出向いていくならば、彼に会うこともできるし、事実、会うだけではなく親しく付き合っている人も大勢いるので、今回は思い切ってこの「禁断のテーマ」を取り上げることにした。ただ姿が見えないからといって、彼は決して無視できる存在ではないからである。

悪魔氏から名刺を頂いているので、ちょっとご紹介しよう。彼には名前が幾つかあって、それらを巧みに使い分けている。悪魔やサタンというのはあまりにも有名だが、ルシファーというのが本名である。聖書のイザヤ書の一四章には、このルシファーに関して、あるショッキングな事実が記載されている。日本語の聖書には「黎明の子、明けの明星」という名で語り掛けられているが、原典に最も忠実な翻訳であるとして世界的に権威のある英語の欽定訳聖書を開くと、そこには彼の名がはっきりとルシファーと記されている。創世記には「へび」として、また黙示録では「龍」として紹介されている。

「この巨大な龍、すなわち、悪魔とか、サタンとか呼ばれ、全世界を惑わす年を経たへびは、地に投げ落とされ、その使いたちも、もろともに投げ落とされた」（黙示録一二：九）

「さて、主なる神が造られた野の生き物のうちで、へびが最も狡猾であった」という書き出しで始まる創世記三章は、エデンの園で悪魔がアダムとイヴをたぶらかす場面としてあまりにも有名である。ここで悪魔はへびと呼ばれている。「へび」という言葉を耳にすると、ぼくたちの頭には自動的に、あのくねくねとした、気味悪い、動物界の嫌われ者としての「へび」の姿が浮かんでくるが、ここで留意してほしいのは、「へび」は必ずしもそのような姿をしてはいなかったということである。先入観というのは物事の真相を突き止める上でかなりの障害になる。

創世記三章を見ると、アダムとイヴは何の警戒心もなくへびと会話をしていることがわかる。これは、聖書の他の部分に記載されている悪魔の容姿の描写と一致する。もしへびが今世界中に存在する、ぼくたちが蛇として知っているような容姿をしていたなら、蛇からこのようにアプローチされた場合、誰だって警戒するはずだからである。しかしその時のアプローチは、裁判官の前で被告人をさらに深く罪に陥れようとする、老獪な検事のやり口に似ていた。

「へびは女に言った、

『園にあるどの木からも取って食べるなと、ほんとうに神が言われたのですか』。

女はへびに言った、

『わたしたちは園の木の実を食べることは許されていますが、ただ園の中央にある木の実については、これを取って食べるな、これに触れるな、死んではいけないからと、神は言われました』。

へびは女に言った、

『あなたがたは決して死ぬことはないでしょう。それを食べると、あなたがたの目が開け、神のよう

に善悪を知る者となることを、神は知っておられるのです』。」（創世記三：一―五）

神が最初にアダムとイヴをエデンの園に置かれて、園の管理を託されたとき、神はこの二人にはこう告げられた。

「あなたは園のどの木からでも心のままに取って食べてよろしい。しかし善悪を知る木からは取って食べてはならない。それを取って食べると、きっと死ぬであろう」（創世記二：一六、一七）

エデンの園がどれくらいの敷地だったのか、今となっては、ぼくたちにはただ想像することしかできないが、「エデンの園の中央には命の木と、善悪を知る木があり、ひとつの川がエデンから流れ出て園を潤し、そこから分かれて四つの川となり」といった描写からすると、十分に広大な敷地だったのであろう。また、「主なる神は、見て美しく、食べるに良いすべての木を土からはえさせ」というくだりは、神がアダムとイヴを創造されたとき、この二人には美しいもの、麗しいものを見分けるセンスが授けられていたことを示している。ここからも、へびが醜悪な容姿で二人の前に現れたのではないことがわかるし（エゼキエル書二八章参照）、事の成り行きから見ると、アダムとイヴとこのへびとは初対面ではなかったことがうかがえる。また、エデンの園に生い茂る木々が実らせる実や果物の種類は豊富で、味も良く、そこが文字どおりの楽園だったということに間違いはなさそうだ。では、二人とへびの会話をもう少し間近から見てみよう。

神は、この広大な「エデンの園に育つどの木からも心のままに取って食べてよろしい」と言われたのだった。何百何千とある木々から二人は思いのままに、一日に何回でも食べたいときに取って食べることができたのであり、毎回違った実を食べてもおそらくは一年かけても同じ実を食べなくてもいいほどの豊かなバラエティーが、エデンの園にはあったのだろう。ところが、へびはその事実と神の言葉を歪めて、「園にあるどの木からも取って食べるなと、ほんとうに神が言われたのですか」と問い掛けてくる。

こういう言い方をされると、何となく神というのは意地悪な方で、食べてはいけない実を結ぶ木々をエデンの園のあちこちに生やしておられたような印象を受ける。ぼくたちに罰を与えるのが何よりも最高の趣味であるかのように、周囲に様々な誘惑の罠を仕掛けておきながら、背後には常に鞭を隠し持ち、ぼくたちが誘惑に陥るのを今か今かと待ち受けていて、罪を犯すやいなや厳しい鞭を振りかざす、という、愛の神とは似ても似つかぬイメージを否が応でも受けてしまう。が、へびに対するイヴの答えは、アダムとイヴに対する神の指示や言葉がいかに明確であったかを示している。教訓は、イヴがしてしまったように、このような形で悪魔の言葉に耳を傾け始めると、目の前には気づかぬ内に幾つもの扉が自動的に開かれてしまっていることになる。「欲」という名の札がかかった扉が。

「女がそれを見ると、それは食べるに良く、目には美しく、賢くなるには好ましいと思われたから、その実を取って食べ、また共にいた夫にも与えたので、彼も食べた」（創世記三：六）

興味深いことに、聖ヨハネは書簡のひとつでこのようなことを述べている。

「すべて世にあるもの、すなわち、肉の欲、目の欲、持ち物の誇りは、父から出たものではなく、世から出たものである。世と世の欲とは過ぎ去る。しかし、神の御旨を行なう者は、永遠にながらえる」

（ヨハネの第一の手紙二：一六、一七）

創世記のこのくだりは、悪魔の性格を実に良く描写している。だが残念ながら、この出来事以来、この悪魔の性格はぼくたち人間にも確実に受け継がれていて、神との健全な関係を築こうとするときに大きな障害となってぼくたちの前に立ちふさがってきた。神よりもむしろ自分自身を正とし、神の言葉よりも人の言い伝えや定説を信じ、神に従うのではなく自分自身の気の向くまま赴くままに事を行なう「欲」である。そして、悪魔は狡猾にも自分の中にある「神のごとき者になりたい」という欲望を、まず人の心の中に反映させて、その欲望を実行に移すという愚行の共犯者を作り出してしまう。自分が堕ちるのなら出来るだけ多くの「道連れ」を、という利己的で邪悪な悪魔の性格の一面である。

このように創世記の第三章にはすでに悪魔が出現して、神の聖なるエデンの園でかなりの幅をきかせている。その後、歴史を一貫して悪魔は主に舞台裏から人間の歩みに大きな影響を及ぼしてきた。物理界がはっきりと証明しているように、光のあるところには必ず影がある。そして神のおられるところには悪魔もその醜い頭をのぞかせようとする。神の御心があるなら、その周囲には御心を妨げようとする悪魔の策略があるのであり、神の善には必ず悪魔の邪が何らかの形で暗い影を投げかけている。霊界の構造もまたこれに良く似ている。神の世界には、神を筆頭として御子イエス・キリスト、母なる聖霊があって、その下に天使長以下もろもろの善良な天使たちがいるように、サタンの世界にも、ルシファーを筆頭に様々な権威を持つ悪の使いや悪鬼どもが存在するのである。

出来ることなら、ピリピ人への手紙の中でパウロが勧めているように、「すべて真実なこと、すべて尊ぶべきこと、すべて正しいこと、すべて純真なこと、すべて愛すべきこと、すべてほまれあること、また徳といわれるもの、称賛に値するものがあれば、それらのものに心をとめ」（ピリピ人への手紙四：八）、こうした邪悪な世界や彼らの策略には無知でありたいと思う。

だがしかし、その同じ神の言葉がぼくたちに、「そうするのは、サタンに欺かれることのないためである。わたしたちは、彼の策略を知らないわけではない」（コリント人への第二の手紙二：一一）と諭している。目をつぶって見ないふりをしていれば、きっと通り過ぎてしまうはずだと、いくら自分に言い聞かせたとしても、それはなんの解決にもならない。何か手を打つ必要がある。あえてグッドニュースを告げさせていただくなら、それは、聖書の最初の二章と最後の二章には悪魔がいないということである。聖書を創世記から黙示録までひとつの歴史として見るならば、万物の初めである創世記の書き出しからは神の基本的な構想や計画がある程度読み取れるし、歴史の大きな句切である黙示録の巻末には「終わり良ければ、すべて良し」という確かなメッセージが織り込まれている。

次に悪魔の肩書きだが、悪魔はもともとは神の天使長の一人、神の光を携える者、多くの天使たちを従えるリーダーだった。しかし彼は神の右腕、光を携える者、神に使える者であることに満足せず、神のごとき者、神自身、あるいは神を超えた存在になることを望んだのだった。そのとき、まるで巻き物が解かれるように、サタンの堕落の物語が展開されていくのである。

「黎明の子、明けの明星よ、あなたは天から落ちてしまった。(How art thou fallen from heaven, O Lucifer, son of the morning!) もろもろの国を倒した者よ、あなたは切られて地に倒れてしまった。あなたはさきに心のうちに言った、

『わたしは天にのぼり、わたしの王座を高く神の星の上におき、北の果てなる集会の山に座し、雲のいただきにのぼり、いと高き者のようになろう。』

しかし、あなたは黄泉に落とされ、穴の奥底に入れられる……」(イザヤ書一四：一二―一五)

神への反逆を企てるために、彼に従うことを望んだ天の使いたちと作戦会議を持ち、自らの願望を実現させようとしたわけである。

「主なる神はこう言われる、

『あなたは知恵に満ち、美のきわみである完全な印である。あなたは神の園エデンにあって、もろもろの宝石が、あなたをおおっていた。すなわち、赤めのう、黄玉、青玉、貴かんらん石、緑柱石、縞めのう、サファイヤ、ざくろ石、エメラルド。そしてあなたの象眼も彫刻も金でなされた。これらは

あなたの造られた日に、あなたのために備えられた。わたしはあなたを油そそがれた守護のケルブと一緒に置いた。あなたは神の聖なる山にいて、火の石の間を歩いた。あなたは造られた日から、あなたの中に悪が見出された日までは、そのおこないが完全であった……それゆえ、わたしはあなたを神の山から汚れたものとして投げ出し、守護のケルブはあなたを火の石の間から追い出した。あなたは自分の美しさのために心高ぶり、その輝きのために自分の知恵を汚したゆえに、わたしはあなたを地に投げ打ち、王たちの前に置いて見せ物とした』。」

（エゼキエル書二八：一二—一七）

サタンにとって光と色彩は非常に重要であるとされている。白黒の、光なき、闇の王となっても、そこには栄光も威厳も権威もない。事実、ルシファーは天国やエデンの園にあって、神の右腕として神の光を携え、神の光に係わるすべての仕事に従事していたのであり、彼の名ルシファーとは文字通り、「光」を意味している。彼はしかも様々の宝石をもって創られていたので、彼が神のために神の光の中で働くとき、神の光は彼の身体を形成する宝石を透り、色彩豊かな、それは見事な光のプリズムとなったのである。

しかし、その中に悪が見出されたその日、サタンは天から追放され、地上に落とされることになる。それ以来、ルシファーは地上の王、地を治める神であることを求め、それを許されている。宇宙の王にはなれなかったが、地の王であることに甘んじている。この部分をほとんどの人は理解していない。

「しかし、驚くには及ばない。サタンも光の天使に擬装するのだから。」(コリント人への第二の手紙一一：一四)

神とか悪魔とか、天使とか霊とかと言うと、たちまち現実離れした、空想上の存在でしかない、宗教的狂人者によるでっち上げとして、非科学的なものの典型とされてしまう。しかしながら、この大宇宙が存在するように、神も確かに存在する。神の子イエスも、ぼくやあなたが今こうして存在している以上に、現実的な存在である。また神の言である聖書と、この書に登場する人物や物語はすべて紛れもない真実であって、それゆえに、悪魔やサタンの使いたち、悪霊や鬼神といったものも確かに実在するのである。

信じようが信じまいが、サタンはあらゆる悪の最高責任者としての肩書きをもって、彼に任せられている領域であるこの地上に君臨している。聖書の隅々にその事実は読み取ることができる。では、その裏付けを新約聖書の福音書から取ってみよう。

時は今から約二千年前、舞台は現在のイスラエルのガリラヤという地方であって、イエス・キリストが年およそ三十の頃、自分が神から遣わされた神の御子であることをいよいよ公けに証しを始める直前のことである。

「さて、イエスは御霊によって荒野に導かれた。悪魔に試みられるためである。そして、四十日四十

夜、断食をし、そののち空腹になられた」（マタイによる福音書四：一、二）

というくだりで始まるこの章は、悪魔がこの地上で、ぼくたち人間を対象に、どんな権威と役割を神から与えられているかを理解する上で非常に重要な部分だと言える。

神を愛し、喜びをもって神に仕えるのではなく、むしろ自ら高ぶって神のごとき者になり、願わくは神に取って代わる存在になりたいと望むことによって、天国における自分の地位や役割を放棄し、神の素晴らしい世界から追放されて地に投げ落とされた悪魔は、それ以来いったい何をしてきたのだろうか。イエスとのこうした一連のやり取りが記載されているこの章は、この興味深い主題をはっきりと描き出している。

「次に悪魔は、イエスを非常に高い山に連れて行き、この世のすべての国々とその栄華とを見せて、言った、『これらの国々の権威と栄華とをみんな、あなたにあげましょう。それらはわたしに任せられていて、だれでも好きな人にあげてよいのですから。それで、もしあなたがわたしの前にひざまずくなら、これを全部あなたにあげましょう』。

イエスは答えて言われた、

『主なるあなたの神を拝し、ただ神にのみ仕えよ、と書いてある』。」（マタイによる福音書四：一―一一、ルカによる福音書四：一―一三）

今、カメラをこの地上からズームアウトして全体像を見てみよう。地上の主権は確かに悪魔に与えられてはいるが、全宇宙を含むあらゆる領域は、神が、御子イエス・キリストと天国に属するすべての善良な天使らと共に、愛と義をもって統治されている。そして聖書の預言によれば、まもなく事態は正しい状態に復され、地上の主権も神のもとに奪還されることになる。ぼくたちの目は、聖書の中の、いまだ成就されていない終末に関する預言の成就を目撃するようになる。この時代は、その意味でも、極めて重要なのである。すべての預言者や神の人たちが夢に見た胸躍らせる時代に、ぼくたちは生命を授かっている。この時代は、サタンにとっては、彼の地上での支配の時代の終焉を意味する運命の時代でもある。

もちろん、サタンも「自分の時が短いのを知って」(黙示録一二：一二) いる。しかし、闇は決して光を消せないように、悪魔も神に打ち勝つことはできない。イエス・キリストがあの十字架の上でぼくたちから罪を取り除き、しかもその復活を通して死を克服する力をもぼくたちに授けてくださっているからである。あなたは、どちらの側に立って、この地上最後の善と悪の戦いを見るだろうか。また、光と闇が火花を散らしてぶつかり合う時、あなたは、神と悪魔のどちらに加勢するだろうか。

「それでは、これらの事について、なんと言おうか。もし、神がわたしたちの味方であるなら、だれがわたしたちに敵し得ようか。だれが、神の選ばれた者たちを訴えるのか。神は彼らを義とされるのである。だれが、キリストの愛からわたしたちを離れさせるのか。……わたしは確信する。死も生も、天使も支配者も、現在のものも将来のものも、力あるものも、高いものも深いものも、その他どんな被造物も、わたしたちの主キリスト・イエスにおける神の愛から、わたしたちを引き離すことはできないのである」(ローマ人への手紙八：三一―三九)

第十八章　アンデレ

この世の中には確かに様々な差や違いが存在する。動物界にも、自然界にも、また人間社会にも、寸分違うところのない全く同一の物など一つも存在しない。色にしたって、同系統の色彩の中にも微妙な色合いの違いがあるし、明度や周囲の配色によっても一つの色に曖昧な違いが出てくる。これは神の創造の驚異である。神と人間の間の相違の最も大きなものの一つは、創造能力の違いであるとも言える。何かを大量に生産する場合、人間はオートメーションの画一的な生産ラインに乗せて同一のものを作ることは出来る。が、しかし、同一種類の極めて似通った物に、一つひとつ個性を与え、独特の特徴を持たせて創造するのは、神の専門分野である。

たとえば、ぼくたち人間である。天地創造このかた、この長い歴史の中で、生を受けた人の数がはたしてどれだけあったのか、考えただけでも気が遠くなる。この場合、ぼくたち人間をこの地上にもたらしてくださったのは、創造主なる神であるとぼくは確信している。反対意見を持っておられる人もいるだろうが、生憎このページはぼくの独壇場なので、その特権を利用して、人間を創造されたのが神であるとの認識に基づいて話を進めていくことにする。これまでこの地上に存在した人間の数は文字通り天文学的なものになってしまうが、普段は全く無視されているショッキングな事実をここに挙げよう。

人間というものは、まあ、犬でも猫でも同じなのだが、基本的には同じ容姿をしている。頭があって、首で体とつながり、手足があって、それぞれに指を持つ。頭には目と耳と鼻、そして口のついた顔というものが前面にあって、かなりの部分が髪の毛で覆われている。しかし、である。こんなに限られた作業場で、基本的にはほぼ同一の物を使用しなければならないのに、全く同じ顔をした人間などかつて一人だに存在したことがないのである。こんな事からも、神があなたを、そう、今これを読んでくださっているあなたを、いかに特別に、ユニークに創造してくださったかがわかっていただけるであろう。

すなわち、世界広しと言えども、人類の歴史長きと言えども、あなたという個人はかつて一人だに存在したことがないのであり、当然今後も現れることはない。あなたという個人は、大量生産された何千何万もの同一のパッケージの一つではなく、進化の過程の中で「偶然」生じた事故的な存在でもなく、神御自身の聖なる手のわざなのであって、あなたという個人が創造された時には、複雑かつ深遠なる計画と共に、細心の注意と思いがこめられていたのである。これがわかると、聖書が教える愛の神が、ちょうどぼくたちの肉親のような存在に変わる。仮に存在していたとしても、かなり疎遠な方だと思っていた神が、突如、ひょっとしたら肉親以上の親密な存在となる。こうした関係を作り出すことが、聖書を理解する第一歩なのである。

イエスには十二人の弟子がいた。ちょっとでも聖書をかじったことがあるなら、それはほぼ常識に近いだろうが、そんなあなたははたしてその十二人の名をすべて挙げることができるだろうか。ペテロ、ヨハネ、ヤコブ、アンデレ、マタイ、ユダ、そのへんまではよどみなく出てくると思うが、そのあたりでスピードが急速に低下してしまう。まだ半分しか言えてないのに、とやや焦りながら、必死の思いでピリポとトマスの名を絞り出す。その後は「かたつむり」ペースである。あれっ、ひょっとしたら、ヤコブというのがもう一人いたかもしれない。そこでまた詰まってしまう。まだ九人で、あと三人もいる。

結局、ギブアップして、聖書を取り出し調べてみることにする。そして、「あーっ、そうだった」と言って、タダイ、熱心党のシモン、バルトロマイがいたことに気づくのである。

「十二使徒の名は、次のとおりである。まずペテロと呼ばれたシモンとその兄弟アンデレ、それからゼベダイのヤコブとその兄弟ヨハネ、ピリポとバルトロマイ、トマスと取税人マタイ、アルパヨの子ヤコブとタダイ、熱心党のシモンとイスカリオテのユダ、このユダはイエスを裏切った者である」（マタイによる福音書一〇：二―四）

イエスのことを知らない人、あるいは聞いたことのない人は、世界広しといえどもまずいないと思う。十二弟子の存在にしても同様である。だが、こんなにも重要な十二人なのに、そこにはやはりこの知名度の違いや差があるという、非常に興味深い事実に思わずはっとする。

この十二使徒たちは、イエス自身によって手ずから選び出され、三十三年というイエスの短い生涯の最後の三年半をイエスと寝起きを共にしながら、直接にイエスの宣教活動をお手伝いするという素晴らしい特権に預かった人たちである。人間としてこの世に生まれ、ある日イエスと出会い、その出会いの中で神を再発見し、「信仰を持つこと」、「神のために生きること」といった人間としての命題を、この三年半という期間をイエスと共有することによって、イエス自身の一挙一動から直接に学び、そして何よりも、肉の衣をまとった神の姿をイエスの内に見ることのできたその祝福は、クリスチャンであるならば誰だってうらやましいと思うはずである。つまり、十二弟子というのはそれほどの「特権集団」なのである。映画に喩えるなら、彼らは主役であるイエスを固める準主役・脇役であり、歴代の偉大なクリスチャンたちも全体のストーリーラインを形成する役者たちである。

だが、ぼくたちはどうなのか。どうにか映画製作には辛うじて関わってはいるが、一人だけでスクリーンに登場することは全く有り得ないし、台詞すら与えられていない。いわゆるエキストラの一人で、人込みの中にはっきりとそれと判るように顔など写ろうものなら御の字で、大半は自分の「晴姿」が自分だけに認知できる形でスクリーンにちらっと登場するような、名もない存在に過ぎない。中には舞台裏の作業にあたるだけで日の光も脚光も浴びることなく、ただ神のみに覚えられて、忘却の彼方に消え去ってしまう人だって大勢いる。それではこれは何なのか。あまりにも不公平ではないか。

というのが、この章の主題である。この感情はどんなレベルにもある。では、十二弟子の話に戻ろう。

今回のゲストはあの有名なシモン・ペテロの兄弟アンデレである。お気づきになっただろうか。「シモン・ペテロの兄弟アンデレである」。福音書にアンデレという名が登場する時には必ずといっていいほど、彼の名はシモン・ペテロの兄弟として紹介されている。ただのアンデレだけでは、「誰その人」という反応が返ってくるだけなのである。同じ十二弟子の一人でありながら、また同時に兄弟でありながら、一方は、「ああ、あのペテロね」という反応。なのにもう一人は、「えっ、アンデレって」となってしまうのである。

「その翌日、ヨハネはまたふたりの弟子と一緒に立っていたが、イエスが歩いておられるのに目をとめて言った、

『見よ、神の小羊』。

そのふたりの弟子は、ヨハネがそう言うのを聞いて、イエスについて行った。ヨハネから聞いて、イエスについて行ったふたりのうちの一人は、『シモン・ペテロの兄弟アンデレ』であった。彼はまず自分の兄弟シモンに出会って言った、

『わたしたちはメシヤ（訳せば、キリスト）にいま出会った。』

そしてシモンをイエスのもとにつれてきた」（ヨハネによる福音書一：三五—四二）

ここに登場するヨハネは、バプテスマのヨハネのことである。彼はイエスが公けに対する宣教を始める半年ほど前に、ヨルダンの荒野から現れて、悔い改めを宣べ伝え、人々の心をイエスの出現に備えさせた人である。これを見ると、シモン・ペテロの兄弟アンデレは、イエスの弟子になる前にこのヨハネの弟子として活動していたことがわかる。ここは、聖書の中でもぼくの大好きな箇所のひとつで、ヨハネのイエスに対する献身の深さを感じさせてくれる。

旧約聖書がマラキ書を最後に裏表紙を綴じ、神がもはや預言者の口を通して人々に語ることを止められて三百年という歳月が経過したこの時代に、突如、ヨルダンの荒野に姿を現して、来るべきキリストなるイエスが、まもなく天国の福音を携えて来られると宣伝し始めたのが、このバプテスマのヨハネだった。聖書はこのことを、「**すると、エルサレムとユダヤ全土とヨルダン付近一帯の人々がぞくぞくとヨハネのところに出てきて、自分の罪を告白し、ヨルダン川でヨハネからバプテスマを受けた**」(マタイによる福音書三：一―一二) と描写している。

勿論、ヨハネのメッセージはイエスのそれと比較したら、段違いに厳しく荒っぽいものだったわけだが、それでもやはり相当数の人々の心を勝ち取ったに違いない。そしてこのシモン・ペテロの兄弟アンデレも漁師という職業を捨てて、ヨハネに従っていた。このようにある程度、人気を得、人々からも先生などと呼ばれてもてはやされるようになると、どんな人でも自分の持っているものに固執してしまいがちであるが、ヨハネはこの一時的な人気によって思い上がってしまうことなく、自分の本来の仕事はイエスのために道を備えることであることを念頭に置きつつ、正しい観点から潮時を感じ取った。そして自分に仕えていた弟子たちの目をイエスに向けさせ、自分の学校から卒業させ、イエスの弟子となるべく送り出したのである。ヨハネのそんな人格を描写している箇所がある。「(皆の者がヨハネを離れて、イエスのもとに出掛けているとの知らせを自分の弟子たちから聞いて)、ヨハネは答えた、

『人は天から与えられなければ、何ものも受けることはできない。わたしはキリストではなく、そのかたよりも先につかわされた者である、と言ったことをあかししてくれるのは、あなたがた自身である。花嫁をもつ者は花婿である。花婿の友人は立って彼の声を聞き、その声を聞いて大いに喜ぶ。こうして、この喜びはわたしに満ち足りている。彼は必ず栄え、わたしは衰える』。」(ヨハネによる福音書三:二二―三六)

なんという謙虚な態度、なんと非利己的な言葉だろうか。花婿なるイエスのもとに、花嫁によって象徴されている人々が注目し、集まって行くとき、その友人は心からの祝福を送り、今まで自分に留められていた人々の視線を花婿に向けさせ、自分本来の役割を再確認させている。こうした思いをぼくたちも心の中に反映させることができるなら、それこそクリスチャンの性格そのものなのである。

ヨハネの役割は、ぼくたちのそれと似通っている。互いにイエス・キリストを宣べ、決して自分たちにではなく、イエスのもとに人々を指し向けること、自分勝手な教えで自分たちの弟子を作り、増やしていくのではなく、自分自身が視界から消え去ることによって、イエスという木に実が生じるようにすること、それがぼくたちに課せられている務めである。「彼は必ず栄え、わたしは衰える」、そ

う、ぼくたちはイエスの木が育つための肥やしであれば、それを喜びとすべきなのである。

さて、アンデレに戻ろう。

「イエスは目をあげ、大勢の群集が自分の方に集まって来るのを見て、ピリポに言われた、『どこからパンを買ってきて、この人々に食べさせようか』。これはピリポをためそうとして言われたのであって、ご自分ではしようとすることをよくご承知であった。すると、ピリポはイエスに答えた、『二百デナリのパンがあっても、めいめいが少しずついただくにも足りますまい』。弟子のひとり、シモン・ペテロの兄弟アンデレがイエスに言った、『ここに、大麦のパン五つと、さかな二匹とを持っている子供がいます。しかし、こんなに大勢の人では、それが何になりましょう』。イエスは、『人々をすわらせなさい』と言われた。そこにすわった男の数は五千人ほどであった」（ヨハネによる福音書六：一一—一四）

イエスは偉大な教師だった。では、いったいイエスのどんなところが、彼をして偉大だといわせるのだろう。右に記載した章句を注意して見てほしい。男の数だけで五千人とされているのだから、女・子供を合わせればおそらくは一万を越す人数だったに違いない。この群集を相手にイエスは宣教するわけである。しかも場所は町中ではなく山地だった。この状況を、特に食事とか宿とかの必要性を全く無視してイエスが宣教していたとは考えられない。「ご自分ではしようとすることをよくご承知であった」と書いてあるとおりである。だとすれば、イエスはなぜにピリポにこう問われたのだろう。

どこかの大学教授のように、一時間半か二時間の授業時間の間、ひたすらに講義し、黒板に物を書き付けるだけでも、生徒に教えることは可能である。だが、生徒がもっと良く学べる状況とは、教授の方からどんどん質問を出し、生徒を講義そのものの中に引き摺り込み、傍観、あるいは傾聴するだけではなく、講義の内容を当面の問題に応用させる方法を考えさせ、出来るなら「自分たちの回答」を出すまでに導くような授業をすることである。

そこでピリポは懸命になって考える。そして現実的な観察に基づいた、実に現実的な数学的回答を出す。「二百デナリのパンがあっても、めいめいが少しずついただくにも足りますまい」と。デナリとは当時イスラエルで使用されていた貨幣単位で、労働者の日収がだいたい一デナリだったとされる。一万の人にパンを買って食べさすのだとすれば、まずは妥当な計算であるが、ここは町から遠い場所で、もちろんパン屋などあろうはずもない。

しかし、ここにピリポとイエスのやり取りをそばで聞いていたアンデレが登場してくる。その役割は決して重要な脇役としてのそれではなく、その台詞も決して気の利いたものであるとは言えない。だがこのアンデレは、ピリポとは違った角度から、すなわち、これまでのイエスとの生活の中で教え込まれてきた「奇跡」という線を、前面に押し出してくるのである。もちろん、すべての人をあっと言わせるような名回答ではない。どこか間の抜けた、何か自信のなさを感じさせられる台詞である。

「ここに、大麦のパン五つと、さかな二匹とを持っている子供がいます。しかし、こんなに大勢の人では、それが何になりましょう。」

ところが、およそ一万人に給食を提供するという大いなる奇跡はこの台詞の直後に起きる。そしてわれらの愛するアンデレが、人間の不可能と神の大能との間に橋を架け、人間の需要と神の供給とを連結して、神の無限の供給能力を証明する導火線となったのである。確信に欠け、人間的なもろさを丸出しにしたこのアンデレの言動は、例のごとく、人間の弱さやもろさの中にその偉大なる力を現される神の御心に適い、聖書に記されている中でも特筆に値する奇跡を演出することになる。これは励まし以外の何物でもない。これこそ時代を通じて神が働いてこられたお決まりのパターンである。信仰の大きさに関係なく、また演じなければならない役割の大小にも関係なく、とにかく自分に出来ることをやってしまい、その他の自分には到底出来るわけのない残りの仕事をすべて神に委ねてしまうとき、神は待ってましたとばかりにその状況に介入し、不可能を可能に変え、無秩序の中から理路整然とした回答を引き出し、歴史的大悲劇を歴史的一大勝利にしてしまわれるのである。

「そこで、イエスはパンを取り、感謝してから、すわっている人々に分け与え、また、さかなをも同様にして、彼らの望むだけ分け与えられた。人々が十分に食べたのち、イエスは弟子たちに言われた、『少しでも無駄にならないように、パンくずのあまりを集めなさい』。そこで彼らが集めると、五つの大麦のパンを食べて残ったパンくずは、十二のかごにいっぱいになった」（ヨハネによる福音書六：一一—一四）

ここにもまた偉大な教師としてのイエスの片鱗がうかがえる。神やイエスにとっては、こんな奇跡もたいした事ではない。が、しかし、人間として限られた供給源の中で生活しているとき、ぼくたちはやはり節約すること、無駄を省くこと、神から与えられる物を大事に扱うことを学ぶべきなのである。

「小事に忠実な人は、大事にも忠実である。そして、小事に不忠実な人は大事にも不忠実である」（ルカによる福音書一六：一〇）

「祭で礼拝するために上ってきた人々のうちに、数人のギリシャ人がいた。彼らはピリポのところにきて、君よ、イエスにお目にかかりたいのですが、と言って頼んだ。ピリポはアンデレのところに行ってそのことを話し、アンデレとピリポは、イエスのもとに行って伝えた」（ヨハネによる福音書一二：二〇―二二）

ここにもアンデレの名前が出てくる。この短い文章に、あなたは何を見るだろう。ぼくはここに、アンデレという弟子のもう一つの目立たない人格を見る。前々から疑問に思っていたのは、こうしてギリシャ人にアプローチされたとき、ピリポがいったいどうしてペテロやヨハネではなく、アンデレのところに行ったのか、ということである。

テレビなどでよく有名人がインタビューされている場面を見ることがあるが、例えば、ほんの一年前にプロになったばかりのルーキーが、有名になり、もてはやされるにつれて、かつての新人らしい謙虚な態度を失い、鷹揚な態度で取材する人たちをあしらっているという場面である。一年足らずの間に、一個の人格にいったい何が起こってしまったのか。でも、自分が小さく、未熟で、取るに足らず、不完全であるのを知っている人は、どの世界でも近づきやすいというところがある。名もない人特有の、他の人を思いやる気配りがあるからである。ピリポがペテロにでも、ヨハネにでもなく、アンデレのところに相談に行ったのは、きっとアンデレのそういう性格のためだったと、ぼくは思うのである。こんな人がクリスチャンの理想ではないかという気がする。人々がいつでも気軽に近づいて行けるということ、これは大事な資質である。

アンデレが必ずしも機転の利いた、素晴らしい答えを常に提供してくれたかどうかは非常に疑わしい。けれども、彼には人が簡単に近づいて行くことのできる気安さがあった。忙しいから後にしてくれ、と邪険に扱われる心配のない、そっと暖かく包み込んでくれるような寛容さが。悩みを打ち明けるとき、その悩みを解決してくれる、あっと言うような答えなどなくても、ただ肩に手をかけてハンカチをそっと差し出してくれるような優しさがあったのではないだろうか。ペテロやヨハネ、パウロといった華々しい、才気に満ちたパーソナリティーも確かに魅力ではある。でも現実は、平凡でパッとしたところのないアンデレ的人間が大部分ではないのだろうか。だったら、たとえ目立たなくても、人間としての価値が真に問われるこんな部分に、ぼくたちはもっと磨きをかけるべきではないのだろうか。

マタイによる福音書の第二五章で、イエスは天国についてこんな譬話をしている。

「また天国は、ある人が旅に出るとき、その僕どもを呼んで、自分の財産を預けるようなものである」（二五：一四）

イエスは、人となってぼくたちの間に住まわれたとき、ご自分がずっとこの地上におられるのではないことは、よくご承知だった。最大の目的は勿論、十字架にかかってぼくたちの罪のために死なれることだったのだが、この譬話にあるように、ご自分が天国に戻ってしまった後でも、その教えが伝播されていくように、イエスは十二弟子を選び出して、共に暮した三年半の間、彼らを徹底的に訓練し、イエスがその場でいちいち指導されなくても弟子たちの手でキリスト教が広められていくように意図されたのである。

「すなわち、それぞれの能力に応じて、ある者には五タラント、ある者には二タラント、ある者には一タラントを与えて、旅に出た」

弟子たちの中にも確かに才能の差があった。このタラントという貨幣の単位にはまた「才能」という意味もある。そう言われてみると、ペテロやヨハネ、パウロといったいわゆるリーダー的存在の弟子たちは確かに他よりも多くの「才能」に恵まれていた。それに引き換え、十二弟子の中にはリストに名前が載っているだけで、弟子として何をしたのか全くわからない者さえいる。アンデレなど、ペテロという偉大なる兄弟の七光りを浴びていただけの存在であったとしても、福音書の数箇所に彼のした幾つかの事が記録されているので、まだ増しである。

でも、これを聞いてあなたはどう感じるだろうか。ここでぼくが引き合いに出しているのは弟子たちのことなので、ある程度は客観的に見ることが出来るかもしれないが、これを自分に当てはめたとき、あなたはこの譬話をどう受け取るだろう。才能、性格、容姿といったものから生まれついた環境や生い立ち、家族構成などを、神が振り分けてくださったものとして素直に受け入れることができるだろうか。貧しくとも、心優しい両親や家族に恵まれているのなら、たとえ華々しい才能や能力、人を引き付けるような魅力的人格を持っていなくても、充実した幸せな人生を送ることができるかもしれない。だが、そうした基本的な事にもハンディがあったとしたら。そのとき、あなたは神を呪い、自分に「与えられたもの」を腫れ物のように扱ってしまうだろうか。

結局この譬話では、五タラントを渡された者と二タラント渡された者とは二人とも、自分たちに与えられたものを賢く投資して、主人の戻って来られるときにそれぞれ二倍の額にして差し出すことになる。当然のごとく、この二人は主人から報酬を受け取るのだが、聖書は二人の受け取る報酬が同額だったと記している。

「良い忠実な僕よ、よくやった。あなたはわずかなものに忠実であったから、多くのものを管理させよう。主人と一緒に喜んでくれ」

二人は、この同じ誉め言葉をいただき、同額の報酬を受け取る。渡された額も、主人に返済したときの額も全然違うのに、報酬は同じなのである。ここで主が言おうとしておられるのは、受け取ったものの差とか、それを使って儲けた金額とか、生まれつきの才能を用いて成し遂げた業績とかの違いをどうのこうのするのではなく、与えられたものを人がどのように活かして用い、それらにどれくらい忠実であるかが大事なのだということである。その証拠に、この譬話の中の一タラントしか渡されなかった者は、自分が受け取ったものを他の人の受け取ったものと比較して、その少なさにふてくされ、主人を恨み、自分の人生や事業を投げ出してしまったのである。

「しかし、一タラントを渡された者は、行って地を掘り、主人の金を隠しておいた」

当然、この人は主人から報酬を与えられることはない。

この譬話は、噛み締めてみると、なかなか味わいがあるではないか。神はぼくたちの創造主であるので、ぼくたちが創られた様を誰よりもよくご存知であり、その先見の明に照らし合わせてぼくたちに才能を振り分けてくださっている。だから当然、ぼくたちがどのように生きるべきであり、どうすれば最高に充実した人生を送ることができるかをご存知なのである。「幸せ」に関する話の中でも取り上げたが、「幸せ」とは目指して進むべきゴールに立って初めて掴めるものではなく、自分自身をあるがままに受け入れ、与えられているものを、たとえそれが何であれ、満喫することにある。そして、才能も多いなりに、それを任されている人には、それなりの悩みがあることを他の人たちは理解しない。

例えば、十二弟子の中でもペテロ、ヨハネ、ヤコブの三人はイエス御自身がリーダーとして選出された「特権ある」弟子たちだった。当然、福音書にはこの三人の言動があちこちに記録されている。(マタイによる福音書一七：一―九：二六：三六、三七：マルコによる福音書五：三五―三七参照)

思い出してほしいが、弟子たちとの共同生活の中でイエスが第一に掲げておられた目標とは、御自身が天国に戻られた後でキリスト教を彼らの手によってどう広めて行くかということだった。だから当然、リーダー格として選出されたこの三人には多くの期待がかかっていた。「特権」ということで比較し合うなら、彼らは確かに恵まれていたと言える。でも、そのために彼らがどんな代価を支払わなければならなかったかを知ると、ぼくたちはそこに神の公平を見るのである。

ペテロなどはその典型で、彼の失策、愚かな発言、思い上がった行動、さらには彼が主を否むことまでもが克明に記録されてしまっている。キリストを「栄えさせる」ために、いくらぼくたちは「衰える」べきであったとしても、幾世代もの人々に自分の失態を繰り返し繰り返し読まれるという「代価」を支払うことを快く思う人がいるだろうか。ヨハネとヤコブにしても同様である。イエスという光に近くあればあるほど、土くれに過ぎないぼくたちは、ぼくたちの実態をその光で暴露されてしまうのである。あなたはそれでもリーダーになりたいと望むだろうか。それとも、シモン・ペテロの兄弟アンデレのように、たとえ与えられているものは少なく思えても、それを受け入れ、満足し、その少ない才能を一生懸命に用いることに最善を尽くすことで、神の御心を実行することを望むだろうか。勿論、あなたがリーダーとなるべく生まれついてしまっているなら、それもまた御心として受け入れ、それに満足し、その人生を生きなければならないのであるが。

ヘレン・ケラーは、三重苦を神からの賜物として受け入れることを学んだとき、その人生を、無価値で呪われたものから全人類への希望の光と祝福に変えることができた。三重苦を呪うあまり、投げやりの惨めな人生を送ることだって可能だったのに、いったい何が彼女を変えたのだろうか。あなたはその答えを知っている。

マイラ・ブルックス・ウェルチは車椅子の詩人として知られている。女流詩人として成功を修めた彼女は、あるとき雑誌の取材で、「あなたは生涯、詩人として生活してこられたわけですが、人生の中であなたを成功に導く祝福となったものに、いったいどんなものがありますか」と尋ねられた。彼女は理由を説明しながら幾つかの物事を挙げたが、最後にこう付け加えたそうである、

「そして最後に一つだけ、絶対に忘れてはならないものがあります。それは、この車椅子です」

考えてみると、マイラ・ブルックス・ウェルチという人が詩人として認められるようになったのは、彼女の人生が「暗転」し、車椅子での生活を強いられるようになってからだった。それ以前にも詩人ではあったのだが、彼女の詩に真のインスピレーションを与えたのは、彼女が車椅子を神からの賜物として受け入れた時だったからである。

第十九章　終末（パート2）

これから百年も二百年も先のことではなく、ましてや何千年も遠い未来のことではなく、十年か十五年後の世界がどのようになっているかを知りたくないだろうか。西暦二〇〇〇年という新ミレニアムに突入した人類は、二十一世紀を迎え、これを踏み台としてさらに飛躍し続けていくのだろうか。それとも、多くの人が懸念しているような困難と破局の時代へ足を踏み入れてしまったのだろうか。

この「預言」ということについては、本書の中でも何回か取り上げたことがあるので、聖書が預言で満載されていること、またそうした預言の大半はすでに成就していること、しかもその信憑性は一般に認められている世界史と対応させても実証済みであることは、すでにご存知のことと思う。

今、「大半」と言わせてもらったが、それは、聖書にはいまだ成就を待ち続けている預言が残されているからである。ぼくたちが今生きているこの時代が、いわゆる「終末」であるとするならば、いまだ成就されていないこれらの預言はこの時代の近未来を反映しているものだということになる。

「終末」に関して聖書が預言する最も重要な出来事のひとつに「イエス・キリストの再臨」がある。

「そのとき、人の子（イエス・キリスト）のしるしが天に現れ、ちょうど、いなずまが東から西にひらめき渡るように、力と大いなる栄光とをもって、人の子が天の雲に乗って来るのを、人々は見るであろう」（マタイによる福音書二四：三〇、二七）

今ぼくは聖書が真であり、ゆえに聖書の預言が確実であるという前提のもとに語っている。この「前提」という言葉は、聖書が神の言葉であると堅く信じる人たちにはほとんど冒涜のような言葉であるが、逆に聖書をまだ信じていない人、懐疑的に、ある程度の距離をおいて傍観している人、関心や興味を持ち始めたばかりの人に語りかけるには必要なアプローチだと思う。ある一連の出来事を証明するには、その実証の基盤、柱となるようなものをまず最初に前提として打ち立てて、その前提に積み重ねるようにして自分の主張するものを実証していくことが時として必要だからである。

聖書によれば、人類の歴史の最終期にイエス・キリストの再臨が起こることになっている。つまり、今からおよそ二千年前に、幼な子として母マリアから生まれ、人として地上に来られ、ぼくたちの罪のために十字架に架けられ、死後三日目に復活されたイエス・キリストが、今度は神の御子、宇宙の王子としての本来の姿で、もう一度地上に来られるという意味である。聖書にはさらに、イエス・キリストの再臨の前に絶対に起こらなければならない一連の出来事が明確にされている。この章ではぼくたちが今立っているこの時点からイエス・キリストの再臨までの、(ぼく自身の個人的な見解と確信では)「短い」期間に成就することになっている、起こらなければならない出来事、現れなければならない人物らの預言をまとめてみた。

聖書の中のダニエル書、ゼカリヤ書、マタイを初めとする四つの福音書、黙示録、またテサロニケ人への手紙に代表されるパウロの書簡には、キリストの来臨に先立って、反キリストと呼ばれる一人の独裁者によって統治される世界統一政府が台頭するようになる、と語られている。この「反キリスト」が実際に世界を統一し、独裁者として世に君臨する期間は、聖書によれば七年間である。そしてイエス・キリストの再臨はこの七年間の統治の直後に起こることになっている。正確には、イエス・キリストの来臨が彼の統治に終止符を打つことになる。だから、単純に計算しても、イエス・キリストの再臨は「反キリスト」の七年間の統治があるまでは起こらないことになる。

次の問題は、現在ぼくたちが立っているこの時点から反キリストの七年の統治が始まるまでの期間がどれくらいあるかという点である。この七年間については本書の第六章の「終末」で取り上げているので参照していただきたいが、仮に今のこの時代が聖書に繰り返し預言されている「終末」であって、この反キリストなる人物が今、世界の何処かに存在し、劇的なデビューのために舞台裏で着実に準備を進めているとするなら、現在の世界が、すなわち諸政府をはじめ産業界や博識者階級、さらにぼくたち一般社会が、反キリストと彼の提唱する統一世界政府を認め受け入れるのに、あとどれくらいの時間がかかるのだろうか。

それでは聖書に制定されている時間表にしたがって、今ぼくたちの立っている時点から反キリストの出現、七年間の統治、そしてイエス・キリストの再臨に至るまでの、物事の大まかな推移を見てみよう。

マタイによる福音書の二四章には、イエスの再臨の直前に世界がいったいどのような状態になっているかがイエス自身の言葉で予告されている。

「イエスがオリブ山ですわっておられると、弟子たちが、ひそかにみもとに来て言った、『どうぞお話しください。いつ、そんなことが起こるのでしょうか。あなたがまたおいでになる時や、世の終わりには、どんな前兆がありますか。』」

（イエスは常日頃、世の終わりに御自身が再び地上に戻って来られることを弟子たちに告げていた。弟子たちはそれがいつ起こるのかをイエスに尋ねている。）

「そこでイエスは答えて言われた、『人に惑わされないように気をつけなさい。多くの者がわたしを名のって現れ、自分がキリストだと言って、多くの人を惑わすであろう。』」

（世の終わりは不信仰の時代になると言われているが、同時に多くの人々は色々な宗教の中に救いや道を求めるようになる。ただ、偽宗教が氾濫するので人々は惑わされるようになる。これが今成就していることは説明する必要もない。）

「主なる神は言われる、

『見よ、わたしがききんをこの国に送る日が来る、それはパンのききんではない、水にかわくのでもない、主の言葉を聞くことのききんである。彼らは海から海へさまよい歩き、主の言葉を求めて、こなたかなたへはせまわる、しかし、これを得ないであろう』。」（アモス書八：一一）

「また、戦争と戦争のうわさを聞くであろう。注意していなさい。あわててはいけない。それは起こらねばならないが、まだ終わりではない。民は民に、国は国に敵対して立ち上がるであろう。またあちこちに、ききんが起こり、また地震があるであろう。しかし、すべてこれらは産みの苦しみの初めである。」

（二つの世界大戦、数多くの民族間の闘争、ききんや地震の頻発に関してもここに説明する必要はないと思う。イエスはこうした徴しを「産みの苦しみの初め」と言われた。反キリストがもたらす本格的な苦しみと比べたら、その前奏曲となるこれらの災いは軽い痛みということか。）

「また多くのにせ預言者が起こって、多くの人を惑わすであろう。また不法がはびこるので多くの人の愛が冷えるであろう。

そして、この御国の福音は、すべての民に対してあかしをするために、全世界に宣べ伝えられるであろう。そしてそれから最後が来るのである。預言者ダニエルによって言われた荒らす憎むべき者が、聖なる場所に立つのを見たならば、その時には、世の初めから現在に至るまで、かつてなく今後もないような大きな艱難が起こる」（マタイによる福音書二四章）

こう言ってからイエスは、御自身の再臨がその艱難期の終わりにあること、また具体的にどのようにそれが起こるかを、弟子たちに説明される。もう一度、カメラをズームアウトして、終わりの時に起こる出来事の全体像を見てみると、今ぼくたちのいる時代にはイエスがマタイの福音書の二四章で語っておられるような戦争や内戦などの人災、そしてききんや地震、台風などの自然災害が頻発しているはずであり、そうした世界規模の災害と並行して政治的、経済的、宗教的、倫理的問題がエスカレートしていって、ついにこの反キリストと呼ばれる世界的リーダーが世界の諸問題の多くを「奇跡的に」解決し、世界の大半を統一するようになる。そしてその世界統一の主要手段として、前に勉強したことのある「七年の契約」が結ばれるのである。（第六章終末参照）

「彼（反キリスト）は一週（七年）の間、多くの者と堅く契約を結ぶ。そして彼はその週の半ばに（三年半の後）、犠牲と供え物とを廃するようになる。また荒らす憎むべき者の翼に乗って来るであろう。こうして、ついにその定まった終わりが、その荒らす憎むべき者の上に注がれる」（ダニエル書九：二七）

この反キリストがどのような人物で、いったいどのように世界を掌握するようになるのか、ここに聖書から幾つかの箇所を挙げてみたい。

「終わりの時になると、ひとりの王が起こる。その顔は猛悪で、彼はなぞを解き、その勢力は盛んであって、恐ろしい破壊をなし、そのなすところ成功して、有力な人々と、聖徒である民を滅ぼすようになる。彼は悪知恵をもって、偽りをその手におこない遂げ、みずから心に高ぶり、不意に多くの人を打ち滅ぼし、また君の君たる者（イエス・キリスト）に敵するであろう。この王は、その心のままに事をおこない、すべての神を超えて、自分を高くし、自分を大いにし、神々の神たる者にむかって、驚くべきことを語り、憤りのやむ時まで栄えるであろう。彼はその先祖の神を顧みず、また婦人の好む者も、いかなる神をも顧みない。すべてにまさって、自分を大いなる者とするからである。彼はこれらの者の代わりに、要害の神をあがめ、金、銀、宝石、および宝物をもって、その先祖たちの知らなかった神をあがめ、異邦の神の助けによって、最も強固な城にむかって、事をなすであろう。そして彼を認める者には、栄誉を増し与え、これに多くの人を治めさせ、賞与として土地を分け与えるのである」（ダニエル書八、九、一一章）

「だれがどんな事をしても、それにだまされてはならない。まず背教のことが起こり、不法の者、すなわち、滅びの子が現れるに違いない。彼は、すべて神と呼ばれたり、拝まれたりするものに反抗し

て立ち上がり、自ら神の宮に座して、自分は神だと宣言する」（テサロニケ第二の手紙二：三、四）

この反キリストが正確に何処の誰なのか、今何をしていて、いつ世界の注目を浴びるようになるのか、国籍が何処で、何をきっかけにして台頭するようになるのか、これら興味深い詳細はともかく、上記の聖書の描写からすると、彼が非常に「宗教的」な人物だということがわかる。この場合、神とか信仰とかに反抗して立ち上がる、反宗教者として「宗教的」だということで、逆に言えば、内面はやはり宗教的なのである。

ケネディ大統領の暗殺を予告したあの有名な女預言者ジーン・ディクソンをはじめとする世界の著名な占星学者や預言者によれば、反キリストは今世界の何処かに存在している。ジーン・ディクソンはその著書でこの反キリストのことを「若者」と呼んでいるが、出版後三十年近く経った今でも、おそらく彼は世界のひのき舞台に登場する時には、他の政治的指導者と比較して「若い」部類に属するに違いない。そして今この瞬間にも、舞台裏で現役の世界指導者たちと緊密な連絡を取り合って、世界的決断の多くに係わりながら、舞台への登場の時期を待ち受けているはずである。

今、中近東ではユダヤ教とイスラム教との対立がさらに悪化しているし、エルサレムの国際化をめぐって会談が何回となく持たれている。ヨーロッパはユーロ関連の動きによる統一化が進んで、政治的のみならず経済的にも聖書が預言する最後の時代に着実に近づいているが、衰退の一途をたどる世界経済はもうすでに歯止めが効かないほどに加速度を増し加えながら底の抜け落ちるのを傍観するだけの気配を漂わせている。頂上をとっくに上り詰めてしまったアメリカはこれから何処へ向かうのか、分裂後傀儡政権がめまぐるしく変るだけで未だに秘密主義的不気味さを持つロシアはいったいどんな人物を名実ともに指導者として迎えるようになるのか。

コミュニケーションは今やインターネットを通して世界各国をリアルタイムで結ぶ時代である。世界の何処に問題が起きても、瞬時の内に対応できる近代技術を今、人類は駆使することができる。もし誰かが、この世界を統一しようとするならば、政治的にも、経済的にも、宗教的にも、倫理的にも、歴史的にも、さらには聖書の預言に照らし合わせても、今以上の絶好機が過去にあっただろうか。反キリストにとって、これからの数年は、彼がこれまで下準備を重ね、ずっと待ち望んでいた理想的な時期なのである。そして世界もまた主役の登場を待ち焦がれている。

さて、カメラの焦点はもう一度、最後の七年間に戻されるが、聖書はこの七年間の統治を前半の三年半と後半の三年半の二つに分けている。つまり、七年の半ばに何かが起こるのである。聖書、特に預言は常に柔軟性をもって適切な解釈を施されるべきであるが、反キリストが世界を統一し、支配するこの七年間に限っては、誤った解釈がなされないようにと、幾つものセーフガードが施されている。この七年間の半ばという曖昧な時間や時期が、「三年半」、「四十二ヶ月」、「一二六〇日」というはっきりとした数字で語られているからである。

だから、この反キリストによって何らかの「契約」が世界の主要諸国と交わされる時から正確に「三年半」、「四十二ヶ月」、「一二六〇日」経過した時、聖書で預言されている「何か」が起こり、更に、その半ばの時点から「三年半」、「四十二ヶ月」、「一二六〇日」が経過した時に、イエス・キリストの再臨が起こるのである。

要約すると、七年の前半は表面的な平和の期間、後半はイエスの言われる「大きな艱難」の期間であって、その時、宗教を持つ人々は皆、反キリスト政府による迫害を受けることになる。これが反キリストの宗教的である所以である。

「彼（反キリスト）は一週（七年）の間、多くの者と堅く契約を結ぶ。そして彼はその週の半ばに（三年半の後）、犠牲と供え物とを廃するようになる。また荒らす憎むべき者の翼に乗って来るでしょう。こうして、ついにその定まった終わりが、その荒らす憎むべき者の上に注がれる」（ダニエル書九：二七）

「預言者ダニエルによって言われた荒らす憎むべき者が、聖なる場所に立つのを見たならば、その時には、世の初めから現在に至るまで、かつてなく今後もないような大きな艱難が起こる」（マタイによる福音書二四章）

「だれがどんな事をしても、それにだまされてはならない。まず背教のことが起こり、不法の者、すなわち、滅びの子が現れるに違いない。彼は、すべて神と呼ばれたり、拝まれたりするものに反抗して立ち上がり、自ら神の宮に座して、自分は神だと宣言する」（テサロニケ第二の手紙二：三、四）

「この獣には、また、大言を吐き、汚しごとを語る口が与えられ、四十二ヶ月のあいだ活動する権威が与えられた。そこで、彼は口を開いて神を汚し、神の御名と、その幕屋、すなわち、天に住む者たちとを汚した」（黙示録一三：五、六）

反キリストという人物は勿論、最初から「反キリスト」と名乗るわけではないし、きちんとした自分の名前だって持っている。そして混乱を来たし解決を求める世界に対して、彼はいわば「救世主」として出現し、大問題に対するソリューションを次から次へと提議しては、世界に秩序をもたらし、政治的かつ宗教的な争いに和を講じ、一つにまとめ、ほとんど崩壊寸前の経済を見事に復興させてしまう。ある程度のカリスマ性も備えた彼は、それゆえに、世界から絶賛と支持を集め、人格も政策もひっくるめて受け入れられることになる。七年間の前半はこんな感じである。しかし、この「反キリスト」という名が示す通り、この半ばを過ぎた時点から事態は思わぬ方向へと進んで行くことになる。

それまで彼のカリスマとして世界が崇めていたものは、実は、サタンのインスピレーション、知恵、手腕だった。つまり、サタンはこの反キリストなる人物を操ることによって、永年の夢だった世界の統一と掌握とを実現させようとする。この反キリストを地上の傀儡指導者として立て、舞台裏から糸を引いて操り、動かし、彼を通して世界を手中に収めるという夢と構想は実現されるわけだが、サタンとしては今一つもの足りない。サタンほどに自尊心が強く、高慢な性格の持ち主がいつまでも陰の支配人でいることに満足できるはずがない。どうしたって全世界からの賛美・称賛を自分自身に集め、世界に自分を崇拝させずにはおれなくなるのである。

この時点まではリモコン操作によって、間接的ではあったが、完璧に近い仕事をしていたのに、こうした欲望を抑え切れなくなってとうとう全世界の前にその姿を現してしまうその瞬間に、万事が音を立てて崩れ始める。どんな魔法もタネを明かしてしまったら、もはや魔法の魅力はない。つまり、サタンは自らのプライドによって墓穴を掘ることになるのである。イエス・キリストの再臨の直前の、人類の最後の三年半が何故「大艱難期」と呼ばれているかの所以である。サタンはその文字通りの出現によって、地獄の騒乱・醜悪・破滅を地上に噴出させてしまう。

それはサタンが反キリストに取り憑くことによって実現する。聖書に書かれているように、サタンの入った反キリストが自ら「神の宮に座し」、「自分が神だと宣言し」、それ以外の神々や宗教をすべて邪道とし、それらに仕える世界の信心深い者たちに対する迫害を始めるのである。聖書はこの期間が正確に三年半、四十二ヶ月、または一二六〇日続くと言っている。何故こんなにも明確になっているかと言うと、それはこの期間が文字通りの「地上の地獄」となるからである。イエスは言われた、

「預言者ダニエルによって言われた荒らす憎むべき者が、聖なる場所に立つのを見たならば、その時には世の初めから現在に至るまで、かつてなく今後もないような大きな艱難が起こる。しかし、その艱難の直後、人の子（イエス・キリスト）のしるしが天に現れるであろう。そのとき、地のすべての民族は嘆き、そして力と大いなる栄光とをもって、人の子が天の雲に乗って来るのを、人々は見るであろう」（マタイによる福音書二四：一五―三二）

「そして主イエスは、この者（反キリスト）を口の息をもって殺し、来臨の輝きによって滅ぼすであろう」（テサロニケ第二の手紙二：八）

あの光の天使だったルシファーが今回は霊的にも肉的にも堕落する。ただ地上に投げ落とされるだけではなく、地下に燃えさかる火の池に放り込まれることによって。

これが聖書の告げるハッピーエンドである。いや、ハッピービギニングと言うべきかもしれない。何故なら、このとき世界はついに神とその御子イエス・キリストのものとなり、主権は神に属する者たちに渡され、地は愛と義によって統治され、世界中の人々はエデンの園の再来を経験するからである。

今から二千年前にイエスが幼な子としてこの地上に来られ、愛の生涯を生き、まだ罪に汚れていたぼくたちのために身代わりとなって、世界中の罪を背負ってあの十字架の上で死んでくださったのは、すべてこの「未来」のためだったのである。

「わたしたちが神を愛したのではなく、神がわたしたちを愛してくださって、わたしたちの罪のためにあがないの供え物として、御子をおつかわしになった。ここに愛がある。

もし人が、イエスを神の子と告白すれば、神はその人のうちにいまし、その人は神の内にいる。わたしたちは、神がわたしたちに対して持っておられる愛を知り、かつ信じている。神は愛である」（ヨハネの第一の手紙四：一〇、一六）

第二十章　人格形成と聞くことについて

「人は四十を過ぎたら、自分の顔に責任を持たなければならない」

これはあのリンカーンの言葉である。なかなか味のある言葉だと思う。どういうわけか人間の身体の中でも一番目立つ所に置かれているのがこの顔である。それだけに、この顔のケアーに関しては女性も男性も一番気を使っている。人が最初に見る場所がこの顔だからである。

勿論、リンカーンがここで言いたいのは、顔立ちがハンサムだとか、奇麗だとか、見苦しいとか、不細工だとか、そんな表面的なことではなく、人の顔から伝わる内面的なものだと思う。人の顔立ちなどは、たとえ四十年という歳月を経たところでさほど大きく変化するものではないし、また逆に若い頃どんなに奇麗であっても年を取るにつれて美貌が後退してしまうのは世の常、人の常である。

「どんな美貌も皮一枚の深さでしかない」というのもよく言われる言葉ではある。

ぼくたちが人と会う場合、初対面なら、まずは顔を見て色々なことを判断しようとする。でも顔というものは、一通り見てしまったら、結局は誰でも基本的には同じ造りをしているので、「顔」それ自体を見つめることに関しては興味はある程度薄れていく。それがリンカーンの言葉の真意なのだと思う。人の顔は外面的なものだが、そこからはその人の内面的なものが滲み出してくる。内側で長い時間をかけて熟成されてきた個性、性格、人格であって、それは洗面所の鏡に向かってちょこっと手直し出来るようなものではない。だから、たとえ世間一般の基準から見て平均をやや下回るような顔立ちをしていても、その表情から滲み出てくるものに人を引き付けて離さないものがある、というのをぼくたちはよく経験するのである。

「人を生かすものは霊であって、肉はなんの役にも立たない。わたしがあなたがたに話した言葉は霊であり、また命である」

これはヨハネによる福音書六章六三節にあるイエス・キリストの言葉である。人の外面を形成する肉と、その外面的なものの内側にあって人間そのものを形成する霊とを比較して、どちらが大切であるのかを諭すこの言葉もまた味わい深い。

神は人の顔に二つの目、二つの耳、一つの鼻、そして一つの口という主要な器官を与えてくださった。当たり前みたいだが、人をこのように創造された神の御心がここに感じられる。目と耳と鼻は受動的な器官であり、一方、口は唯一能動的な器官である。狭い人の顔に、数にしたら五対一という圧倒的な差で、受動的器官が備えられている。さて、ここに知恵と悟りが必要である。ぼくたちは神が与えてくださったこれらの器官をどんなバランスで用いているだろうか。

「愛する兄弟たちよ。このことを知っておきなさい。人はすべて、聞くに早く、語るにおそく、怒るにおそくあるべきである」（ヤコブの手紙一・一九）

この聖句は、耳と口とを対比させながら、ぼくたちは口数を減らし、もっと人の意見に耳を傾けるべきことを教えてくれている。それは、口を閉じて耳を大きく広げ、相手の言うことに耳を傾けているときの方が、人はもっと成長し、賢くなれるからである。ぼくたちが口を開くとき、そこから出てくるものはぼくたちの内に今まで蓄積されてきた知識や情報だけである。だが、ぼくたちが口を閉じ、相手の語ることを聴くために二つの耳を大きく開き、同時に心にも大きなスペースを作って、語られている知識や情報を取り入れることに専念するなら、この対話の中からもう一つ賢くなって出て来られるわけだ。

コミュニケーションとは互いの意志を伝達し合うことである。一方的に情報を相手に伝えることが目的の新聞や書籍、テレビやラジオなどを媒介としたメッセージの伝達は、情報の流れが既に決まっているので問題はないが、一対一の対話であれ、グループ・ディスカッションであれ、複数の人がその場に居合わせて、各人が発言権を持っているような情況での「対話」や「会話」、「話し合い」というレベルでのコミュニケーションであるならば、そこから所期の結果を引き出し、目的地まで到達できるように、参加者は一定のルールに従いながら、意見やアイデアを交換し合うことによって、互いに意志を伝達し、理解し合い、同意し合うという姿勢を持っていなければならない。自分の意見がすっかり固まってしまっていて、ただ自分の言いたいことだけを主張し、他の人の意見などには耳も貸さないような人とは、話し合いを始める気さえ起こらない。

人と話すとき、ぼくたちはどういう態度を取っているだろうか。きっと耳を傾けて相手の話を聞いているふりをしながら、実はその装いの下で、自分の言いたいことをどうやって相手に納得させてやろうかと思案しながら自分の意見を煮詰めているのではないだろうか。だから、相手が何かを言い終ったときに、内容や要点などはほとんど頭になく、息つく暇も与えずに用意していた自分の「もっと良い意見」を聞かせようとするのである。夫婦間でも、親子間でも、友人同士でも、あるいは会社や学校という環境の中でも、この態度は、生産的で潤滑な会話を妨げる悪玉だと言える。端的に言うなら、これは相手の意見よりも自分の意見の方が正しい、優れているという高慢な態度である。

夫婦間によく起こる言い争いを例として挙げてみよう。ぼくたち夫族は、自分たちの意見や言い分の方がまともだし、妻たちのそれよりも優っていると考えたい。シミュレーションは、「たとえ自分の言い分が、穴だらけで水を漏らさずにいることのできない袋のようなものであったとしても、妻の言い分よりはマシだ」とする例のアレだ。「昨夜、酔っ払って帰って来たことを妻に咎められて、つい口喧嘩になり、ひどい事を言って妻を傷つけてしまった」。そのときに、自分の過誤を認めて素直に謝れるなら問題も大きくならずに済んだのに、「夫の威厳」を守るため、何かと屁理屈を並べて妻の「論理的な」理由に対抗しようとする。一本の曲がった杭を真っ直ぐに立てるために何本もの支柱で支えようとするようなものだ。

この場合、夫としてのプライドを捨てることさえ出来るなら、夫婦間のコミュニケーションはずっと良くなるのに。ここでも一つしかない口を開かずに、森のフクロウのように、合わせて四つも授かっている目と耳を大きく開き、相手の言い分を聞こうとするなら、ぼくたちはもっと賢く情況に対処できるはずなのだ。

「わたしたちは皆、多くのあやまちを犯すものである。もし、言葉の上であやまちのない人があれば、そういう人は、全身を制御することのできる完全な人である。馬を御するために、その口にくつわをはめるなら、その全身を引きまわすことができる。また船を見るがよい。船体が非常に大きく、また激しい風に吹きまくられても、ごく小さなかじ一つで、操縦者の思いのままに運転される。それと同じく、舌は小さな器官ではあるが、よく大言壮語する。見よ、ごく小さな火でも、非常に大きな森を燃やすではないか。あらゆる種類の獣、鳥、這うもの、海の生物は、すべて人類に制せられるし、また制せられてきた。ところが、舌を制しうる人は、ひとりもいない」（ヤコブの手紙三：二―一二）

真に話し上手な人は聞き上手な人である。ぼくたちはクリスチャンとして魂の医者を自称しているが、ここにも「聞き上手」であることの重要性を見る。インフルエンザにかかり、三十九度の熱に意識はもうろうとし、頭痛や喉の痛みもひどいので、不本意ではあるが、不承不承で医者に出掛けることになる。どういう訳か、いつもは気にもならない時計の音だけがチクタクチクタクと、心臓の鼓動とリズムを合わせてでもいるかのように鳴り響く待合室で、順番を待っている。名前が呼ばれ、恐る恐る診察室に足を踏み入れると、椅子に腰掛けるように告げられる。普通ならここで、「どうしました。風邪ですか。どんな症状ですか。熱はありますか。喉の痛みは。いつからこんな感じですか」と尋ねられて、「じゃ、ちょっと診てみましょうね」といった具合に診察は進められていくはずである。

ところが、椅子に座らせるやいなや、患者である自分の言うことに耳を傾けることもせず、いきなり図太い注射器を出してきて、看護婦と二人掛かりでズボンを引きおろし、有無も言わせずにズブリとお尻に針を差し込まれたとしたら、こんな理不尽なことはない。こんな医者にかかってしまったら、精神的にも肉体的にもダメージはかなりのものだろうし、病院恐怖症に冒され、医者不信に悩みながらアンバランスな余生を送らなければならなくなってしまう。何の薬だったのか、打たれた注射の副作用で足取りも弱々しく家路に着く……。

医者として患者を正確に診断し、正しい判断のもとに処方箋を書くのであれば、まずは患者からすべての必要な情報を聞き出し、顔色や喉の脹れ具合、肌のつやなどを「目」や「指」を使って診察し、次に聴診器など、「耳」を使って症状をさぐるなら、蓄積された知識や経験に基づいて適切な処置を下し、助言を与えることができる。精神的な病いを患っている人々が対象の精神科医にも同様のことが言えるし、ぼくたちクリスチャンや学校の教師、カウンセラーなどにもこの方程式は当てはまる。

事実、「聞き上手」、「語らせ上手」になるならば、コミュニケーションは全く違った次元で展開されるだろうし、多くの人生に永続的で有意義な実を結ばせるはずである。この世の中には、たとえ僅かの時間でもいい、一緒に座って自分の話に耳を傾けてくれる誰かを切に求めている人が、あまりにも大勢いる。そして、人々が「語る」のを少し抑えて、相手の言うことに「耳を傾ける」努力をするならば、きっと数多くの問題が知らぬ間に解決されてしまうことだろう。

親子の断絶とか、学校崩壊とかが問題にされて久しいが、それはいわゆるコミュニケーションの崩壊という問題が根源にある。家庭内の会話にしても、学校の教師と生徒との間のコミュニケーションにしても、近所づきあいや社内の人間関係にしても、黄金律の中でイエス・キリストの言われたこの原則に従うなら、すべてが愛の潤滑油によって滑らかになる。

「だから、何事でも人々からしてほしいと望むことは、人々にもその通りにせよ。これが律法であり預言者である」（マタイによる福音書七：十二）

誰でも自分の言い分をまず最初に聞いてもらいたいと思っている。だが、そこに摩擦が生じるのである。車が一台やっと通れるほどの細い路地を進んでいるときに、向こう側から別の車が来たとする。自分第一の本能に従うなら、相手が道を譲って後退するまでクラクションを鳴らし、怒鳴り続けるだろう。だがイエスの言われるこの黄金律に習うなら、「自分がまず先に通してほしいと思っているのだから、きっと相手もそう思っているに違いない。であるならば、相手からしてほしいと思うことを相手にしてあげよう。そうだ、それが愛だ」という結論に至って、自分の車を後退させて、道を譲るはずである。

この方程式は数字を変えるだけで、ほとんどどんな情況にも当てはめられるし、どんな応用問題にも使うことができる便利な代物である。コミュニケーションにおいてもまた然りである。自分の言いたいことを我先に口にしようとするのではなく、相手を優先し、自分はまず「聞く」側に回って、相手の言い分を聞き出すというステップを踏むなら、多くの衝突、爆発、争い、崩壊、不和を防ぐことができるはずだし、結局は多くの時間の無駄を省いてくれるし、その結果、自分ももう少し賢くなることができるのである。

「おのおの、自分のことばかりでなく、他人のことも考えなさい」（ピリピ人への手紙二：四）

神は人を、離れ島のような、他に影響を及ぼすことのない個別の場所にではなく、互いに関係し合い、触れ合うグループの中、社会の中に置かれた。つまり、人が生きている間に学ぶ多くの教訓は人間関係の上に成り立っており、人間関係に関するものなのである。これは地上でも天国でも同様だ。今この地上で対人関係がうまくいってない人は、おそらく天国に到着しても同じ問題を抱え続けることだろう。だから、これを機会に「自分本位」であるという弱点を素直に認め、神の助けをかりて黄金律に生き始めるなら、天国での生活様式をこの地上でも持つことができるのである。また何よりも素晴らしいのは、自分がまず天国的になることによって、この地上に天国を来たらせる手助けができる。

「みこころが天に行われるとおり、地にも行われますように」とは、主の祈りの一部である。天国に行ったときに、もし自分の周りにいる人たちが地上で天国的な生き方をしていなかった人たちばかりなら、たとえそこが天国でもかなり居心地が悪いと思うが、逆もまた真なりである。つまり、地上的な自己中心的態度をひっさげて天国に行ってしまったら、ぼくたちだって天国の近所の人たちにとって敬遠される存在となりかねない。

「へりくだった心をもって互いに人を自分よりすぐれた者としなさい。おのおの、自分のことばかりでなく、他人のことも考えなさい。キリスト・イエスにあっていだいているのと同じ思いを、あなたがたの間でも互いに生かしなさい」（ピリピ人への手紙二：三―五）

このいましめは単純な響きを持ってはいるが、人間の本質の一つにプライドというものがある限り、実行するとなるとかなり難しい。鍵はこの「キリスト・イエスにあっていだいているのと同じ思いを」という部分である。ある意味では、人を愛するよりは神を愛する方がたやすい。神は目に見えない霊的な存在だし、愛そのものでもあるし、なされるすべてのことに完璧な方なので、肉体的存在感を否が応でも感じさせてくれるぼくたちの家族、隣人、友人、仲間たちという弱点だらけの人間とは違って、神経を逆なでされるような思いを味わわされることがない。天と地では高さからして違うように、やはり地に属する未熟なぼくたちのレベルで悪戦苦闘している状態では、天国の基準に到達することは不可能なのである。

でも、鍵はある。鍵があるなら扉は開く。扉が開くなら中に入ることも不可能ではない。つまり、天国という社会での人間関係の基盤がこの「何事でも人々からしてほしいと望むことは、人々にもその通りにせよ」という黄金律に置かれているのであれば、ぼくたちが目指すべきゴールははっきりしているということである。天国にいざ召される時に、もしぼくたちが今この地上でぼくたちの「存在」を形成している性格とか考え方とか精神構造とかを引き続き携えて行くのであれば、今からその方向に進んでいるに越したことはない。天国のルールがイエスの言われた黄金律であるならば、ぼくたちはその知識に基づいてぼくたちの「人間」をそのように天国的に改造し始めることができるのである。

ヨハネの福音書の三章を開けてみよう。

「パリサイ人のひとりで、その名をニコデモというユダヤ人の指導者があった」という書き出しで始まるこの章は、ユダヤ教の権威であり、人々からも指導者として仰がれていたこのニコデモという人物を、イエスがどのように扱われたかを描写している。ぼくたちもイエスの会話術から多くを学べると思う。

パリサイ人とは、旧約聖書に精通し、ユダヤ教のしきたりや戒律を厳格に守り、宗教的のみならず社会的にも人間的にも一般大衆の手本であるべき人々のことである。しかもニコデモは年齢からしても若冠三十を過ぎた程度のイエスとは比較にもならないほどに年季の入った宗教人だった。この記述によると、ニコデモは人目を忍んで夜の帳の内にイエスに接見を求めている。

「この人が夜イエスのもとにきて言った、

『先生、わたしたちはあなたが神からこられた教師であることを知っています。神がご一緒でないな

ら、あなたがなさっておられるようなしるしは、だれにもできはしません』。」

ユダヤ教の指導的立場にあるニコデモとしてはかなり腰が低い。イエスの神の子であることはともかく、その業績を認めていることは言葉のはしばしから伺える。でも、注目に値するのはイエスのアプローチである。イエスはいつでもセミナーを開いて、一方的に自分のメッセージを大衆に向かって演説していたわけではない。事実はその逆で、主はその教えのほとんどを少人数に対する対話形式で行われた。ここでも、言葉のやり取りからニコデモが何を求めており、何を必要としていたのかを、イエスは正確に把握していた。「売り言葉に買い言葉」式の軽薄な会話ではなく、相手の言うことを良く聞くことで真意をさぐり、真に永続的な回答を与え、しかもそれを相手が受け入れることができるように、「ため」を作ることによって、実際に語った時のインパクトを強めたのである。

ヨハネ三章に記録されたイエスのニコデモとのこの対話、そのアプローチ、そしてイエスがそこで与えられた回答は、ニコデモ個人の神学的疑問に鮮やかに答えただけではなく、その後に続く幾世代の無数の人々の実際的な指針となって、ぼくたちの日常生活の中で活用できるような手本となっている。

「イエスは答えて言われた、
『よくよくあなたに言っておく。だれでも新しく生まれなければ、神の国を見ることはできない』。」

旧約聖書の時代はイエスの来臨によって過去のものとなったこと、イエス自身が天国から新しい律法を携えて来られたこと、人が地上から天の国に至るには何が必要なのかを、この単純明快で、しかも深遠な言葉によって解き明かされている。

（「ニコデモよ、あなたは枠組を作り替えなければならない。フレームを取り替えるのだ。新しく生まれる、という意味があなたにはわかるか」）

「ニコデモは言った、

『人は年をとってから生まれることが、どうしてできますか。もう一度、母の胎にはいって生まれることができましょうか』。

イエスは答えられた、

『よくよくあなたに言っておく。だれでも、水と霊とから生まれなければ、神の国にはいることはできない。肉から生まれるものは肉であり、霊から生まれるものは霊である。あなたがたは新しく生まれなければならないと、わたしが言ったからとて、不思議に思うには及ばない。風は思いのままに吹く。あなたはその音を聞くが、それがどこからきて、どこへ行くかは知らない。霊から生まれる者もみな、それと同じである』。」

ここでイエスが言っておられるのは、人はこの地上に生まれてきたら、その生きている間に地上のフレームを外して天国のフレームを取り付けなければならない、ということである。人は母の羊水を通して、神からの霊を授かって生まれてくるが、その段階でもう一度生まれるというフレームの取り替えが必要になってくる。二度生まれる者は一度しか死なないが、一度しか生まれない者は二度死んでしまう。これが聖書に定められた人の生命のおきてである。

聖書のわずか半ページにも満たない会話だが、地上の命と天の命、そしてその二つの命を手に入れ、満喫する方法に関する神学的メッセージもさることながら、ニコデモという一人の魂を一個の人間として扱い、口から出た言葉を「聞く」ことによって額面上の言葉よりもずっと深い部分を悟ることによって、現場だけを取り繕う回答ではなく永遠の重みをもった真理の言葉をもって答えたイエスの巧みな会話術は、実に見事である。ぼくたちも願わくはこのような会話術を身につけることが出来たらと思う。そしてそれは可能であり、聖書には確かな秘訣が記載されている。見つけられないように隠されているのではなく、誰にでも習得してもらえるようにはっきりと書かれている。さあ、会話術の秘訣の公開である。

想像してみてほしい。イエス・キリストは神の御子である。その神の子が地上に遣わされて三十三年余りの人生を完全燃焼され、最後の三年半を公けに対する証しに費やされたのであれば、その期間、イエスには語るべきこと、すべきことが山ほどあったはずだし、神の子の側に立って見れば、人の語ることに耳を傾けてその貴重な時間を失ってしまうよりは、むしろ御自身の語るべきことを聞かせることの方がずっと大切だったに違いない。しかし、その神の子イエスがこう言われた、

「イエスは、また人々に語ってこう言われた、

『わたしは世の光である。わたしに従って来る者は、やみのうちを歩くことがなく、命の光を持つであろう』。」

無知の闇を彷徨しなくても、イエスに従えば、イエスに習えば、光の中を歩むことができる。

「あなたがたについて、わたしの言うべきこと、さばくべきことが、たくさんある。しかし、わたしをつかわされたかたは真実なかたである。わたしは、そのかたから聞いたままを世にむかって語るのである」

イエスの地上での生活における最大の目的のひとつとは、目に見えない霊的な存在であるイエスの父、神の性格を人々に示すことだった。そのために地上につかわされ、その方を証しすることがイエスの証しだったのである。知恵のはじめともあろう方イエス・キリストでさえ、その語られる時には父である神の指示通りに語るだけだと言われる。祈りというコミュニケーション・ラインを通じてイエスの耳元に囁かれる父なる神の語られる言葉を聞きながら、人々に語る。ここに秘訣、鍵がある。

「あなたがたが人の子を上げてしまって後はじめて、わたしがそういう者であること、また、わたしは自分からは何もせず、ただ父が教えてくださったままを話していたことが、わかってくるであろう」

イエスはよく御自身のことを「人の子」と言って、「神の子」でありながら、ぼくたちと同じこの「弱い」肉体を着ることによって、ぼくたち人間を理解しようと努めておられたことを強調された。勿論、イエスの最終目的は十字架に架かってぼくたちの罪をその身に受けて死ぬことだった。神の子が自ら犠牲となって死ぬことで、ぼくたち人類に救済をもたらすというのは、何回考えてもただ圧倒されるばかりで、ぼくたちのちっぽけな脳みそでは到底理解することは出来ない。そしてイエス御自身ここで言っておられるように、その犠牲はその当時の人々には全く理解してもらえなかった。イエスは誤解され、宗教的妬みのゆえに不正な裁判にかけられ、有罪を宣告され、見世物にされ、嘲弄の的となり、この地上での彼の僅かな所有物もすべて没収されて、無一物となり、裸にされて十字架に架けられた。死を終着駅とする短い生涯の旅を、イエスは愛を与えながら全速力で駆け抜ける。

偉大な人生の多くが後世において初めて認知されるように、イエスの生涯や死も、この十字架という惨い死の「後ではじめて」理解され、感謝されることになる。でも、それは信仰によってイエスを認め、イエスの生涯の内に鮮やかに描かれた神の愛を知り、信じ、感謝し、受け入れた者たちによってのみ認知されるものなのである。しかし、イエスの十字架での死は肉体と精神と魂と霊のトータルな救いだった。聖書、特に福音書には、神の子イエス・キリストの「人間性」を伝える様々な記述がある。ぼくたちも、この社会の中で「味わいのある」人間として、人との関係の中にイエスの教えてくださった会話術を身につけ、「聞き上手」、「語らせ上手」となりたいものである。

「このように、あなたがたは主キリスト・イエスを受け入れたのだから、彼にあって歩きなさい。キリストにこそ、満ち満ちているいっさいの神の徳が、かたちをとって宿っており、そしてあなたがたは、キリストにあって、それに満たされているのである」(コロサイ人への手紙二:六―一〇)

第二十一章　ひな型

聖書を持っていたら、今それを手に取ってみて、この一冊の本が持つ意味を考えてみてほしい。どんな本にも、その本にしかない特有のストーリーが舞台裏に満載されている。本の出版に携わったことがある人ならわかると思うが、一冊の本が書店に並ぶまでには気が遠くなるような過程を経なければならない。着想、考案、取材といった準備期間を経て、おおまかなストーリー・ラインや概要が構成される。それから幹が出来あがり、大きな枝が付けられて大体の形が見えてくる。さらに小枝が添えられ、葉がバランスよく散りばめられ、最後に実を付けてポイントやインパクトを出す。無論、その後にも何回も読み返され、校正が入れられて磨きがかけられる。そして印刷だとか、製本だとか、一冊の本が実際に書店に並べられるまでに経る幾つもの過程がある。

ぼくたちが本を買い求めるときには、勿論、出版者側のこんな苦労は考えもしない。ただ気のむくままに書店に出掛け、自分の欲しい一冊を棚から選び出し、代金を支払って自分のものにする。そして自分の読みたいときに、ある時は寝そべりながら、あるときは電車の中で、あるときは何かを食べながら読む。最後まで読み切ることもあれば、途中で投げ出してそのまま本棚に寝かしてしまうこともある。

聖書というものを一冊の書物として見るとき、ぼくたちはそこに、天地を創造された全知全能の神の存在、神が万物を創造された目的と理由、人の創造と歴史、御子イエス・キリストの来臨や罪の贖いといった、一つの大きな流れをまず発見することができる。また聖書には律法が散りばめられ、一つの倫理体系が敷かれていて、それが天地創造このかた、人の行動や思考を司ってきた。また聖書の預言は歴史の道標となり、アウトラインを形成している。こうした点だけでも、ぼくたちは深い感銘を受けて止まないが、聖書には、特に旧約聖書と新約聖書の間には、おびただしい数の実像と虚像、日と影、鍵と錠があって、それぞれが互いに対を成している。

旧約聖書には多数の預言者が登場するが、そういった預言者の中にあっても、エリヤとエリシャの二人は新約聖書のひな型になっているという意味合いにおいて、極めてユニークな存在である。この二人の大預言者は師弟関係にあった。

二人が出会ったとき、当時のイスラエルを治めていたアハブという邪悪な王に対抗する活動的な預言者として、エリヤはすでに広くその名を知られていた。一方、エリシャは一介の農夫であって、畑を耕しているところを通りかかったエリヤに呼ばれ、彼に仕え、彼のもとで預言者であるとはどういうことかを学ぶことになる。

この二人の存在は、旧約聖書から新約聖書に影を落とし、新約において実像を形成することになるものの虚像、あるいはひな型となっているということにおいて、極めてユニークである。この二人の性格、行動、そして関係は、新約聖書のバプテスマ（洗礼者）のヨハネとイエス・キリストのそれに酷似しているからである。勿論、エリヤはバプテスマのヨハネのひな型であり、エリシャはイエス・キリストの影である。

例えば、エリヤの容貌について旧約聖書の列王紀下はこんな描写をしている。

（当時、イスラエルを治めていた王家は神の道から遠く離れ、政治上の決断はおろか日常の出来事にも、もはや神を尋ね求めることをしなくなっていた。そんなある日、アハジヤというイスラエルの王が高殿のらんかんから落ちて病気になった。ところが、彼は使者をつかわすにあたり、それを神の預言者にではなく、異教の神であるバアル・ゼブブのもとに送って、この病気がなおるかどうか尋ねさせようとした。そこで預言者エリヤはこの使者に会い、王アハジヤのもとにメッセージを送らせ、彼がこのことのゆえに「登った寝台から降りることなく、必ず死ぬ」ことを告げさせる。そこでアハジヤはそのメッセージを送った預言者の容貌をこの使者に尋ねるのだが、そのときに使者が答えて言ったのが次の言葉だった。）

「その人は毛ごろもを着て、腰に皮の帯を締めていました」（列王紀下一章）

次に新約聖書のマタイによる福音書の第三章を見ると、バプテスマのヨハネについて以下のような記述がある。

「このヨハネは、らくだの毛ごろもを着物にし、腰に皮の帯をしめ、いなごと野蜜とを食物としていた」（マタイによる福音書三：四）

ある人の容姿や性格や行動が歴史的人物の誰かに酷似している場合、ぼくたちはよく、「この人は誰それの再来だ」とか、「彼は何某の生まれ変わりだ」と言うが、このバプテスマのヨハネという人物は確かに色々な面で旧約の預言者エリヤを彷彿させる。

旧約聖書にはイエス・キリストに関する預言が数多く記載されているが、このイエス・キリストの宣教に先立って、主の道を備える役割を持つバプテスマのヨハネのことも数箇所に預言されている。

「呼ばわる者の声がする、
『荒野に主の道を備え、
さばくに、われわれの神のために、大路をまっすぐにせよ』。
もろもろの谷は高くせられ、もろもろの山と丘とは低くせられ、
高低のある地は平らになり、
険しい所は平地となる。

こうして主の栄光があらわれ、
人は皆ともにこれを見る。
これは主の口が語られたのである」（イザヤ書四〇：三―五）

「見よ、わたしはわが使者をつかわす。彼はわたしの前に道を備える。またあなたがたの求める所の主は、たちまちその宮に来る。見よ、あなたがたの喜ぶ契約の使者が来ると、万軍の主が言われる」（マラキ書三：一）

「見よ、主の大いなる恐るべき日が来る前に、わたしは預言者エリヤをあなたがたにつかわす。彼は父の心をその子供たちに向けさせ、子供たちの心をその父に向けさせる。これはわたしが来て、のろいをもってこの国を撃つことのないようにするためである」（マラキ書四：五、六）

このような輝かしい預言の成就としてバプテスマのヨハネは生まれてくる。ルカによる福音書には、バプテスマのヨハネの誕生の様が記載されているが、父はザカリヤ、母はエリサベツといった。ところが、「エリサベツは不妊の女であったため、二人には子がなく、そしてふたりともすでに年老いていた」とある。神はしばしばこのような人間的に不可能と思われる状況の中から奇跡を行なうのを好まれる。興味のある人はルカによる福音書の第一章を開いて、その物語を読んでみたらいい。そこには、バプテスマのヨハネの母エリサベツとイエス・キリストの母マリアとが親戚同士だったとも書かれている。

マリアは、聖霊によってイエスを身ごもった直後、エリサベツのもとを訪れ、そこに三ヶ月ほど滞在している。自分たちの肉体を用いて、神がなさっている奇跡に、ある時は驚き、ある時はおののき、ある時は喜んだこの二人は、おそらく色々なことを話し合っては、それぞれの試練や悩みを分かち合い、互いの信仰を励まし合っていたのであろう。

バプテスマのヨハネはこうして生まれ育ち、成長した後は荒野に住んで、イエス・キリストの宣教の準備が整うのを待つことになる。


バプテスマのヨハネが荒野から現れて、ヨルダンのほとりの全地方で悔い改めを宣べ伝えた時、多くの人々は、ひょっとしたらこの人が「あの救い主、メシヤ」ではないかと思い、彼のもとに出て来て、バプテスマを受けた。そして、イエス御自身が実際、彼の手によってバプテスマをお受けになった時、バトンは手渡され、ヨハネの任務は終局を迎える。彼は、ヘロデという王の手にかかって首を切られ殺されてしまうのだが、獄中で彼が味わった試練が聖書に記されている。バプテスマのヨハネとても人の子であり、やはり人間的な弱さ脆さを持ち合わせていたのだということを知るのは、同じ人間として励ましを感じる。

「さて、ヨハネは獄中でキリストのみわざについて伝え聞き、自分の弟子たちをつかわして、イエスに言わせた、

『「きたるべきかた」はあなたなのですか。それとも、ほかに誰かを待つべきでしょうか』。イエスは答えて言われた、

『行って、あなたがたが見聞きしていることをヨハネに報告しなさい。盲人は見え、足なえは歩き、らい病人はきよまり、耳しいは聞こえ、死人は生き返り、貧しい人々は福音を聞かされている。わたしにつまずかない者は、さいわいである』。」（マタイによる福音書一一：二—六）

あれほども力強い、確信に満ちた宣教をし、イエスがキリストであることをその生涯をかけて証し し、メシアのために素晴らしい道を整えたというのに、その任務の最後でイエスを疑ってしまう。なんという失態、如何に大きな後退、後に続くクリスチャンの信仰に対するなんという打撃であろうか。ぼくたちは思わず、そんな事を考えてしまう。ここまで頑張って来たのに、最後の最後になって、あれほどの業績を一瞬にして水の泡にしてしまうとは。

しかし、使者たちを送り返した後で群集に語られたイエスのこの言葉を聞いてほしい。

「あなたがたは、何を見に荒野に出てきたのか。風に揺らぐ葦であるか。では、何を見に出てきたのか。柔らかい着物をまとった人か。柔らかい着物をまとった人々なら、王の家にいる。では、なんのために出てきたのか。預言者を見るためか。そうだ、あなたがたに言うが、預言者以上の者である。

『見よ、わたしは使いをあなたの先につかわし、あなたの前に、道を整えさせるであろう』

と書いてあるのは、この人のことである。
あなたがたによく言っておく。女の産んだ者の中で、バプテスマのヨハネより大きい人物は起こらなかった。すべての預言者と律法とが預言したのは、ヨハネの時までである。そして、もしあなたがたが受け入れることを望めば、この人こそは、きたるべきエリヤなのである」（マタイによる福音書一一：七―一四）

この二人は性格の面でも非常に相似している。バプテスマのヨハネは、獄中での失意と落胆の中で神の御心を再発見するが、エリヤもまた、神に背くイスラエルの王家を懲らしめるため、力ある奇跡を何回も演じて、炎の預言者であることを実証した後で、やはり同じように失意と落胆に見舞われ、神を見失ってしまい、自分を殺してくださるようにとまで神に求めた時期があった。けれども、この一見して敗北と思われた状況の中から神は最大の勝利を彼に与えられる。すなわち、エリヤが「**風の中にでもなく、地震の中にでもなく、火の中にでもなく、静かな細い声の中に**」（列王紀上一九：一一―一三）神の御声を発見したことだった。

エリヤのミニストリーは奇跡と炎と剣のそれとして知られていたが、この素晴らしいレッスンを通して彼が学んだのは、真に力ある神の御わざとは、往々にして人間が期待する劇的なパフォーマンスに現されるのではなく、むしろ「静かな細い声」を語りかけることによって人の心を内面から変えていくことだった。

旧約のエリヤと新約のバプテスマのヨハネとの関連性はここに挙げた通りだが、エリヤは自分の行程を走り終えた時、その手にあったバトンを後継者エリシャに託すことになる。そのいきさつは列王紀下二章に記録されている。

「主はつむじ風をもってエリヤを天に上らせようとされた」

ちなみに、肉体の死を見ることなく、主によって天に取り去られた人は歴史上に二人いるが、エリヤはその一人で、もう一人は旧約聖書の創世記に出てくるエノクという人物である。

「エリヤはエリシャに言った、

『わたしが取られて、あなたを離れる前に、あなたのしてほしい事を求めなさい』。

エリシャは言った、

『どうぞ、あなたの霊の二つの分をわたしに継がせてください』。

エリヤは言った、

『あなたはむずかしい事を求める。あなたがもし、わたしが取られて、あなたを離れるのを見るならば、そのようになるであろう。しかし見ないならば、そのようにはならない』。

彼らが進みながら語っていた時、火の車と火の馬があらわれて、ふたりを隔てた。そしてエリヤはつむじ風に乗って天にのぼった。エリシャはこれを見て、『わが父よ、わが父よ、イスラエルの戦車よ、騎兵よ』と叫んだが、再び彼を見なかった。

そこでエリシャは自分の着物をつかんで、それを二つに裂き、またエリヤの身から落ちた外套を取り上げ、帰ってきてヨルダンの岸に立った。そしてエリヤの身から落ちた外套を取って水を打ち、『エリヤの神、主はどこにおられますか』と言い、彼が水を打つと、水は左右に分かれたので、エリシャは渡った。

預言者のともがらは彼の近づいて来るのを見て、『エリヤの霊が彼の上にとどまっている』と言った」

（列王紀下二：一―一五）


さて、注目してほしいのは、エリヤが天に取り去られる前に、ほしい事を求めるように言われて、エリシャが「どうぞ、あなたの霊の二つの分をわたしに継がせてください」と願っていることである。それが起こる条件は、エリヤが取られるとき、その様をエリシャが見届けることだった。はたして、その通りになり、エリシャがエリヤの身から落ちた外套を拾い上げたとき、エリシャはエリヤの持っていた霊、あるいは力の二倍を受け継ぐことになった。預言者仲間もそれを目撃し、証言した。

では、はたして実際にはどうだったのか、聖書に記録されている数字を比較してみよう。まずは二人が成した奇跡の数を比べてみると、その「二倍の霊力」は端的に数字に反映されている。エリヤが生涯で七回の奇跡を行なっているのに対し、エリシャは十四回の奇跡を行なっている。

これは別にエリヤとエリシャのどちらが偉大だったのかという問題ではなく、あくまでも来るべきもののひな型として、この二人が旧約の時代に師弟関係で存在していたことが大切なのである。その意味では、ヨハネによる福音書の中でバプテスマのヨハネが、自分の役割をイエスのそれと比較して、「わたしのあとに来るかたは、わたしよりもすぐれたかたである。わたしよりも先におられたからである。わたしはその人のくつのひもを解く値うちもない」と言ってその立場を証していることにもうかがえる。（ヨハネによる福音書一：二七：ルカによる福音書三：一六：マタイによる福音書三：一一）

そして、エリヤの奇跡が炎や裁きや剣の類であったのに対し、エリシャのそれはほとんどが優しさと憐れみとの類だったことも特筆に値する。イエス・キリストのひな型としてのエリシャのミニストリーがこれによって見事なまでに特徴づけられているからである。

例えば、エリシャの行なった奇跡には新約の時代にイエスが行なった奇跡を彷彿させるようなものが数多くある。預言者仲間が妻と子供を後に残して死んでしまった時、エリシャは彼らの唯一の財産であった一ビンの油を驚くばかりの量に増し加えさせるという奇跡を行なった。（列王紀下四：一—八）

また、シュネムという所に子宝に恵まれない一人の裕福な婦人がいたが、その婦人には、まず子供を与え、次にはその息子が大きくなって、ある日、日射病で死んでしまった時、その子を生き返らせるという奇跡もした。（四：八—三七）そしてまた、「大麦のパン二十個を百人に食べ余すまでに食べさせる」という、五つの大麦のパンと二匹の魚をもってイエスがなされた大給食の奇跡を連想させるような奇跡も行ったし（四：四二—四四）、シリヤの軍人のナアマンのらい病をいやしたり（五：一—一四）、さらには、戦いで捕らえた敵の兵士らを撃ち殺すことをせず、むしろ食い飲みさせて送り返し、呪いを祝福と変えるような愛と憐れみのわざまでした。（六：八—二三）饑饉の時に食料を豊かに供給したり（七：一—二〇）、ちょうどバプテスマのヨハネが、滅亡と裁きのメッセージをもって神の火と剣の役割を演じた預言者エリヤの再来と唱えられ、ローマ帝国の圧政に喘ぐ暗黒の時代にあって炎のように明るく燃え上がり、神から遠く離れてしまっていた民の心を再び主に立ち返らせる役割を果たしたように、イエスもまた、エリシャのミニストリーに布石を打っていたかのような、愛と憐れみのメッセージを宣教された。

聖書には、こうした実像と虚像、来るべきものとそのひな型とが、かくも見事に配置され、また不可思議な形に散りばめられている。聖書の登場人物たちは神の指によって操られ、不思議な運命の糸によって互いに引かれ、結び合わされ、絡み合いながら、歴史の大ロマンを創造する。

「人はみな草だ。
その麗しさは、すべて野の花のようだ。
主の息がその上に吹けば、草は枯れ、花はしぼむ。
たしかに人は草だ。
草は枯れ、花はしぼむ。
しかし、われわれの神の言葉は
とこしえに変わることはない」（イザヤ書四〇：六―八）

万物は、時代を超えて生き続ける神の言葉によってのみ支えられている。人は時々、この宇宙とその中のすべてのものを思いのままに操っているように勘違いしてしまうことがある。だが、実際には決してそうではないことを誰よりもよく知っているのは、他ならぬぼくたち人間なのである。

この章ではエリヤとエリシャ、そしてバプテスマのヨハネとイエスの中に見る、神の言葉の不変の力、様々な色合いと太さから成る無数の糸によって縦横に織り込まれる人の命の綴れ織り、引力の法則以上に確実な信仰と不信仰の不可思議な因果関係を紹介した。今日という日を構成している一枚の薄っぺらな皮を引き剥がせば、ぼくたちはそこに神の無限の世界を垣間見ることができる。真の感動、最高のスリル、最大のロマンはすべてここに見出せるのである。

第二十二章　福音書

福音とは、「良き知らせ」という意味だ。その内容は、簡単にいってイエス・キリストの伝記である。ところが、この主人公のイエスの生涯については、一般に知られている部分を除けばその多くが謎に包まれている。当たり前といえば当たり前なのだが、福音書の中で繰り返されている世界的に有名な記述が、今ぼくたちの知り得るイエスの大部分なのである。

ところで福音書はなぜか四人の人の手によって書き上げられている。弟子の一人として三年半に及ぶイエスの活動の間、寝起きを共にしたマタイ、使徒行伝の中に何回か登場し、おそらくはペテロから伝え聞かされたことをもとにしてこの福音書を書いたであろうとされているマルコ、医師としてのキャリアを持ち、パウロとも伝道の旅に何回か同行したこともあって、福音書に次いで使徒行伝も書いたルカ、そして「愛された弟子」と称されたヨハネの四人である。

この四人はそれぞれの名をもって呼ばれる福音書の中で「同一」の物語を告げている。「同一人物」

に関する「同一」の物語であって、その人が何処に生まれ、何をして、どんなことを語り、どのようにして死んでいったか、が同様に語られている。四つの福音書には当然、共通点が多数ある。まずその目的として、この「人物」を歴史上のすべての人に宛てて紹介するということを最大の命題としている点は、何にもましてことさらに重要である。だが、一つひとつの福音書が独自の趣きを持ち、それぞれの目的をもって書かれたものだということもまた、共通点といえば言えないこともない。

ところが聖書の批判者を含めて、数多くの聖書研究家や聖職者までもが、聖書には、特に福音書には矛盾点が多すぎると言っているのは、興味深い事実である。視点を変えて見てみれば、どうやらここらへんに福音書があえて四つも聖書に掲載されていることの謎が発見できそうである。つまり、福音書がそれぞれに微妙な箇所でそれぞれの「証言」を異にしている、そのこと自体が福音書の「証言」の信憑性を増し加えているとも言えるのではないだろうか。ありもしなかったことを如何にもあったかのようにするために、そして何よりも「ただの人にすぎなかった」イエスを神聖化するために、これら四人の著者が頭を突き合わせ出来る限りの知恵を絞り合って、事の辻褄を合わせるという作業がそこにはなかったことがはっきりするからである。

また聖書全体にも言えることだが、福音書にはとりわけ弟子たちの人間であるがゆえの失敗談があまりにも数多く記載されている。福音書の書かれたのはイエスの死後、正確には復活後およそ三十年を経た頃のことだといわれる。試しに今、この「福音書」の作成の過程を人間的な角度から推測してみたい。しかもイエスが単なる一個の人間であって、良い倫理家、また教師だったことは認めるが仮に神の子などでは全くなかったと仮定する。普通なら、すでに数十年も前に他界してしまった普通の人をでっち上げるのに、これらの福音書の中でその著者たちがしたような手段は採らないと思う。自分たちを平均以下の愚か者のように描写してまで、「普通の人」を神に仕立てあげたいと思う人たちが一体どこにいるだろう。どうせするなら、もっと計画的にシナリオを書き、練り直し、再考に再考を重ねて、詳細に至るまで事の辻褄を合わせ、そして著者としての特権を利用して自らにも少しは英雄的な雰囲気を漂わせたいと思ったとしても、行き過ぎではないと思う。

しかも福音書の中で、ある意味では十字架の死という偉業の陰に隠れてしまって本来与えられるべき注目度がかなり薄まってしまっている人類史上最高最大のイベントである「復活」の描写、証言について語るなら、その信憑性はこの視野の転換ということからすると決定的に高くなる。何故かというと、イエスは自分が十字架に架けられて死んだのち、必ずその三日後に復活することを、再三再四、弟子たちに語っておられたからである。つまり、復活がイエスの生涯のメイン・イベントなのであって、十字架の死はいわばセミファイナルに過ぎないわけだ。そして、これらの「英雄」にもなれたはずの弟子たちは、福音書を著するにあたって、自らの弱さ、醜さ、信仰のなさ、そしてありとあらゆるお粗末さを、見事にさらけ出してしまった。

それは何故か。イエスの生涯のインパクトはそれほど凄いものだったからである。福音書を書き記す弟子たちの内には、イエスの神の子であったことを疑う疑念の余地は微塵もなかったからである。だからすべてをあるがままに描写した。もし世々代々の人々がこれを読んで、イエスの神聖を知ることができるなら、自分らの凡人であることを世界中に知られてしまったとしても、それはむしろ本望だった。

それがゆえに、弟子たちがイエスの十字架処刑に際して皆、逃げ去ってしまった醜聞をぼくたちは福音書に見つけることができるのだ。また、復活に際しての弟子たちの言動は目も当てられない。あれほど繰り返し諭されていたのに、イエスがいざ処刑され墓に収められてしまったら、「復活」を信じ、待ち望んでいた弟子はもはや一人としていなかった。しかも復活の噂が実際に何人かの仲間によって知らせられてニュースとなり、証言者、目撃者の数が一人また一人と増えていったときにも、やはり大半の弟子たちは証言者、目撃者をむしろ気違い扱いして、信じざるを得なくなるような立場に追い込まれるまで絶対に信じようとしなかった。ぼくたちはここに福音書の絶対的な信憑性を感ぜずにはおれないのである。

キリスト教

一般的に勤勉で努力家であるとされている日本人にとって、キリスト教が今ひとつ受け入れ難いのは、受け取る側に受け取るだけの価値がある無しに拘わらず、救いというものが無条件に与えられる点にあると思う。むしろ、救われるためには百メートルを九・九秒で走りなさいとか、どこどこの大学院を卒業しなさいとか、献金を最低でも三千万円は納めなさいとか、一ヶ月間断食しなさいとか、針のむしろに二十四時間座りなさいとか、どこどこの山に篭って修業を積みなさいとか言ってもらった方が、何を貰うにしても、胸をはって手を差し出せるように感じる国民性のゆえだろう。

ところが、こうした日本人好みの鍛練とか修業とか業績といった類いを、キリスト教は全く無視している。救いは神から与えられる贈り物なのだから、勿論、代価を支払う必要などないし、わざわざお返しを用意する必要もない。老若男女、身分の違い、国籍、過去、そういったいっさいのものがことごとく無視されている。厳しい就職試験に慣れているぼくたちの感覚から言うなら、自分の築き上げた素晴らしい楽園の市民として人を受け入れるのに、入国管理の条件をそれほども緩慢にしている国など何処にもないだろう。そんな大それたことを、この聖書の神はなさるのである。

よく尋ねられる質問にこういうのがある、

「だったら、ぼくが過去にとても大きな過ちをしでかしていたとしても、神は受け入れてくれるって言うんですか。人殺しであっても」

するとぼくは、聖書を開いて実際に聖書の中で神に受け入れられているばかりか、英雄のランクにさえ入れられて賞賛されている人物を次々と挙げていく。驚くことに、そうした人物の大半がその履歴になんらかの汚点を残しているのである。勿論、殺人犯だって何人もいる。モーセにしても、ダビデにしても、新約のパウロにしても、こうした人々に共通しているのは、彼らが救いを受ける以前にも、また受けてからも、人間的にはお世辞にも善良市民であったとは言えず、社会的にもその評価はままならなかったということである。無論、「過去の人物」となってしまった彼らは、現代の人たちからは英雄視されているが、もし彼らが今この時代に生きていたとしたらその「英雄」のラベルがまだ貼られているかどうかは疑わしい。

だからこそ、聖書はあなたのための本なのだ。こんなことを言ったら叱られるかもしれないが、救いを受け取る前に神が人に求められることがあるとするなら、それはただ自分自身を正直に見つめてみて、はたしてそこに、神のように純粋で公正な方の前に立つことができる立派な自分がいるかどうかを判断してみることだけだ。

そして、そのときにあなたは神の無条件で差し出される贈り物を受け取る条件を満たすのである。様々なストーリー、歴史、預言を通じて、聖書の語りたいことの核心はそこにある。そのことがわかって、あなたが素直に手を差し出すなら、それだけで聖書の書かれた目的は遂げられたのであり、他のことなどさっぱりわからなくても、神は心からあなたを歓迎され、天国の扉があなたの前に大きく開かれるのである。

第二十三章　ダニエル二章（そして七、八章）

聖書には預言が満載されている。本書でも、イエスに関する預言とか、終末に関する預言とか、歴史上の著名な王や有名な出来事に関する預言とかを何回か紹介してきたが、このダニエル二章はどういう訳かまだ取り上げていなかった。聖書の預言が網羅している歴史的時間、出来事、人物の範囲は実に驚異的で、人知では及びがたいものがある。だから、こうした聖書の預言を体系的に理解し、解き明かそうとするなら、聖書を全体的に把握していることと、歴史の流れの中から預言が何時どのように成就されてきたのかを知識として理解している必要がある。

ぼくたちはそんなレベルからはまだ程遠い所をヨタヨタと歩いている。ぼくたちが何をしているかと言うと、例えば一万ピースの巨大なジグソー・パズルを与えられて、それに挑戦し始めた段階だと思う。ぼくはジグソー・パズルのような面倒くさいことはあまり好まないのだが、家内や子供たちは結構好きで、家にも二千ピース程度のサイズのものが幾つかある。これにはコツがあって、特に大きなヤツに取り組む時は、まず完成時の全体像を想像してピースを色ごとに分類するそうである。そして初めに枠組みを埋め込んでしまうのだそうだ。それを基点に、部分的な絵像を合わせながら、焦ることなく着々と作業を進めていく。どうにも忍耐の要る作業だが、聖書の預言の解釈もそれと非常に似通っている。そしてこのダニエル二章は、ジグソー・パズルの枠組を構成する非常に大事な部分なのである。聖書の他の預言を正しく捉えて解釈するためには、絶対にこのダニエル二章を知っていなければならない。

ダニエルは紀元前六二〇年頃生まれたイスラエルの預言者の一人で、彼の活躍の舞台はかのバビロニア大帝国である。このバビロニア帝国は人類の発祥の地として知られるエデンの園を擁する地域に所在し、チグリス、ユーフラテスの二つの川によって豊かに潤されていた。キリスト教文明が世界を風靡する以前の歴代の王たちは、ここに好んで居を構えた。また数々の像が黄金で作られ、都のあちこちに建てられていたため、「黄金の都」とも呼ばれていた。

都は宗教色が濃く、宮の数は市内だけでも五十三、祭壇の数は百八十もあったと言われている。バビロニア帝国の驚異の一つはその大きさである。

難攻不落と言われた宮殿を取り巻く城壁は、二十五キロメートル四方、全長にしておそよ百キロメートルの長さを誇り、その高さは九十メートルに及んだ。

また、敵が地面を掘り進んで侵入して来ないように、城壁は地下十メートルの深さまで埋め込まれていた。さらに深い堀が幅広く設けられ敵の侵入をいっそう困難にしていた。しかも城壁の上には見張りの兵卒が待機する二百五十戸のやぐらがあり、二十五の城門は青銅製だった。

紀元前六〇六年、エルサレムからバビロンに捕囚された最初のグループの中に、このダニエルもいた。日本で言えばまだ中学生だったダニエルが、神の操る不思議な運命の糸に導かれて、突如、世界帝国の桧舞台に浮上する。ダニエルの名声は瞬く間に当時の世界に知れ渡ることになる。かの大預言者エゼキエルも、青年ダニエルの活躍を暗示させるような記述を残している。（エゼキエル書一四：一四、二〇：二八：三参照）

こうして見ると、神は歴代の帝国とその王たちの側に、常に御自身の僕たちを配置され、人類の歴史のコースに影響を及ぼして来られたことがわかる。エジプトにはヨセフやモーセがいたし、その後に続く諸帝国にも例外なく神の預言者が送られていた。イエスはローマ帝国の支配下にあったイスラエルを拠点に宣教され、弟子たちもまた当時の主要都市に宣教の手を伸ばし、次第にそのターゲットをローマ帝国に絞っていって、ついにはローマ帝国を初代ローマ・カトリック教国としてしまった。

ここに登場するネブカデネザルという王は、バビロニア帝国の存在した七十年という期間の大半である四十五年間、バビロンを治める。ネブカデネザルの父ナボポラザルは紀元前六二五年にアッシリア帝国のくびきを砕き、都を治める。紀元前六〇九年に、その父によって軍の長に任命されたネブカデネザルは、西方の国々を侵略し、六〇六年にエジプトの手中からパレスチナをもぎ取って、ユダヤ人を捕囚する。そして、ダニエルもそうして捕らえられた者たちの一人だった。

同年、ネブカデネザルは父親の位を継承し、その二年後に独立。その翌年にはかの有名なカルケミッシュの戦いでエジプトを粉砕してしまう。紀元前五九七年にはパレスチナで再度勃発した反乱を鎮圧し、多数のユダヤ人を捕囚するが、この中にエゼキエルがいる。

ネブカデネザルはその後十三年にわたってツロを軍勢で包囲する。さらに紀元前五八二年、モアブ、アモン、エドム、レバノンを略奪し、五八一年には再度ユダヤから捕虜を取り、五七二年にはエジプトを侵略し、五六一年に死亡する。

ダニエルはネブカデネザルに強力な影響を及ぼし、彼をして三度、主なる神を「ダニエルの神」と呼ばしめる。

ダニエル二章は、こんな背景の中で与えられた。

ここに記録されている預言が、どうしてそれほども重要で、中核的な位置を占めているのだろうか。この預言は、聖書に記録されている大半の預言のように、神から直接、神の預言者に対して与えられたものではなかった、ということがまずその理由として挙げられる。夢という媒介を通して当時の世界を統治していたネブカデネザルに与えられ、それを神の預言者ダニエルが解き明かすという異例の手段が採られているのである。しかも、その内容は人類の歴史をそのまま反映してしまうものであり、そのスケールの大きさ、その正確さは比類なきものである。

つまり、上に挙げた歴史的事実に基づいて、このダニエルという預言者が歴史のどの位置に属し、どんな役割を果たし、どのような預言を与えているかが判ると、後は、それに並行する世俗的な歴史から、この預言の内のすでに成就されたものと、今から成就されるものとを見極めて、歴史におけるぼくたちの位置関係まで理解することができるからである。

では、ダニエル二章を一句一句、解き明かしていこう。

「ネブカデネザルの治世の第二年に、ネブカデネザルは夢を見、そのために心に思い悩んで眠ることができなかった」

神は、夢という媒介を通してよく人に語られる。その理由としてはまず、人は、特に現代人は、起きて活動している日中は関心事が他に多くあり過ぎて、神を想う時間や余裕がほとんど無いことが挙げられる。当時の世界の頂点に立っていたネブカデネザルであれば、なおさらである。とにかく、この夢はショッキングなものだったに相違ない。夢から覚めた時、ショックの余り、再び眠ることが出来なくなってしまったのだから。

しかし、ネブカデネザルにはその夢の意味が全く理解できなかった。そこで、王はバビロンの知者、賢者、学者、宗教家、占い師などを呼び寄せて、その夢の解き明かしをさせようとする。だが誰が解き明かすにせよ、自分の見た夢の解き明かしに信憑性を持たせるために、自分が見た夢がどのような夢だったかをまず彼らに語らせ、その上で夢を解き明かすように求めたのである。勿論、そんな事は人間のなせる業ではないので、彼らは時間稼ぎにかかる。だが、その夢のために気が狂わんばかりになっている王は、大いに憤って、バビロンの知者をすべて滅ぼすよう命令を下す。

だが、捕囚でバビロンに連れて来られたダニエルも、幾つかの経緯があって、その年齢にもかかわらず、この時にはすでにバビロンの知者の一人として数えられている。（ダニエル一章参照）人に感知できない霊の世界で働かれる神の得意とするいつものパターン、ピンチをチャンスに変えられる神の巧みな舞台設定の一つである。この絶体絶命の危機にあって、ダニエルは思慮と知恵とをもって事に当たったと、聖書は語っている。ダニエルは王との謁見を許され、その解き明かしのために、しばらくの時を与えられるようにと、直々に王に願うのである。今の日本なら、まだ高校生になるかならないかの少年ダニエルが、激しい憤りをもって怒り狂う世界帝国の王をなだめ、説得する。そして王はダニエルのこの申し出を受け入れるのである。これが神の奇跡でなくて、いったい何であろう。

「それからダニエルは家に帰り、同僚の三人にこの事を告げ知らせ、共にこの秘密について天の神のあわれみを請い、自分たちが、他のバビロンの知者と共に滅ぼされることのないように求めた」（二：一七―一八）

聖書を読むとき、ぼくたちがよくやってしまうのは、登場人物に注目する余り、その背後でほとんどの仕事をしている神の働きを見落としてしまうことである。確かにダニエルは預言者として顕著な業績を残してはいるが、彼はあくまでも「神の」預言者であって、神が示してくださるのでない限り、何一つ受け取ることはできない。この場合もその例外ではない。ここにはっきりとダニエルの信仰が表明されている。王がいったいどんな夢を見たのか、ましてやその解き明かしなど皆目わからなかったが、取りあえず、時間を稼いで、神のもとに行くことが出来さえするなら、神が何らかの解答をくださるという信仰があったのである。

「ついに夜の幻のうちにこの秘密がダニエルに示されたので、ダニエルは天の神をほめたたえた」(二・一九)

そして、この示された秘密を王のもとに届けるにあたり、ダニエルは自分の神を証しするのに忠実だった。ダニエルは王にこう告げているからである。

「王が求められる秘密は、知者、法術士、博士、占い師など、これを王に示すことはできません。しかし秘密をあらわすひとりの神が天におられます。彼は後の日に起るべきことを、ネブカデネザル王に知らされたのです。あなたの夢と、あなたが床にあって見た脳中の幻はこれです。将来、どんな事が起るかを、あなたに知らされたのです。この秘密をわたしにあらわされたのは、すべての生ける者にまさって、わたしに知恵があるためではありません」(二・二七―三〇)

これこそまさしくダニエルがその若さや経験の乏しさにもかかわらず、神に力強く用いられた理由である。神の御前に自らを謙虚に保ち、あらゆるチャンスを忠実に利用して賢く神を証しし、既知のことについても未知のことについても、全面的に神に信頼することによって神の働かれるスペースを大きく、広く取っていたからである。自分の考えに凝り固まって、自分なりに設定した枠組にしたがって小さな箱を作り、その中に神を押し込めようとするぼくたちは、ここから多くを学ぶことができる。

さて、夢とその解き明かしに移ろう。まずは夢の説明である。


「王よ、あなたは一つの大いなる像が、あなたの前に立っているのを見られました。その像は大きく、非常に光り輝いて、恐ろしい外観をもっていました。

その像の頭は純金、胸と両腕とは銀、腹と、ももとは青銅、すねは鉄、足の一部は鉄、一部は粘土です。

あなたが見ておられたとき、ひとつの石が人手によらずに切り出されて、その像の鉄と粘土との足を撃ち、これを砕きました。

こうして鉄と、粘土と、青銅と、銀と、金とはみな共に砕けて、夏の打ち場のもみがらのようになり、風に吹き払われて、あとかたもなくなりました。

ところが、その像を撃った石は、大きな山となって全地に満ちました」（二：三一—三五）

この像は人の姿をしていたが、肉体ではなく、各部分が異なる金属で出来たものだった。実際にこの夢を見たのはネブカデネザル王であって、ぼくたちではないので、どれくらいのサイズで、どのような恐ろしい形相をしていたのか、それは想像するしかないが、とにかく王にとっては、この夢を解き明かせないなら、自分の治めている国の知者をすべて滅ぼしてしまってもかまわないと思わせるほどの強烈なインパクトを持ったものだった。

想像力を使ってこの像を眺めて見ると、まず気づくのは、この像を構成する金属が頭から始めて足に至るまで徐々に劣化していることである。金からはじまって鉄と粘土で終わっている。

像全体の観察が済むやいなや、この像は人手によらずに切り出された石によって撃たれ、粉微塵になってしまう。留意すべきなのは、石が像を撃った箇所で、それは頭でも、腰でも、脚でもなく、足の先の部分だった。石によって撃たれた像は粉々になって、風に吹き払われてあとかたもなくなってしまい、その代わりに像を撃った石が大きな山となって全地に満ちる。夢はざっとそんなところである。

では、その夢の解き明かしに入る。

「王よ、あなたは諸王の王であって、天の神はあなたに国と力と勢いと栄えとを賜い、また人の子ら、野の獣、空の鳥はどこにいるものでも、皆これをあなたの手に与えて、ことごとく治めさせられました」(二・三七、三八)

新約聖書のローマ人への手紙の中で、パウロもまた、

「神によらない権威はなく、おおよそ存在している権威は、すべて神によって立てられたものである」

と言っている。（ローマ人への手紙一三：一）

「あなたはあの金の頭です」（二：三九b）

これは大きな鍵である。ジグソー・パズルでもその置き場所が判ると後が非常に楽になるピースというものがある。この夢の解き明かしでは、あの像の金の頭の部分がバビロンのネブカデネザルであると判明したのは、実に大きな手掛かりである。像が何を象徴しているのかという一番大きな謎が解けて、解き明かしの方向性がこれによって定まったからである。

「あなたの後にあなたに劣る一つの国が起こります」（二：三九b）

ここで歴史をひも解き、古代バビロニア王国の後にどの帝国が続いて起きたかを見てみると、それがメデア・ペルシャという連立帝国だったということがわかる。

「また第三に青銅の国が起って、全世界を治めるようになります」（二：三九b）

バビロンを第一とし、メデア・ペルシャを第二とするなら、「第三の青銅の国」というのは当然ギリシャ帝国である。そして、このギリシャ帝国は世界をいわゆる地球規模で治めた最初の帝国であり、その帝国を世界に君臨させたのはかのアレキサンダー大王である。

さて、これらの帝国は、この大いなる像の体の異なる部分と、金属とで象徴されているようである。第一の国バビロンは、一番上の頭の部分であって、しかもここに出てくる金属の中では一番貴重な金として描かれている。そして、「権威を立てられ、それを許されるのが神である」という点を理解するなら、このバビロンという国は神の目に名実共にトップの、優秀な国だったということがわかる。冒頭の説明にもあるように、バビロニア帝国は実に聡明に、また巧みに建てられた帝国であり、知識、知性、博学というものが大きな関心事だった。「頭」として象徴されている所以である。

同じ観点から第二の国、つまり、紀元前五三八年にバビロンを征服したメデア・ペルシャの連立王国を見てみると、金属では銀として、すなわち、金よりも希少価値でも有用性でもやや劣るものとして象徴されている。しかも、体の部分では胸と両腕である。歴史から見ると、この連立王国は結局最後にはペルシャの方がメデアを抑え、支配するようになる。右腕を利き腕とするならば、この胸と両腕として描かれている右腕はペルシャであり、左腕はメデアということになる。そしてこの二つの国はどちらも手工芸や建築といった手のわざが巧みだったとして知られている。

第三の青銅の国として、体の部分では腹に象徴されているギリシャ帝国は、哲学や宗教、霊的な事、さらにはセックスやグルメといった、人が腹の部分で考えたり、行なったりする行為に非常に特色を持つ文化を擁していた。イエス・キリストも、人の霊的な部分が腹にあるということについて、「わたしを信じる者は、聖書に書いてあるとおり、その腹から生ける水が川となって流れ出るであろう」（ヨハネによる福音書七：三八）と言っている。

「第四の国は鉄のように強いでしょう。鉄はよくすべての物をこわし砕くからです。鉄がこれらをことごとく打ち砕くように、その国はこわし砕くでしょう」（二：四〇）

ギリシャ帝国に続く帝国は勿論、ローマ帝国であり、ここに描写されているように、この帝国の特徴は鉄のような強靭な支配であり、体の部分では「脚」として描かれているように、「すべての道はローマに通じる」と詠わせた有名な道路建設と、あの最強軍団の行進がローマ帝国の特徴である。そして、脚は体の中で一番長い部分だが、ローマ帝国の世界支配は約一千年続いた。さらに、ローマ帝国は後に東西の二帝国に分裂する。ローマを首都とするローマ帝国と、コンスタンチノープルを首都とするビザンチン帝国とである。また、ローマを首都とする現在のイタリアはブーツの形をしている。この像の中でローマ帝国が二本の脚として象徴されているのは、あまりにも出来過ぎなのだろうか。

「あなたはその足と足の指を見られましたが、その一部は陶器師の粘土、一部は鉄であったので、それは分裂した国をさします。しかし、あなたが鉄と粘土との混じったのを見られたように、その国には鉄の強さがあるでしょう。その足の一部は鉄、一部は粘土であったように、その国は一部は強く、一部はもろいでしょう。あなたが鉄と粘土の混じったのを見られたように、それらは婚姻によって、互いに混ざるでしょう。しかし鉄と粘土とは相混じらないように、かれとこれと相合することはありません」（二：四一―四三）

さて、夢の解釈はとうとう像の足と指先の部分に差し掛かっている。ローマ帝国の長い支配の後、世界にはそれ以前の諸帝国に匹敵するような王国は存在していない。幾つもの混乱と分裂の時代を経て、世界には国境という亀裂が入り、かつてないほどの数の小国がひしめき合っている。そして、この部分が「相合することのない」、「粘土」と「鉄」で構成されているという説明も実に的を得たものであり、世界の国境は年を追うごとにますます細かくなってきている。「一部は強く」、「一部はもろい」という描写もまた、ローマ帝国以降の世界が強靭な独裁政権と、もろさのある民主政権との間を試行錯誤を繰り返しながら行ったり来たりしてきた事実を見事に予告している。

バビロンが世界を支配していたかの時代に、一つの夢がその帝国の王に与えられ、その夢の解き明かしが神の預言者に授けられる、という異例の形態で聖書に記載されることになるこの預言は、歴史という観点から見ても、また神の言葉の信憑性という観点から見ても、実に驚異的なものであることが、これによって解っていただけると想う。夢の中に現れたこの人の姿をした恐るべき像は、一口に言って世界の歴史を表している。その像の頭からつま先に至る上から下への動きによって、まず時間的観念が与えられている。からだを構成する部分や器官は、その歴史の中で位置している各帝国の順位を示している。また、からだを構成する一つひとつの部分がそれぞれ異なった働きや役割を持っているように、そうした部分が象徴している各帝国の歴史上で果たした役割も異なっている。そして、徐々に劣化していく金から粘土までの材質の違いによっても、それぞれが象徴している国々の性格や内容が指し示されている。

「それらの王たちの世に、天の神は一つの国を立てられます。これはいつまでも滅びることがなく、その主権は他の民にわたされず、かえってこれらのもろもろの国を打ち破って滅ぼすでしょう。そしてこの国は立って永遠に至るのです。一つの石が人手によらずに山から切り出され、その像の鉄と粘土との足を撃ち、鉄と、青銅と、粘土と、銀と、金とを打ち砕いたのを、あなたが見られたのはこの事です。大いなる神がこの後に起るべきことを、王に知らされたのです。その夢はまことであって、この解き明かしは確かです」（二・四四、四五）

この石は勿論、イエス・キリストの王国である。では、このイエスの王国が設立される時期はいつなのだろうか。これまでに与えられている夢の説明と解き明かしから、この時期についてもかなり具体的にされている。石が撃った像の部分は、「粘土と鉄の混じった足の指」の部分だった。ローマ帝国亡きあとの混迷の時代、「鉄」のような強大国、「粘土」のような弱小国が散在し、しかも国境が複雑に入り組んで地球上に亀裂を作っている今の世界であると考えて、ほぼ間違いはないだろう。

さて、ダニエル書にはこの二章の他にも七章、八章、九章、十一章と驚異的な預言や幻が記載されているが、とりわけ七章と八章は、この二章で描写されている歴代の世界帝国を別の角度から、より詳細に描き出している。

例えば、第七章の幻では、これらの世界帝国は「四つの大きな獣」によって象徴されている。

「第一のものは、ししのようで、わしの翼をもっていたが、わたしが見ていると、その翼は抜き取られ、また地から起こされて、人のように二本の足で立たせられ、かつ人の心が与えられた」（七：四）

これはバビロニア帝国の象徴であって、ここでは「しし」として描かれ、「その翼が抜き取られ」たとあるが、これはあのネブカデネザル王がある日、自分に権威を与えてくださった天の神を忘れて自ら高ぶり、バビロンの威光を自分の手柄としてしまった時に、国を追われ、七年間、獣同然の暮らしをするようになるとの預言の成就が裏付けられている。結局、七年の後、ネブカデネザル王は我に返り、**「そこでわれネブカデネザルは今、天の王をほめたたえ、かつあがめたてまつる。そのみわざはことごとく真実で、その道は正しく、高ぶり歩む者を低くされる」**と言って、天の神に栄光を帰する本来の姿に立ち返ることになる。（ダニエル書四章参照）獣に「人の心が与えられる」といわれる箇所の真意である。

「第二の獣は、熊のようであった。これはそのからだの一方を上げ、その口の歯の間に、三本の肋骨をくわえていた」（七：五）

バビロニア帝国に続く第二の国、メデア・ペルシャの連立王国は、ここでは「熊」である。注目してほしいのは、この熊が「からだの一方を上げている」という描写である。先ほどの「両腕」の説明で利き腕について話し、結局ペルシャ王国がメデアを抑え支配するようになる、と説明したが、この七章の幻の中でも「からだの一方を上げ」、また、「その口に三本の肋骨をくわえる」熊として語られている。この「三本の肋骨」とは、メデア・ペルシャの連立王国に先立つ世界帝国の象徴で、この三つの国が何処かは歴史を見れば歴然である。エジプト、アッシリア、そしてバビロンである。

「その後わたしが見たのは、ひょうのような獣で、その背には鳥の翼が四つあった。またこの獣には四つの頭があり、主権が与えられた」（七：六）

メデア・ペルシャの連立王国に続く第三の帝国ギリシャについては、アレキサンダー大王があまりにも有名だが、この帝国が「ひょうのような獣」として描写され、翼が四つ、頭が四つとされていることは注目に値する。ギリシャ帝国に関して一つ顕著なのは、当時の文明社会全体をたった十年で征服してしまったそのスピードの速さであるが、それは「ひょうのような獣」に見事に描写されている。

また、ギリシャ帝国以前に存在した帝国の数は、エジプト、アッシリア、バビロン、メデア・ペルシャの四つであり、ギリシャ帝国はアレキサンダーの死後、四つの王国に分裂することになる。

「第四の獣は、恐ろしい、ものすごい、非常に強いもので、大きな鉄の歯があり、食らい、かつ、かみ砕いて、その残りを足で踏みつけた。これは、その前に出たすべての獣と違って、十の角を持っていた」(七：七)

これがローマ帝国であることは言うまでもない。二章の「鉄の脚」に象徴されている同じ強靭さが、この「第四の獣」の「鉄の歯」や、あらゆる物を「踏みつける足」に表されている。

ダニエル書の預言の物凄いところは、第八章の幻においても、第七章で付け足されている説明的描写が更なる特徴をもって詳細にわたり描写されていることである。

まず初めに「雄羊」が登場する。

「わたしが目をあげて見ると、川の岸に一匹の雄羊が立っていた。これに二つの角があって、その角は共に長かったが、一つの角は他の角よりも長かった。その長いのは後に伸びたのである」(八：三)

この幻がダニエルに与えられたのはベルシャザル王の治世の第三年と書かれているから、時はすでにメデア・ペルシャの連立王国の時代を迎えていた。ゆえに、この幻はメデア・ペルシャの連立王国から始まるので、ここに登場する雄羊はメデア・ペルシャの連立王国を象徴していることになる。

ここでもまた一貫して、「二つの角」としてこの連立国家が描かれ、「一つの角は他の角よりも、後になって長く伸びた」という言い方で、メデアを抑えて栄えたペルシャ王国が説明されている。つまり、「後に伸びた長い角」はペルシャの王クロスであり、もう一方の短い角はメデアの王ダリヨスのことである。

「わたしがこれを考え、見ていると、一匹の雄やぎが、全地のおもてを飛びわたって西から来たが、その足は土を踏まなかった。このやぎには、目の間に著しい一つの角があった。わたしが見ていると、このやぎは、あの二つの角のある雄羊にむかって怒りを発し、雄羊を撃って、その二つの角を砕いた。雄羊には、これに当たる力がなかったので、やぎはこれを地に打ち倒して踏みつけた。こうして、この雄やぎは、はなはだしく高ぶったが、その盛んになった時、あの大きな角が折れて、その代わりに四つの著しい角が生じ、天の四方に向かった」（八：五―八）

この幻に関しては、同じ章の後半でダニエル自身が解き明かしを与えている。八章の二一、二二節を見ると、そこには、

「あなたが見た、あの二つの角のある雄羊は、メデアとペルシャの王です。また、かの雄やぎはギリ

シャの王です。その目の間の大きな角は、その第一の王です。またその角が折れて、その代わりに四つの角が生じたのは、その民から四つの国が起るのです。しかし、第一の王のような勢力はない」とある。

驚くなかれ、この預言は、アレキサンダー大王が率いるギリシャ帝国によってその約三百年後に成就される。そして、この「第一の王」がアレキサンダーであることは言うまでもないが、歴史は、アレキサンダーの死後、ギリシャ帝国が四つの王国に分裂したことを告げている。しかも、「その四つの国は、第一の王のような勢力はない」という描写も、歴史が見事に証明している。とにかく、このアレキサンダーという人物はカリスマ的な王であって、その戦術はそれまでの軍事的常識を完全に覆すもので、五百万の兵を擁する軍を相手取り、わずかその十分の一の五十万の兵で奇跡的に勝利を治めてしまったのはあまりにも有名である。

また、イスラエルはアレキサンダーの征服を辛うじて逃れた数少ない国の一つだったが、ユダヤ人は進軍してくるアレキサンダー大王に使者をつかわし、この「ダニエル書」の預言を彼に見せ、アレキサンダー大王が神の書に預言されていることを告げて滅亡を逃れたということである。

ダニエル書は、聖書の六十六もの書の中でも決して大きな書ではなく、ページ数にしても二十ページ余りに過ぎないが、ここに含まれる預言は簡潔性かつ重大性において超一級品である。冒頭でも言ったが、それは決してダニエルの偉大さではなく、神の偉大さのゆえである。ダニエルはただ神の御手に握られた小さな一つの駒に過ぎないのであるが、彼は彼自身、自らをめいっぱい神に委ねることで、神のメッセージを正確に受信することを可能にしたわけである。

そして何よりも特筆すべきなのは、人類の歴史にこのように見事に反映されている驚くべき預言の数々を聖書に記載することによって人が神を発見し、認識することを、神がいかに切望しておられるかということである。聖書は、それだから読み飽きることがない。掘っても掘っても埋蔵されている宝が次から次へと溢れ出してくる。

神の言葉、それはまさしく涸れることのない永遠の流れなのである。

第二十四章　コリント人への第一の手紙（復活）パート1

この手紙の著者はお馴染みの使徒パウロ、この手紙の書かれたのは西暦五七年の春のことだった。コリントはギリシャの商業都市で、アテネから西に八十キロほどのところにある。当時の文明世界を支配していたローマ帝国の数ある都市の中でも最大級の都市の一つであり、最も裕福だったと言われている。人口も、ローマ、アレキサンドリア、アンテオケに次ぐ四十万という数を誇っていた。パウロは彼の第二回目の宣教の旅で、この町に一年半の間（西暦五二—五三年）滞在し、教会を設立することになるが、この第一の手紙の前にも書簡による交信が幾度かやり取りされていたことは明らかである。（五：九参照）アテネ人特有の哲学を持つコリントの市民を、当時は新興宗教とされていたキリスト教に帰依させてしまうパウロの、伝道者としての力量がうかがえる。だがしかし、いつの世にも人間というのは弱く愚かなもので、せっかく純粋な形で与えられた福音も様々な解釈が施されて、いつのまにか本来の姿からかけ離れたものに変えられてしまうのである。

宣教師の仕事は、別世界からやって来て、衝撃的なメッセージと力ある奇跡とによって町に旋風を巻き起こし、人々にインパクトを与えて古きを根こそぎにし、新しい思想を植え付けることである。宣教師パウロは、このコリント人らをキリスト教に根づかせるという意味で、確かに偉業を成し遂げた。だが、どんな素晴らしいものも、衝撃が薄れ、目新しさがなくなってくると、時間の経過と共に興奮度は下がってしまうし、メッセージを心から喜んで受け入れたはずの人々も次第に熱意を失い始めてしまう。それが人間性というものである。宣教師は、やって来たのと全く同じくらいの速さで、また別の新天地を目指して立ち去って行く。

今必要とされているのは、宣教師からしっかりと教義を教え込まれ、そのメッセージをなるべく原形を保たせながら忠実に、かつ忍耐強く、地元の人たちに浸透させていくのを職務とする牧師の登場となる。植え込まれた種に水や肥料を与え、新しい土壌に慣らせ、成長を促すのは、ある意味では宣教師の仕事よりも大変である。また脚光を浴びることもない。パウロは、宣教師でありながら、また牧師でもあった。宣教の旅に出て、種を蒔き、メッセージを広めて、クリスチャンのベビーを次から次に誕生させていく手腕にかけては、彼の右に出る者などないほどだったが、同時に彼は必要とされている町や教会には長期間とどまって、そこでの問題に取り組み、キリスト教をその土地の慣習・風土と混じり合せて土着化させることによって、根を深くはらせ、その結果としていつまでも残る実を結ぶように助ける忍耐強い牧師でもあったからだ。

この時期は、キリスト教がアジア・ヨーロッパに広く、速く伝えられていた時だったので、各地の教会やクリスチャン・グループがパウロの個人的監督を必要とし、かつ要請していたことは間違いのないところである。しかし、残念ながらパウロは神でもなければスーパーマンでもない。一時に幾つもの場所にいることなど出来るはずはなかった。需要と供給の関係が極度にアンバランスだったのである。

そこでパウロがしたのが書簡による牧羊だったのである。ご存知のように、イエスは御自身を信じ、御自身に従う者たちを「羊」と呼ばれ、ちょうど羊飼いと羊の関係のように、教会の指導者たちは新しいクリスチャンらを教え、導くべきだと諭された。そして、神はこの手段を良しとされ、これらの書簡を「聖書」という一冊の書物にまとめて、後々に続くぼくたちクリスチャンの霊的な糧とされたのである。神の知恵は本当に計り知れない。

この書簡の書き出しはこうである。

「あなたがたはキリストにあって、すべてのことに、すなわち、すべての言葉にもすべての知識にも恵まれ、キリストのためのあかしが、あなたがたのうちに確かなものとされ、こうして、あなたがたは恵みの賜物にいささかも欠けることがなく、わたしたちの主イエス・キリストの現れるのを待ち望んでいる」

これこそ、すべての場所のあらゆるクリスチャンのあるべき姿だとぼくは思う。パウロの言葉を借りれば、「わたしたちは、貧しいようであるが、多くの人を富ませ、何も持たないようであるが、すべての物を持っている」（コリント人への第二の手紙六：一〇）。しかも、単にキリストが来て、十字架の死によってぼくたちの罪を取り除いてくださったことだけではなく、その同じイエス・キリストが、その約束通り、義によって世界を治めるために再びこの地上に戻って来られることをも信じ、待ち望んでいる存在が、真のクリスチャンなのである。そうしたクリスチャンたちを、

「主もまた、あなたがたを最後まで堅くささえて、わたしたちの主イエス・キリストの日に、責められるところのない者にしてくださるであろう」（コリント人への第一の手紙一：八）

パウロは、この励ましに満ちたイントロの後で、当時のコリントの「教会」で起きていた幾つかの問題に対処している。「教会」と言ったのは、本書で繰り返し言ってきたように、これは「信者たちの集まり」を指す言葉であって、決して建物のことではないからである。今ぼくたちが教会として知っている「建物」が建てられ始めるのは、このコリント人への手紙の書かれた時代からさらに二百年後のことである。人々はもっぱら家庭や公共の場で集まっては、聖書を学び、讃美歌をうたい、交わりを持っていたのだが、コリントの人たちの問題はイエスの恵みに堅くささえられていることをせず、かえってグループを形成し、おのおののリーダーをかかえ、分派となって、教義上の些細な解釈の違いを言い争っては分裂を引き起こしていたのである。そこでパウロはこう書き送る、

「さて兄弟たちよ。わたしたちの主イエス・キリストの名によって、あなたがたに勧める。みな語ることを一つにし、お互いの間に紛争がないようにし、同じ心、同じ思いになって、堅く結び合ってい

てほしい。はっきり言うと、あなたがたがそれぞれ、『わたしはパウロにつく』『わたしはアポロに』『わたしはペテロに』『わたしはキリストに』と言い争っていると聞かされている。キリストは、いくつにも分けられたのか。パウロは、あなたがたのために十字架につけられたことがあるのか。いったい、キリストがわたしをつかわされたのは、福音を宣べ伝えるためであり、しかも知恵の言葉を用いずに宣べ伝えるためであった。

ユダヤ人はしるしを請い、ギリシャ人は知恵を求める。しかしわたしたちは、十字架につけられたキリストを宣べ伝える。キリストは神に立てられて、わたしたちの知恵となり、義と聖とあがないとになられたのである。」（一：一〇、一二、一三、一七、二二、三〇b）

その他、訴訟問題、偶像への捧げ物、聖餐式に関する誤解、偽使徒の出現、結婚問題、教会における女性の役割など、この書簡の中でパウロが取り上げている問題は種々あるが、上記の聖句で取り上げた「分派」の問題は現代の地球規模の宗教問題にも共通する実に深刻なものである。

本来、宗教というものは、神や仏という人間の域を超えた存在を信じ、その教えを守ることによってともすれば腐敗しがちな内なる人間を高揚し、愛を学び、それによって自己よりも他の幸を求めるという「超人間的な」性質を身につけ、それをさらに他へと伝え広め、浸透させていくことにより和と秩序のある世界を建設するというものであるはずだった。枝葉の部分での相違はあっても、根本の部分ではそうだったはずである。ところが人間というのは実に弱い存在であって、教会や神殿や宮などで教えを授かり、崇高な思いに浸っている内はいいのだが、その場を離れて自宅や職場に戻ると、様々なこの世のしがらみに捕らえられてしまって、信じているはずの「宗教」を忘れ去ってしまう。そして不信仰や不従順によって神への信仰が自分たちの思惑どおりに運ばなくなると、生活の中の神の不在を隠し、少なくとも周囲の人たちに対しては信仰深い装いを保とうとして、しわやもつれやほころびを無理矢理引っ張っては糊をきかせ、強引なこじつけ的行動によって自分がまだ神につながっているのだというふりをする。神の欠席を棚に上げて、形だけの「宗教」を前面に押し出すというていつものパターンに走るのである。異宗教間の争いもさることながら、同宗教の中でも右に述べられているように、互いに徒党を組み、仲間の中から指導者を選出し、それによって巧妙に神をバイパスしてしまい、自分たちに与えられた経典を都合のいいように解釈し、無理な注釈を施しては一つの「宗派」を作り上げてしまう。この愚行は歴史が端的に証明しているし、ぼくたちには弁解の余地はない。

「兄弟たちよ。わたしが以前あなたがたに伝えた福音、あなたがたが受け入れ、それによって立ってきたあの福音を、思い起こしてもらいたい。もしあなたがたが、いたずらに信じないで、わたしの宣べ伝えたとおりの言葉を固く守っておれば、この福音によって救われるのである」（コリント人への第一の手紙一五：一、二）

パウロが何よりも願うのは、クリスチャンを自称する人たちが、彼らをそもそもキリストに導いてくれた福音の単純なメッセージに立ち返り、そこにとどまることである。とどまっているだけではなく、福音を学び、理解し、悟り、一つひとつの言葉を消化して自分の内に同化することができるなら、それは素晴らしいし、願わしいことである。でも、「いたずらに信じる」のではなく、信じていることを実生活の中で生かすこと、つまり、自分の置かれている場所でそのメッセージに生きることが大切なのである。そうすれば、「この福音によって救われる」ことになる。単に救われて天国に行けるというだけではなく、クリスチャンであるという実感を日常生活の中で味わえる、そう、充実した人生を今この地上で送ることができるようになるのである。「こんな人生が送れたらなあ」という願望を現在進行形にする秘訣がここにある。あなたも試してみませんか。

「わたしが最も大事なこととしてあなたがたに伝えたのは、わたし自身も受けたことであった。すなわちキリストが、聖書に書いてあるとおり、わたしたちの罪のために死んだこと、そして葬られたこと、聖書に書いてあるとおり、三日目によみがえったこと、ペテロに現れ、次に、十二人に現れたことである」（一五：三―五）

パウロが最も大事だとするメッセージは、聖書の核ともいえるもので、それはイエス・キリストの十字架の死とその後の復活である。一般的にイエスの十字架の死はあまりにも有名だし、そのことを知らない人は世界中皆無に等しいと思うが、そのイエスが死後三日して復活されたことを知っている、あるいは信じている人はそう多くはいない。パウロは、コリント人への手紙の中でこの点を深く掘り下げていこうとしている。だが、とりあえず今、注目してほしいのは、パウロがここで再三にわたって「聖書に書いてあるとおり」と繰り返していることである。「いったい、キリストがわたしをつかわされたのは、福音を宣べ伝えるためであり、しかも知恵の言葉を用いずに宣べ伝えるためであった」とパウロは言っている。それがパウロの宣教だった。ぼくたちも、自分の知恵に頼らずに、ただ単純に福音のエッセンスを飲み込み、他に伝達しようとするなら、パウロが結んだのと同じ実を実らせることができるのである。

イエスの復活については、特に弟子たちの不信仰という側面から、以前、取り上げたことがある。三年半もの間、イエスと寝起きを共にし、その口からあふれ出る命の言葉にまず最初にあずかり、力ある奇跡のわざをことごとく目撃し、祈りを通して神と交信するということがどんなものなのかを直接にイエスから学び、天国の奥義が解き明かされるのを目のあたりにし、そして何よりも愛そのものである神の化身としての愛情深いイエスの人格に浴することができた弟子たちは、ぼくたちから見れば羨ましい限りである。だが、その幸せな三年半の最後の部分はいただけたものではなかった。

まずはクライマックスの十字架刑の場面である。恵みを与えられ、弟子としてイエスと行動を共にするという特権に預かったこの十二人は、裁判にかけられ、十字架刑の判決を言い渡され、実際に十字架にかけられて死んでいくという自分たちの主によって一番必要とされていた時に、ことごとくイエスを見捨てて逃げ去ってしまう。また、イエスが生前あれほども繰り返し語っておられた「死からのよみがえり」を弟子たちは全く信じていなかった。

「週の初めの日の朝早く、イエスはよみがえって、まずマグダラのマリアに御自身をあらわされた。

マリアは、イエスと一緒にいた人々が泣き悲しんでいる所に行って、それを知らせた。彼らは、イエスが生きておられることと、彼女に御自身をあらわされたこととを聞いたが、信じなかった。この後、そのうちの二人が、いなかの方へ歩いていると、イエスはちがった姿で御自身をあらわされた。この二人も、ほかの人々の所に行って話したが、彼らはその話を信じなかった。その後、イエスは十一弟子が食卓についているところに現れ、彼らの不信仰と、心のかたくななことをお責めになった。彼らは、よみがえられたイエスを見た人々の言うことを、信じなかったからである」（マルコによる福音書一六：九―一四）

「（よみがえられたイエスと会った女たちが）墓から帰って、これらいっさいのことを、十一弟子や、その他みんなの人に報告し、彼女たちと一緒にいたほかの女たちも、このことを使徒たちに話したが、使徒たちには、それが愚かな話のように思われて、それを信じなかった」（ルカによる福音書二四：一―一一）

「こう話していると、イエスが彼らの中にお立ちになった。彼らは恐れ驚いて、霊を見ているのだと思った。そこでイエスが言われた、なぜおじ惑っているのか。どうして心に疑いを起こすのか」（ルカによる福音書二四：三五―四三）

「十二弟子の一人のトマスは、イエスが（よみがえって）来られたとき、そこに一緒にいなかった。

ほかの弟子たちが、彼に、『わたしたちは主にお目にかかった』と言うと、トマスは彼らに言った、

『わたしは、その手に釘あとを見、わたしの指をその釘あとにさし入れ、また、わたしの手をそのわきにさし入れてみなければ、決して信じない。』

八日ののち、イエスの弟子たちはまた家の内におり、トマスも一緒にいた。戸はみな閉ざされていたが、イエスがはいってこられ、中に立って、『安かれ』と言われた。それからトマスに言われた、

『あなたの指をここにつけて、わたしの手を見なさい。手をのばしてわたしのわきにさし入れてみなさい。信じない者にならないで、信じる者になりなさい』。

トマスはイエスに答えて言った、

『わが主よ、わが神よ。』

イエスは彼に言われた、

『あなたはわたしを見たので信じたのか。見ないで信じる者は、さいわいである』。」（ヨハネによる福音書二〇：二四―二九）

聖書の中にはイエスの他にも死から生き返った者は何人かいるが、単なる生き返りと、復活との間には大きな違いがある。コリント人への手紙の一五章は、ここに焦点を定めている。

「そののち、五百人以上の兄弟たちに、同時に現れた。その中にはすでに眠った者たちもいるが、大多数は、いまなお存在している」（一五：六）

すなわち、パウロがこの手紙を書いている西暦五七年の時点でも、西暦三〇年に起きたイエスの復活を証しする人たちがなお大多数生存していたという意味である。

「そして最後に、いわば、月足らずに生まれたようなわたしにも、現れたのである。実際わたしは、神の教会を迫害したのであるから、使徒たちの中でいちばん小さい者であって、使徒と呼ばれる値打ちのない者である。しかし、神の恵みによって、わたしは今日あるを得ているのである」(一五・八―一〇)

このパウロの言葉は謙遜の極みである。しかし同時にこれは、神の恵みによってクリスチャンとされたぼくたちすべての者の感謝と驚嘆とであふれる心の言葉を純粋に表現している。つまり、これは単にパウロ自身の証しの言葉ではなく、機会あるごとにぼくたちもまた復唱すべき証しの言葉なのである。

このパウロは、クリスチャンに改宗する以前にはサウロと呼ばれ、「ガマリエルのひざもとで先祖伝来の律法について、きびしい薫陶を受け、神に対して熱心な」パリサイ人だった。そして、キリスト教を「迫害し、男であれ女であれ、縛りあげて獄に投じ、彼らを死にいたらせた」(使徒行伝二二章)。

実際、ステパノという名の弟子が初代教会最初の殉教者となった時にも、パウロはその場に立ち会っていた。パウロはその後もクリスチャンに対する迫害の手を伸ばし、殺害の息をはずませながら、さらにシリヤのダマスコへと馬を走らせていた。その時、不思議な方法でイエス自身がパウロのもとに現れることになる。

「旅をつづけてダマスコの近くに来た時に、真昼ごろ、突然、つよい光が天からわたしをめぐり照らした。わたしは地に倒れた。そして、『サウロよ、サウロ、なぜわたしを迫害するのか』と、呼びかける声を聞いた。これに対してわたしは、『主よ、あなたはどなたですか』と言った。すると、その声が、『わたしは、あなたが迫害しているナザレ人イエスである』と答えた。わたしと一緒にいた者たちは、その光は見たが、わたしに語りかけたかたの声は聞かなかった。わたしが、『主よ、わたしは何をしたらよいでしょうか』と尋ねたところ、主は言われた、『起き上がってダマスコに行きなさい。そうすれば、あなたがするように決めてある事が、すべてそこで告げられるであろう』。わたしは、光の輝きで目がくらみ、何も見えなくなっていたので、連れの者たちに手を引かれながら、ダマスコに行った」（使徒行伝二二章）

パウロはダマスコでアナニヤという弟子のところへ行き、彼によってその目をいやしてもらい、またすべき事を告げられるのであるが、使徒行伝には、「サウロは、ダマスコにいる弟子たちと共に数日間を過ごしてから、ただちに諸会堂でイエスのことを宣べ伝え、このイエスこそ神の子であると説きはじめた」（使徒行伝九章）とある。

高速道路を西から東に猛スピードで突っ走っていて、突如、まるで発作でも起こしたかのように、ブレーキも踏まず、スピードを緩めることもせず、急ハンドルを切ってUターンをするようなものである。狂信的迫害者サウロから、熱心で献身的なクリスチャン、パウロへの大変身はそんな風にして起こった。

そしてパウロが、「わたしに賜った神の恵みはむだにならず、むしろ、わたしは彼らの中の誰よりも多く働いてきた」と言うとき、それは決して高ぶりでも高慢でもなく、彼自身の人生そのもので証言できる事実なのである。

「しかしそれは、わたし自身ではなく、わたしと共にあった神の恵みである」と続けるパウロだが、そこには書簡の中で再三に渡って「恵みによる救い」を繰り返し説く彼の真意がうかがえる。神の恵みを身をもって証言できる人がいるとするなら、パウロは疑いもなくその筆頭にいるからである。だが、パウロの場合には「働き」によって「神の恵み」をさらに多くの人に伝達しようとする熱意がある。

パウロはコリント人に宛てた第二の手紙の中で、分派の中で「人」にへつらい、人間的な考え方で指導者たちを比較しようとしていた人々の問題に対して、こんな言葉を与えている。

「もしある人があえて誇るなら、わたしは愚か者になって言うが、わたしもあえて誇ろう。彼らはキリストの僕なのか。わたしは気が狂ったようになって言う、わたしは彼ら以上にそうである。苦労したことはもっと多く、投獄されたことももっと多く、むち打たれたことは、はるかにおびただしく、死に面したこともしばしばあった。ユダヤ人から四十に一つ足りないむちを受けたことが五度、ローマ人にむちで打たれたことが三度、石で打たれたことが一度、難船したことが三度、そして、一昼夜、海の上を漂ったこともある。幾たびも旅をし、川の難、盗賊の難、同国民の難、異邦人の難、都会の難、荒野の難、海上の難、にせ兄弟の難に会い、労し苦しみ、たびたび眠られぬ夜を過ごし、飢えかわき、しばしば食物がなく、寒さに凍え、裸でいたこともあった。

だれかが弱っているのに、わたしも弱らないでおれようか。だれかが罪を犯しているのに、わたしの心が燃えないでおれようか。もし誇らねばならないのなら、わたしは自分の弱さを誇ろう。永遠にほむべき、主イエス・キリストの父なる神は、わたしが偽りを言っていないことを、ご存知である」

（コリント人への第二の手紙一一：一六―三三）

第二十五章　コリント人への第一の手紙（復活）パート2

この後、コリント人への第一の手紙の第一五章は、ある特別な主題を取り上げるために急激に方向を変えていく。

「さて、キリストは死人の中からよみがえったのだと宣べ伝えられているのに、あなたがたの中のある者が、死人の復活などはないと言っているのは、どうしたことか」（コリント人への第一の手紙一五：一二）

皆さん、お待ちかねの「復活」に関するテーマがここに取り上げられようとしている。神による天地創造もそうだが、この復活というのも、ぼくたちには信じ難く、飲み込みにくい主題である。一つには、ぼくたちの住むこの現代社会では、すべての事があまりにも「科学的」に説明され過ぎていることに、その原因がある。誤解してほしくないが、ぼくはここで科学を否定しているのではない。ただ「科学的」な「装い」によってその醜い虚偽を覆い隠しながら、神の不変的な真実や事実を曲げようとしている類いの「科学」を断固として否定するのである。天地創造にしても、復活にしても、死人が生き返ることにしても、聖書に記載されている奇跡はすべて真実であり、科学的なのである。

本書の他の章で再三触れてきたように、聖書がぼくたちに伝えたいメッセージとは、簡単に言って、すべてのものの創造主としての全知全能の神の存在、その神の人類に対する深い愛、御子イエス・キリストの役割と十字架上での犠牲、そして死後三日して起こる復活、また、人が神に従うときに受け取る喜びと幸せ、その逆に神に従わず、自分の道を進むときの無秩序で悲惨な状態、人類の歴史と並行する聖書の歴史の中に見る数々の証拠や証明などである。

けれども、逆の事があまりにもまことしやかに語られている中で、神や信仰の世界のこうした超自然現象を堅く信じ続けるというのが困難であるのも、ぼくにはよく理解できる。そしてパウロがコリントのクリスチャンたちに対して新たな認識を促しているこの「復活」は、信仰の土台、根本、原点であるとも言えるので、論理的に、かつ科学的に立証されなければならなかった。先にも触れたが、新しいものが入ってくるとき、人々は普通それを歓迎する。全体的なムードが高まる中で、人々は雰囲気に流されて多くのことを受け入れてしまうからである。ところが、いったん飲み込んでしまったものが腹の中で消化され始めると、メッセージの中の「乳」の部分と「固い肉」の部分とが表面化されてきて、上にあるような典型的「消化不良」となって教会全体を毒し始めるわけである。しかし、この問題をパウロがどのように取り上げ、どんな論法を使って対処していくのか、興味津々である。

「もし死人の復活がないならば、キリストもよみがえらなかったであろう。もしキリストがよみがえらなかったとしたら、わたしたちの宣教はむなしく、あなたがたの信仰もまたむなしい」(一五：一三、一四)

聖書の勉強会などで、「わたしは聖書を心から信じています。でも、この部分と、ここの所にこう書かれている箇所に関しては、どうしても信じられません。だって、科学的じゃないし、なにかお伽話みたいですもの」という発言がよくある。すると、ぼくはこんなデモンストレーションをする。信じられない、有り得ない、という箇所が書かれているページを、聖書からビリビリと引き破ってしまうのである。法廷である人の証言に小さな穴があいているのが見つかってしまうときのそれと似ている。すると腕利きの弁護士は、陪審員の目を巧みな論法によってその小さな穴に釘付けにしてしまう。ちょうどマッチ棒で組み立てられた家が、たった一本の棒が取り除かれるだけで、全体がいとも簡単に崩れ去ってしまうように、この人の証言も、ちょうどダムが決壊するときのように、脆くも崩れてしまう。つまり、聖書のページをそのように次から次に破いていくと、結局手元に残るのは、立派な皮表紙だけということになる。これがパウロの論法である。

復活を疑うなら、キリストだってよみがえらなかったはずだし、もしよみがえらなかったのなら、死んでしまったキリストを神の子とするキリスト教など有り得ないし、それを宣教する者も、それを信じる者も一様に、救われ難い馬鹿者集団だということになる。

「すると、わたしたちは神にそむく偽証人にさえなるわけだ。なぜなら、万一死人がよみがえらないとしたら、わたしたちは神が実際よみがえらせなかったはずのキリストを、よみがえらせたと言って、神に反するあかしを立てたことになるからである」（一五：一五）

さすがパウロ、その論法は実に巧みで説得力がある。

「もし死人がよみがえらないなら、キリストもよみがえらなかったであろう。もしキリストがよみがえらなかったとすれば、あなたがたの信仰は空虚なものとなり、あなたがたは、いまなお罪の中にいることになろう」（一五：一六、一七）

いわゆるカフェテリア・スタイルの、バイキング方式で食事をするのに似て、聖書も、「これは大好物だからたくさん取ろう」とか、「げーっ、ほうれん草だ、やめとこ」といった信仰の選り好みをし始めると、結局はテーブルにある食物をすべてごみ箱に捨てなければならなくなってしまう。

「そうだとすると、キリストにあって眠った者たちは、滅んでしまったのである。もしわたしたちが、この世の生活でキリストにあって単なる望みをいだいているだけだとすれば、わたしたちは、すべての人の中で最もあわれむべき存在となる」（一五：一八、一九）

聖書は、死というベールをくぐった向こう側にある世界での生命を約束してくれている唯一の書物である。そのために、神は御子イエス・キリストをお遣わしになったのである。そしてイエスが復活したという事実は、神が御子イエス・キリストを通してぼくたちにも同じように復活する力を与えることが出来るということを立証している。そして、この信仰の力こそ、歴代のクリスチャンを支え、つき動かしてきた駆動力なのである。ババを抜いてババ抜きは出来ないように、イエスの復活を信じないで天国も永遠の命も有り得ない。パウロの言うとおり、もしそうだとするなら、クリスチャンほど哀れで惨めな人種はないことになる。

「しかし事実、キリストは眠っている者の初穂として、死人の中からよみがえったのである。それは、死がひとりの人によってきたのだから、死人の復活もまた、ひとりの人によってこなければならない。アダムにあってすべての人が死んでいるのと同じように、キリストにあってすべての人が生かされるのである」（一五：二〇—二二）

旧約聖書の中にも、新約聖書の中にも、神の奇跡の力によって死から生き返った人たちは何人かいる。けれども、聖書はその人たちが「復活」したとは言っていない。ここで言う「復活」と単なる死人が生き返ることには、根本的な違いがある。つまり、聖書の中でキリスト以前に死から生き返った人たちは、その後しばらくは生きていたが、結局は寿命が尽きて再び死んでしまい、その体も当然のごとく腐敗してしまったからである。しかし、人が「復活」したというとき、聖書が意味するのは、腐敗する肉体が朽ちることのない体となって生き返ることであって、「復活」した人が再び死ぬことは有り得ないのである。

「しかし、ある人は言うだろう。『どんなふうにして、死人がよみがえるのか。どんなからだをして来るのか』。愚かな人である。あなたのまくものは、死ななければ、生かされないではないか。また、あなたのまくのは、やがて成るべきからだをまくのではない。麦であっても、ほかの種であっても、ただの種粒にすぎない」（一五：三五—三七）

具体的な質問を仮定して、パウロは種をまくというきわめて日常的な喩えを使って説得に努める。人の復活も種をまくのと似ている、とパウロは言う。そしてイエス御自身も、死期が迫っていたある日、ご自分の死と復活を弟子たちに説明するのにこんなことを言われている、

「人の子が栄光を受ける時がきた。よくよくあなたがたに言っておく、一粒の麦が地に落ちて死ななければ、それはただ一粒のままである。しかし、もし死んだなら、豊かに実を結ぶようになる」（ヨハネによる福音書一二：二四）

これはもちろん、復活だけではなく、クリスチャンとしての生き方にも当てはまる名言である。クリスチャンとして、ぼくたちも、もし自分自身に死に、神のため、イエスのため、他の人のために生きようとするならば、たった一粒の人生でも豊かな実を実らせることができる。でも皮肉なことに、自分自身を大事にし過ぎるあまり、「地に落ちて死ぬ」という過程を経なければ、たった一粒のままで人生を終わってしまうのである。これは、いつか近い内に時間を作って熟考すべき大事な課題だと思う。

「ところが、神はみこころのままに、これにからだを与え、その一つ一つの種にそれぞれのからだをお与えになる。すべての肉が、同じ肉なのではない。人の肉があり、獣の肉があり、鳥の肉があり、魚の肉がある。天に属するからだもあれば、地に属するからだもある。天に属するものの栄光は、地に属するものの栄光と違っている。日の栄光があり、月の栄光があり、星の栄光がある。また、この星とあの星との間に、栄光の差がある。死人の復活も、また同様である。朽ちるものでまかれ、朽ちないものによみがえり、卑しいものでまかれ、栄光あるものによみがえり、弱いものでまかれ、強いものによみがえり、肉のからだでまかれ、霊のからだによみがえるのである。肉のからだがあるのだから、霊のからだもあるわけである」(一五：三八—四四)

実際、種から様々な木々植物が生じてくるように、神の創造物ははっきりとした種類にしたがって分類されている。この地上でぼくたちもからだを与えられているように、天上の存在たちもからだを備えている。もちろん、その差や違いは歴然としている。同様に、日や月や星に神が設けられた違いも、今ぼくたちが着ている肉体と、復活の際に受け取ることになるからだとの栄光の差を示すものなのである。

「聖書に、最初の人アダムは生きたものとなった、と書いてあるとおりである。しかし最後のアダムは命を与える霊となった。最初にあったのは、霊のものではなく肉のものであって、その後に霊のものが来るのである。第一の人は地から出て土に属し、第二の人は天から来る。この土に属する人に、土に属している人々は等しく、この天に属する人に、天に属している人々は等しいのである。すなわち、わたしたちは、土に属している形をとっているのと同様に、また天に属している形をとるであろう」（一五：四五―四九）

最初の人アダムは、天地創造の第六日目に、土のちりから創造された。そして、神が命の息をその鼻に吹きいれられたとき、生きた者となった、と記録されている。（創世記一、二章参照）そして、ここにある最後のアダムとは勿論イエス・キリストのことである。人は、土のちりから創られているため、死ぬとちりに帰ってしまう。ぼくたちは皆アダムの子孫であり、最初のアダムに属する者なので、死ぬ時には誰もが例外なくちりに帰することになる。だが、そんな塵芥のような存在であるぼくたちでも、もし生きている間にイエス・キリストに出会い、神の愛と許しを受け入れるなら、「命を与える霊」である最後のアダム、すなわちキリストに属する者となり、ぼくたちのからだも朽ちる屍からイエス・キリストが復活された時につけておられたような朽ちることのないからだをもつことができるようになる。

墓に納められてから三日の後、イエスは死よりよみがえり、弟子たちのところに来てその復活のからだをお見せになった。弟子たちはと言えば、自分たちの主が十字架で処刑された直後だったため、すっかり怖じ気づいてしまい、鍵という鍵をしっかりとかけて部屋に閉じ篭もっていた。そんな弟子たちの所にイエスは姿を現される。だが、イエスは戸をノックすることも、合鍵で開けることもせず、壁をすり抜けて部屋の中に入られる。復活のからだを持つと、ぼくたちもそんな便利なことができるようになる。

「その日、すなわち、一週の初めの日の夕方、弟子たちはユダヤ人をおそれて、自分たちのおる所の戸をみなしめていると、イエスがはいってきて、彼らの中に立ち、『安かれ』と言われた。そう言って、手とわきとを弟子たちにお見せになった。弟子たちは主を見て喜んだ」（ヨハネによる福音書二〇・一九―二九）

手とわきを見せたのは、それがイエスご自身であることを弟子たちに証明するためだった。その両手には、十字架につけられた時に打ち込まれた釘の跡が、またその脇腹には、十字架上でやりを突き刺された跡が、まだついていたからである。

復活の後で、イエスは弟子たちのために食事を用意されることもあったし、彼らの前で焼いた魚を食べることさえされた。また、旅をしていた弟子たちに現れ、彼らとお語りになった後で、一瞬の内に姿を消して移動することもできたし、再び別の場所に現れて話をすることさえされた。そしてイエスの復活のからだは、幽霊などと違って、さわることも出来たのである。

「イエスが彼らの中にお立ちになると、弟子たちは恐れ驚いて、霊を見ているのだと思った。そこでイエスが言われた、

『なぜおじ惑っているのか。どうして心に疑いを起こすのか。わたしの手や足を見なさい。まさしくわたしなのだ。さわってみなさい。霊には肉や骨はないが、あなたがたが見るとおり、わたしにはあるのだ』。」（ルカによる福音書二四：三一―四二）

復活のからだには肉と骨がある。それはぼくたちが今持っているような朽ちる肉、もろい骨ではなく、朽ちることのない肉、折れることのない骨である。と言うことは、時が来て、ぼくたちが復活にあずかるとき、ぼくたちはいわゆる幽霊のような実体のない存在としてよみがえるのではなく、個々のからだ、つまり、肉と骨を備えたからだを持って復活するという意味である。一つだけ根本的に違うのは、その肉の内には血が流れていないという点である。

パウロの復活論はさらに続く。

「兄弟たちよ。わたしはこの事を言っておく。肉と血とは神の国を継ぐことはできないし、朽ちるものは朽ちないものを継ぐことがない」（一五：五〇）

「肉の命は血にある」と、レビ記にも書いてある。ぼくたちの朽ちる肉には血がなければならないが、神の用意してくださっている新しい復活のからだを形成する肉に血が流れていないのは、逆に言えば、血が流れている必要がないからである。（レビ記一七章参照）

「ここで、あなたがたに奥義を告げよう」（一五：五一）

復活論はいよいよクライマックスに差し掛かる。聖書最大の奥義の一つが、今、ぼくたちの前に明かされようとしているのである。シートベルトをしっかりと締め直して、身も心も準備している方がよいだろう。

「わたしたちすべては、眠り続けるのではない。終わりのラッパの響きと共に、またたく間に、一瞬にして変えられる」（一五：五一）

イエスの復活を境に、聖書は「死ぬ」という言葉を止めて、「眠る」という言葉を使い始めるようになる。その意味は、説明するまでもなく、イエス・キリストにあって「復活」を保証されている者は実際には「死ぬ」ことはなく、たとえ身体が死を迎えたとしても、それはただ復活するまでの間の「眠っている」状態に過ぎないからである。また、この「終わりのラッパの響き」は何を意味しているのか。これは、ある一大イベントを告げ知らせるトランペットの音であって、すべての時代のあらゆるクリスチャンが待ち焦がれている合図である。ぼくたちの復活の瞬間である。

「というのは、ラッパが響いて、死人は朽ちない者によみがえらされ、わたしたちは変えられるのである」（一五：五二）

今これを読んでいる人の中には、ぐっすりと眠っているところを急に起こされたような、夢うつつ状態の人もいるかもしれない。ラッパがどうのこうの、とか、眠りからさめるとか、朽ちない者に変えられるとか、何か訳の分からないことばかり書かれているからである。しかし、これが単なるパウロの気まぐれでも、思い付きでもないことを証明しよう。聖書に書かれてあることの多くは、特に重大な意味を持っている章句は、聖書の中の他の箇所によってサポートされ、裏付けられていることは前にも述べたことがある。

「あなたがたは主の書をつまびらかにたずねて、これを読め。これらのものは一つも欠けることなく、また一つもその連れ合いを欠くものはない。これは主の口がこれを命じ、その霊が彼らを集められたからである」（イザヤ書三四：一六）

以下は、「またあなたがおいでになる時や、世の終わりには、どんな前兆がありますか」と尋ねられて、それに答えているイエス・キリスト御自身の言葉の抜粋である。

「そのとき、人の子のしるしが天に現れるであろう。またそのとき、地のすべての民族は嘆き、そして力と大いなる栄光とをもって、人の子が天の雲に乗って来るのを、人々は見るであろう。また、彼は大いなるラッパの音と共に御使たちをつかわして、天のはてからはてに至るまで、四方からその選民を呼び集めるであろう」（マタイによる福音書二四：二九―三一）

また、ヨハネの黙示録にも同様の事が書かれている、

「第七の御使が吹き鳴らすラッパの音がする時には、神がその僕、預言者たちにお告げになったとおり、神の奥義は成就される」（黙示録一〇：七）

さらに、パウロはテサロニケの教会に書き送った書簡の中でも、この主題に触れて、こう諭してい

る、

「兄弟たちよ。眠っている人々については、無知でいてもらいたくない。望みを持たない外の人々のように、あなたがたが悲しむことのないためである。わたしたちが信じているように、イエスが死んで復活されたからには、同様に神はイエスにあって眠っている人々をも、イエスと一緒に導き出してくださるであろう。わたしたちは主の言葉によって言うが、生きながらえて主の来臨の時まで残るわたしたちが、眠った人々より先になることは、決してないであろう。すなわち、主御自身が天使のかしらの声と神のラッパの鳴り響くうちに、合図の声で、天から下ってこられる。その時、キリストにあって死んだ人々が、まず最初によみがえり、それから生き残っているわたしたちが、彼らと共に雲に包まれて引き上げられ、空中で主に会い、こうして、いつも主と共にいるであろう。だから、あなたがたは、これらの言葉をもって互いに慰め合いなさい」（テサロニケ人への第一の手紙四：一三―一八）

人はこの世に生を与えられている限り、必ず「死」という扉をくぐり抜けなければならない運命にある。これだけは、科学がどんなに発達しても、テクノロジーが進歩しても、絶対に克服できない定めなのである。だから、人はこの「死」という得体の知れないものに少なからず「不安」や「恐れ」を抱いている。しかし、神に感謝すべきことに、人間のこの肉体にささっている「死」というとげを、イエス・キリストは御自身の死をもって、抜き取ってくださった。クリスチャンにはこの復活の望みがある。キリスト教が迫害に次ぐ迫害の歴史を生き延びてこれたのも、聖書の中にこの「復活」が極めて明確に約束されているからである。だからクリスチャンは殉教を恐れなかった。この肉体の命は、復活して与えられる命と比べたら、ごく束の間の、実にはかないものだからである。

パウロはこの章で、ぼくたちの体がどのようにして「復活」するのかを見事に解説してくれている。聖書には勿論、他の箇所にも「復活」の見本が散りばめられている。そして、十字架につけられて死なれたイエスが、三日後によみがえられた時に持っておられたようなからだに、ぼくたちもなる時が来るのである。

「愛する者たちよ。わたしたちは今や神の子である。しかし、わたしたち（の体）がどうなるのか、まだ明らかではない。（再臨に際して）イエスが現れる時、わたしたちは、自分たちが彼に似るものとなることを知っている。そのまことの御姿を見るからである」（ヨハネの第一の手紙三：二）

では、コリント人への第一の手紙の一五章を締めくくるパウロのまとめの言葉に戻ろう。

「なぜなら、この朽ちるものは必ず朽ちないものを着、この死ぬものは必ず死なないものを着ることになるからである。この朽ちるものが朽ちないものを着、この死ぬものが死なないものを着るとき、聖書に書いてある言葉が成就するのである。

『死は勝利にのまれてしまった。

死よ、おまえの勝利は、どこにあるのか。
死よ、おまえのとげは、どこにあるのか』。
死のとげは罪である。罪の力は律法である。しかし感謝すべきことには、神はわたしたちの主イエス・キリストによって、わたしたちに勝利を賜ったのである。だから、愛する兄弟たちよ。堅く立って動かされず、いつも全力を注いで主のわざに励みなさい。主にあっては、あなたがたの労苦がむだになることはないと、あなたがたは知っているからである」（一五・五三―五八）

死という「とげ」を取り除かない限り、人は究極の幸せを得ることは出来ない。どんなに恵まれた人生を送っているように見えても、人は常に死とランデブーしながら生きている。「死」という気まぐれな蝶がヒラリ、またヒラリと宙を舞いながら、いつ自分の肩に止るかもわからない、そんな不安と恐怖を心の奥底に隠しながら、人は毎日を生きるのである。

宗教が宗教であるならば、そしてぼくは神やイエスを宣べるのに、宗教という言葉を用いるのは嫌なのだが、もし宗教というものが、生も死も含めた全面的な助けを人に与えてくれるものであるならば、こういったハードルがまずクリアーされているべきだと思う。そして、神はイエス・キリストを通してこの完璧で総合的な救いをぼくたちに与えてくださっている。

「このように、人は血と肉とに共にあずかっているので、イエスもまた同様に、それらをそなえておられる」

血の通った朽ちゆく肉を着ている限り、どうあがいても人は死すべき存在であって、それ以上のものでは有り得ない。だが、そこに神の愛を見る。イエスがぼくたちと同じ肉体をとってこの地上に来てくださったからである。

「それは、死の力を持つ者、すなわち悪魔を、ご自分の死によって滅ぼし、死の恐怖のために一生涯、奴隷となっていた者たちを、解き放つためである」（ヘブル人への手紙二：一四、一五）

「そしてまた、イエスは、いつも生きていて人々のためにとりなしておられるので、彼によって神に来る人々を、いつも救うことができるのである」（ヘブル人への手紙七：二五）

「わたしたちの国籍は天にある。そこから、救い主、主イエス・キリストのこられるのを、わたしたちは待ち望んでいる。イエスは、万物を御自身に従わせうる力の働きによって、わたしたちの卑しいからだを、御自身の栄光のからだと同じかたちに変えて下さるであろう」（ピリピ人への手紙三：二〇、二一）

「わたしは確信する。死も生も、現在のものも将来のものも、高いものも深いものも、その他どんな被造物も、わたしたちの主キリスト・イエスにおける神の愛から、わたしたちを引き離すことはでき

ない」（ローマ人への手紙八：三一―三九参照）

第二十六章　奇麗なバラにはトゲがある

毎日の生活の中で、自分の思い通りに事が運ばないということが、いったいどれほどあることだろう。「期待に反して」という結果の方が「思惑どおりに」という結果よりも、その数においておそらくは勝っているというのが大半の人たちの現実だろうと思う。

聖書を読み始めて、イエス・キリストに信仰を持ち、クリスチャンを自称するようになっても、残念ながら、この現実が変わることはない。まだ一段落目だというのに、いきなり冷水をぶっかけてしまってすまなく思うが、神がぼくたちにくださった美しいバラの花束には、やはりトゲがついているのである。クリスチャンの人生は確かに素晴らしい。これは心から証言できる。でも、聖書も指摘しているように、どういう訳か、その人生には「災いが多い」のである。（詩篇三四：一九章）

今回は、このへんのところを扱ってみたいと思う。視点の置き方、考え方で、ぼくたちが遭遇する状況や事態の受け止め方にどれだけ大きな差が生じるかを示すために、プラス思考とマイナス思考について、以下を読んで参考にしてもらいたい。

「二人の囚人が同じ刑務所の窓から外を見る。ひとりはぬかるんだ泥をながめ、もう一人は大空に輝く星を見る」

「花の香りが漂っている。楽観主義者は単純にかぐわしい芳香を楽しむが、悲観主義者はすぐに陰鬱な面持ちであたりを見回し、葬式をしている家を捜す」

「楽観主義者も悲観主義者も同様に社会に貢献している。その証拠。楽観主義者は飛行機を発明し、悲観主義者はパラシュートを発明する」

「楽観主義者も悲観主義者も同様に多くの間違いをおかす。が、悲観主義者は落ち込み、ふさぎ込み、そのことのゆえに人生を呪うが、楽観主義者はそれをネタに他の人を笑わせてくれる」

「悲観主義者とは、あらゆるチャンスに困難を見出す人、楽観主義者とは、あらゆる困難にチャンスを見出す人のこと」

ヘレン・ケラーには、悲観主義者になるべき理由がぼくたち平均的人間よりもずっと多くあったように思われる。が、一見して「恵まれていない」その人生は、彼女に真の価値観を与えることになる。彼女は、「太陽に顔を向けている限り、人は影を見ることはないのです」と語り、この素晴らしい言葉の中に彼女の貴重な人生観を集約し、また凝縮している。人生とは、単に存在する以上のものであり、生存する目的を越えたものであることを、ぼくたちに教えてくれている。

この生命、この人生は、すべての人に対して平等に、ただ一回与えられている。悲観的に暮しても、楽観的に暮しても、たった一回で終わってしまうのである。だったら、太陽に目を向けて、この短い一生を満喫しようではないか。わざわざ日陰を選んで寒さに震え、影に目を留めて心の中までうじうじといじけながら、じめじめとした道を棺桶を引きずりながら、とぼとぼと墓場目指して歩くような生き方はしたくないものである。

人生をどれだけ充実させ、享楽できるかを大きく左右するものは、やはり人生観である。人生には困難がつきものだということは良くわかっている。クリスチャンの人生も、無神論者の人生も、同様に雨や嵐に見舞われ、ちょうど潮の満ち引きのように、ほとんど重力の法則のように確実にスランプの時期が巡って来る。だからこそ、人生の浮き沈みをプラス思考で受け入れ、益や祝福と共に災いや「呪い」をも同じスタンスで処理していくことを学ぶことが大事なのである。

ただ、一つ考慮すべきなのは、ぼくたちを取り巻く万物が神の創造の御手の業であるように、人生に起る様々な出来事もやはり神の許しを得て、神の手から出ているという点である。これは極めて重要なポイントであって、この点を認めることが出来るなら、それがまさしく信仰であり、人はこの信仰を持つことによって、神を人生の伴侶、旅の友とすることができるのである。それはちょうど、天気を司る者と密接な情報ホットラインを持っているようなもので、これがあると、毎日の天気予報に一喜一憂し、傘を開いたりたたんだり、予定を変えたりキャンセルしたりと右往左往する必要がなくなる。

ちょっと考えてもみてほしい。天の下、すべてのものは神によってある一定の限界を設けられているのである。人口何十億というこの地球上で、どんなに人が競い合ったとしても、突然に人が百メートルを九秒で走ることはないし、四割打者が続々と出現することもない。聖書最古の書の一つといわれるヨブ書を見てほしい。


「わたしはあなたに尋ねる、わたしに答えよ。

わたしが地の基をすえた時、あなたはどこにいたか。だれがその度量を定めたか。だれが量りなわを地の上に張ったか。その土台は何の上に置かれたか。その隅の石はだれがすえたか。かの時には明けの星は相共に歌い、神の子たちはみな喜び呼ばわった。

海の水が流れいで、胎内からわき出たとき、だれが戸をもって、これを閉じこめたか。あの時、わたしは雲をもって衣とし、黒雲をもってむつきとし、これがために境を定め、関および戸を設けて、言った、

『ここまで来てもよい。越えてはならぬ、おまえの高波はここにとどまるのだ』と。

あなたは海の源に行ったことがあるか。淵の底を歩いたことがあるか。死の門はあなたのために開か

れたか。あなたは暗黒の門を見たことがあるか。あなたは地の広さを見極めたか。もしこれをことごとく知っているならば言え。

あなたは雪の倉に入ったことがあるか。雹の倉を見たことがあるか。光の広がる道はどこか。東風の地に吹き渡る道はどこか。だれが大雨のために水路を切り開き、いかずちの光のために道を開き、人なき地にも、人なき荒野にも雨を降らせ、荒れすたれた地を飽き足らせ、これに若草をはえさせるか。雨に父があるか。露の玉はだれが生んだか。氷はだれの胎から出たか。空の霜はだれが生んだか。水は固まって石のようになり、淵のおもては凍る。

あなたはプレアデスの鎖を結ぶことができるか。オリオンの綱を解くことができるか。あなたは十二宮をその時にしたがって引き出すことができるか。北斗とその子星を導くことができるか。あなたは天の法則を知っているか、そのおきてを地に施すことができるか」（ヨブ記三八―四一章）

もし興味があるなら、一度機会を設けてヨブ記を読んでみたらいい。この書は、その文脈にモーセの律法の影響を読み取ることが出来ないため、聖書の数ある書の中でも最古のものの一つではないか、と言われている。全部で四二章から成るヨブ記は、大半が主人公ヨブの顧問である三人の友人と、ヨブ自身と、神との間のディベートで構成されている。神学的、哲学的な内容のものから、上に挙げた興味深い描写に至るまで、読み始めたら最後、ヨブの不思議な世界に引きずり込まれて、きっと一気に読み終えてしまうことだろう。

だいぶ脇道に逸れてしまったが、もしあなたがクリスチャンとして大きく成長したいなら、神のなされる事の中に幾つもの割り切れない数字が混じっていることを認め、受け入れることをし始めるべきである。現実の人生をあまりにもシビアに受け取り過ぎて、神が与えてくださっている多くの祝福に気づくこともなく、それゆえに楽しめずにいるクリスチャンがあまりにも大勢いるからである。

では、クリスチャンにとってプラス思考とはいったい何か。それはすべての方程式に用いることの出来るマジック・ナンバー、「X」である。これを使うと単純な計算はもとより、複雑な応用問題でもスラスラと解くことができるようになる便利な代物である。

ヨブの場合

「ウヅの地にヨブという名の人があった。そのひととなりは全く、かつ正しく、神を恐れ、悪に遠ざかった」（ヨブ記一：一）

ヨブはかなりの資産家で、神の祝福をいっぱいに浴びて幸せな生活を送っていた。ところが、この幸せな生活に突如、災いが連続して起き始める。次から次へと資産が奪われ、焼失し、災いはついに家族にまで及ぶことになる。このときヨブは次のように語って神への信仰を表明する。

「わたしは裸で母の胎を出た。また裸でかしこに帰ろう。主が与え、主が取られたのだ。主の名はほ

むべきかな」（一：二〇）

「すべての事においてヨブは罪を犯さず、また神に向かって愚かなことを言わなかった」と聖書は告げている。

しかし災いはなおも続く。家族にまで及んだ災難はとうとうヨブの身に降りかかってくる。彼は悪性の腫物によって悩まされ、足の裏から頭の頂まで全身が覆われてしまう。

この後に続くヨブの葛藤、信仰の試練を取り上げる紙面をここに持たないが、もし興味があるならこのヨブ記を通読してみるといい。何か哲学的で難解な雰囲気の漂う書であるが、この書が基本的には、神の「理不尽」な裁きに対するヨブの疑問、反論、苛立ちをベースにして、その上にヨブの三人の友人からの助言・勧告を重ね、割り切れず、相容れず、方程式にもおさまらないような一連の「災い」に、マジック・ナンバー、「X」が用いられてやっと解答に至るという「ディベート」の記録として読むなら、下手な映画を観るよりずっと面白いと思う。

ヨブの友人の一人は言う、

「見よ、神に戒められる人はさいわいだ。それゆえ全能者の懲らしめを軽んじてはならない。彼は傷つけ、また包み、撃ち、またその手をもっていやされる。彼はあなたを六つの悩みから救い、七つのうちでも、災いはあなたに触れることがない。ききんの時には、あなたをあがなって、死を免れさせ、いくさの時には、つるぎの力を免れさせられる。あなたは舌をもってむち打たれる時にも、覆い隠さ

れ、滅びが来る時でも、恐れることはない」（五：一七―二二）

当事者と傍観者の見解の相違がここに如実に現れている。ヨブの立場に立つなら、これ以上勝手で、状況を全然把握していない、理不尽な見解はない。事実、災いは確かにヨブの身に及んでいるのだから、こんな説明もないではないか。

こんな時、クリスチャンの本質が試される。自分の受けている災いの中に筋道が全く見出せず、神の約束とは口ばかりで、事態は全く正反対の方向に進み、祈りも呪いとみなされ、神の懲らしめも単なる「いじめ」以上のものでないように思われるとき、しかも、理解し支えてくれるはずのクリスチャン仲間も自分の状況に全く理解を示さず、かえって非難するような口調で自分を「諭そう」とするなら、あなたはどうするだろう。上に挙げた悲観主義的態度を取って、すべてをひっくり返し、神を暴君呼ばわりして、信仰をトイレに流してしまうのか。それとも、取りあえず神にすべてを委ね、逆境の中でも神の愛を信じて、信仰を保ち、楽観主義的アプローチで嵐を乗り切ろうとするのか。

ヨブは、信仰をぐらつかせながらも、目で見、耳で聞き、肌で感じ、心に思う「現実的状況」を超越した所で神の衣を掴まえて、こう言った、

「見よ、たとえ神に殺されても、わたしは彼に信頼する。わたしはやはりわたしの道を彼の前に守り抜こう。これこそわたしの救いとなる。神を信じない者は、神の前に出ることができないからだ」（一三：一五、一六）

そして結局この物語はハッピーエンドを迎え、ヨブは信仰のテストに合格し、後に続く多くの人々に対する見本となって、神の名誉殿堂の輝ける星となっている。

アブラハムの場合

「それでは、肉によるわたしたちの先祖アブラハムの場合については、なんと言ったらよいのか。もしアブラハムが、その行いによって義とされたのであれば、彼は誇ることができよう。しかし、神のみまえでは、できない。なぜなら、聖書はなんと言っているか、『アブラハムは神を信じた。それによって、彼は義と認められた』とある」（ローマ人への手紙四：一―三）

アブラハムの場合にも、ヨブのときと同様に状況は不可解で、神がアブラハムに要求されていたことはやはり、常識を越えた次元で神を信じ、あらゆる人を偽り者としても神を真実なものとせよ、という線でのみ作用する信仰だった。詳しくは、本書の第一章に書いているので、ここでは割愛させてもらうが、とにかくそれは、「彼は望み得ないのに、なおも望みつつ信じ」る盲信的な信仰だったのである。

「アブラハムはこの神、すなわち、死人を生かし、無から有を呼び出される神を信じた。彼は望み得ないのに、なおも望みつつ信じた。そのために、『あなたの子孫はこうなるであろう』と言われているとおり、多くの国民の父となったのである。すなわち、およそ百歳となって、彼自身のからだが死んだ状態であり、また、サラの胎が不妊であるのを認めながらも、なお彼の信仰は弱らなかった。彼は、神の約束を不信仰のゆえに疑うことはせず、かえって信仰によって強められ、栄光を神に帰し、神はその約束されたことを、また成就することができると確信した。だから、彼は義と認められたのである」（ローマ人への手紙四：一七―二二）

ダビデの場合

「ダビデもまた、行いがなくても神に義と認められた人の幸福について、次のように言っている、『不法を許され、罪をおおわれた人たちは、さいわいである。罪を主に認められない人は、さいわいである』。」（ローマ人への手紙四：六、七）

ダビデについても以前に触れたことがあるので、ここでの重複は避けるが、ここでダビデ自身が語っている「行いがなくても神に義と認められた人」というのは、まさしくダビデ本人であり、聖書にあからさまに記載されているような幾たびの不法や罪を許された人とは、このダビデ自身だったのである。これもまた、逆転した立場からではあるが、犯罪や不法行為を比べることなく、すべて一緒に洗い流してしまわれる神の無条件の愛であって、人間的尺度からすれば、これまた「理不尽」である。

モーセの場合

「アムラムは父の妹ヨケベデを妻としたが、彼女はアロンとモーセを彼に産んだ」（出エジプト記六：二〇）

あの有名なモーセとその兄のアロンは近親相姦によって産れた子供だった。出エジプトにおける大きな殊勲から見れば、こんなことは大した問題ではないのだろうが、現代の西洋文化の根本を流れるモーセの律法の制定者が、いわゆる律法の外にはみ出てしまっているのは注目に値する。

しかもモーセは、平安無事な社会で大きな祝福を浴びながら誕生したのではなかった。背景をちょっと説明するが、イスラエル人がそもそもエジプトに移って来たのは、アブラハムの孫の代のヤコブの時代だった。世界的な飢饉があり、ヤコブとその家族は食べるものにも事欠き、エジプトには食物があると聞いて、家族もろとも引っ越してきたのだった。ところが、

「新しい王がエジプトに起こる」（出エジプト記一：八）

それ以前には、比較的優遇されていたイスラエルの民は、この新しい王によって突如、虐げられるようになる。そしてモーセが誕生する頃には、王の圧政は頂点に達し、イスラエルに新たに生まれる男子を殺す命令まで出されてしまう始末であった。モーセはそんな厳しい、「不可能」にも近い状況

の中で生まれる。モーセの母ヨケベデはアムラムと結婚し、「みごもって、男の子を産んだが、その麗しいのを見て」、その子を隠そうとするのだが、神の不思議な取り計らいにより、事もあろうにエジプトの王室の中でパロの娘の子として育てられるようになる。

「信仰によって、モーセの生まれたとき、両親は、三ヶ月のあいだ彼を隠した。それは、彼らが子供の麗しいのを見たからである。彼らはまた、王の命令をも恐れなかった」（ヘブル人への手紙一一：二三）

いったいどうして、こんな事が可能だったのか。王の怒りも恐れずに、単に「麗しい」というだけで、この子供を隠すだけの妥当な理由と強い確信はいったいどこから来ていたのか。

これを知るためには、聖書を少しさかのぼって調べてみる必要がある。ある一つの預言の言葉が神に従う代々の人々に受け継がれていたからである。まずは創世記に記録されているアブラハムに対する預言である。

「あなたはよく心にとめておきなさい。あなたの子孫は他の国に旅びととなってその人々に仕え、その人々は彼らを四百年の間、悩ますであろう。しかし、わたしは彼らが仕えたその国民を裁く。その後かれらは多くの財産を携えて出て来るであろう」（創世記一五：一三、一四）

注釈を加える必要もないが、この預言はイスラエルの民がエジプトで四百年の間、奴隷にされること、その後で、モーセによる出エジプトがなされたとき、イスラエルの民はエジプトの宝を携えて出国することを予告している。

そしてこの預言はさらに次の人、ヤコブに引き継がれていく。


「この時、神は夜の幻のうちにイスラエル(ヤコブの別名)に語って言われた、

『ヤコブよ、ヤコブよ』。

彼は言った、

『ここにいます』。

神は言われた、

『わたしは神、あなたの父の神である。エジプトに下るのを恐れてはならない。わたしはあそこであなたを大いなる国民にする。わたしはあなたと一緒にエジプトに下り、また必ずあなたを導き上るであろう』。」(創世記四六:二―四)

そして、これはさらにヤコブの子、ヨセフへと伝えられていく。

「イスラエルはまたヨセフに言った、

『わたしはやがて死ぬ。しかし、神はあなたがたと共におられて、あなたがたを先祖の国に導き返さ

れるであろう』。」（四八：二一）

そして、このヨセフがさらに自分の臨終に際して、代々伝えられてきた信仰のバトンを他の兄弟たちに渡すことになる。

「ヨセフは兄弟たちに言った、

『わたしはやがて死にます。神は必ずあなたがたを顧みて、この国から連れ出し、アブラハム、イサク、ヤコブに誓われた地に導き上られるでしょう』。

さらにヨセフは、

『神は必ずあなたがたを顧みられる。その時、あなたがたはわたしの骨をここから携えて上りなさい』

と言って、イスラエルの子らに誓わせた」（五〇：二四、二五）

このすべての約束の成就は、出エジプト記一二章に簡潔にまとめられている。

「イスラエルの人々がエジプトに住んでいた間は、四三〇年であった。四三〇年の終わりとなって、ちょうどその日に、主の全軍はエジプトの国を出た」（出エジプト記一二：四〇、四一）

聖書に記載されている一つひとつの出来事が、このような数々の預言で裏付けされているのを見ると、圧倒されるような思いがする。一見、状況を無視したような、きわめて理不尽な状態の中で、人は神の言葉、神の約束を信じることを要求される。そして、あのマジックナンバー「X」、つまり、「信仰」を用いて自分に課せられた応用問題を解いた人々の歴史が聖書に脈々と流れている。あなたは、そうした過程を経た個々の人生をどう見るだろうか。

神の道に優る道はない。神の矛盾をくつがえすような真理は人間の内には見出せない。たとえ常軌を逸していても、神の方程式は必ず解けるのであり、神の求められることが人間の常識、従来のやり方、しきたり、社会的観念、妥当な方法から大いに外れていたとしても、神に対する信仰の答えは「然り」であって、「否」ではないのである。

「信仰によって、モーセは成人したとき、パロの娘の子と言われることを拒み、罪のはかない歓楽にふけるよりは、むしろ神の民と共に虐待されることを選び、キリストのゆえに受けるそしりを、エジプトの宝にまさる富と考えた。それは、彼が報いを望み見ていたからである。信仰によって、彼は王の憤りをも恐れず、エジプトを立ち去った。彼は、見えないかたを見ているようにして、忍びとおした。信仰によって、滅ぼす者が、長子に手を下すことのないように、彼は過越を行い、血を塗った。信仰によって、人々は紅海をかわいた土地をとおるように渡ったが、同じことを企てたエジプト人は溺れ死んだ」(ヘブル人への手紙一一：二四―二九)

イエスの愛弟子、ヨハネは言う、

「わたしたちの信仰こそ、世に勝たしめた勝利の力である」（ヨハネの第一の手紙五：四）と。

第二十七章　灰色

人間による人間に対する行為とは思えないような常軌を逸した凶悪犯罪が頻発している。獣でさえこんなことはしないだろうと思われるような残忍きわまりない犯罪である。しかも、犯罪者年齢が年々低下の一途を辿っていることも、社会全体に暗い陰を投げかけている要因となっている。

もちろん、動物界にも血生臭い殺し合いはあるが、彼らのそれは日々を生き延び、種としての生存を続けていくための必要最小限の殺害行為であって、人間のそれとは根本的に性質を異にしている。一見、弱肉強食のように見受けられる動物界でも、やはり神は上手く作っておられるもので、一定のルールに従って、全体的にバランスが取れていて、自然の完璧に近いサイクルが形成されているのである。

創世記を見ると、人間は神の特別の祝福を受け、他の動物にはない理性や良心というものを授かってこの地上に創造されたはずだった。だからこそ、そうした美徳を全く無視した残虐な行為を人間の間に見るとき、あまりの理不尽にぼくたちは愕然としてしまうのである。と、ぼくは第三者的な立場から語っているのであるが、そういった残虐な殺戮や犯罪行為から、はたして自分は完全に無関係だと言えるのだろうか、という疑問がふと浮かんできた。ひょっとしたら、ぼくたちは内面の奥深い部分にそんな爆弾のようなものを抱え込んでいるのではないだろうか。勿論、大多数の人たちは、普段は、そうした醜い内面性というものなど決して表面に浮遊させることはしないし、自制心というものを駆使して上手に覆い隠し、その醜い頭をもたげることのないようにしている。

聖書は、人間の罪深い内面性を露骨なまでにはっきりと提示し、ぼくたちの絶望的なほど救われがたい状態を悟らせた上で、神のみが与えることのできる「救い」を提供してくれている唯一の書物である。そして、長年に渡って聖書を勉強してきてやっと見えてきた部分だと思うのだが、その「救い」をぼくたちに授ける上で、神はある一定の暗黙のルールのようなものを定めているようなのである。もう少し端的に言うと、パウロはローマ人への手紙の中で、人間のこうした罪深き内面性を取り上げて、「すなわち、すべての人は罪を犯したため、神の栄光を受けられなくなっている」と語り、ぼくたち全員を罪人のカテゴリーに押し込んでしまった。人は、一度悪者のレッテルを貼られてしまうと、不貞腐れて、「だったら、極悪になってやる」とばかりに極端に走りがちになってしまうものだが、そんなぼくたちに対する救いの望みとして、ところが、そんなぼくたちでも「価なしに、神の恵みにより、キリスト・イエスによるあがないによって義とされる」と言っている。つまり、神の救いに関する限りでは、黒白ははっきりとしている。人間はすべて黒であり、神はその愛によって、イエスを受け入れるすべての者を白く塗り替えることが出来る、というわけである。

「主は言われる、
さあ、われわれは互いに論じよう。たといあなたがたの罪は緋のようであっても、雪のように白くなる。紅のように赤くても、羊の毛のようになる」（イザヤ書一：一八）

「わたしは、あなたのとがを雲のように吹き払い、あなたの罪を霧のように消した。わたしに立ち返れ、わたしはあなたをあがなったから」（イザヤ書四四：二二）と。

人間はすべて、例外なく、罪に汚れているために、神からの価なしの救いの恵みを必要としている。一国の首相、大統領、王、貴族であれ何であれ、はたまた、願わくは不特定多数の曖昧さの中に紛れ込んで、神の目から逃れようとするぼくたちのような凡人の一人であれ、神は中間の灰色など全く無視して、黒白という二つの大きな枠の中に人を分類してしまわれる。神の憐れみというものは、ちょうど太陽のように、いわゆる罪人や犯罪者にも、また、「善良な市民」にも同様に降り注がれているからである。

「天の父は、悪い者の上にも、良い者の上にも、太陽をのぼらせ、正しい者の上にも正しくない者の上にも、雨を降らしてくださるからである」(マタイによる福音書五：四五)とイエスが言っておられる通りである。

これは結局、聖書のエッセンスなのであるが、

「すなわち、神はすべての人をあわれむために、すべての人を不従順の中に閉じ込めたのである」(ローマ人への手紙一一：三二)。

「自分は不従順などではない、罪人のレッテルなど貼られてたまるか、悪いことなど生まれてこのかた一度だってしたことはない」と言い張る人がいるなら、残念ながら、その人には神の救いの憐れみは価しなくなってしまう。神と和解して、神の憐れみ、祝福、恵みなどを受け取りたいのであれば、この部分は絶対に受け入れなくてはならないし、まず最初にこの原則的設定をプログラムしない限り、他のどんなプログラムも機能することはないのである。

新聞やテレビで連日報道されるむごい犯罪行為を見聞きするとき、ぼくたちははたして自分を何処に置いているだろうか。裁判官の座に置く人はそんなに多くないと思うが、検事側に立つ人は多いと思う。また少しの距離を置いて傍観者的な立場から犯罪を裁けるようにと陪審員の席に着くことを望む人もいるだろう。しかし聖書のぼくたちに対する問い掛けは、そんな罪深さが自分の内にも存在し

ているかどうか、というものである。

この主題について、イエスは福音書の中で興味深いことを言っている、

「姦淫するな、と言われていたことは、あなたがたの聞いているところである。しかし、わたしはあなたがたに言う。だれでも、情欲をいだいて女を見る者は、心の中ですでに姦淫をしたのである」

（マタイによる福音書五：二七、二八）

ちなみに、モーセの律法によれば、姦淫の罪は非常に重く、現行犯で逮捕されると石撃ちの刑に処されることになる。裁く人たちの輪の中に投げ倒されて、こぶし大の、あるいはそれ以上の大きさの石を死ぬまでぶつけられるという処刑法である。想像するだけでも、失神しそうになってしまう。しかし、自分の下半身を、特に時々、主人の理性とは裏腹に自分勝手な行動に出たがる自分の分身をしっかりと監督し、罪の重さをしかと言い聞かせておくならば、通常の状態では、ある程度慎重な行動を取っている限り、姦淫の現行犯で逮捕されることは避けられそうである。

だが、ここでイエスが言っておられるのは、姦淫の現行犯などではなく、心の中で情欲を抱くことである。まいった。ギブアップ。この基準で裁かれる時、「無罪」となる男がはたしてこの世に存在するだろうか。

これもまた、「すべての人が罪人であり、神の憐れみを必要としている」存在であることを、ぼくたちに諭すための黒白のメッセージである。

何度も言うが、キリスト教のエッセンスは赦しにある。聖書に描かれている人の理想像とは、自力では決して理想の存在になることができず、罪に汚れ、失敗を繰り返す、哀れな「被告人」なのである。神は義によって人を裁く「裁判官」であり、検事はもちろん、「われらの兄弟を訴える者、夜昼われらの神のみまえで彼らを訴える者」、すなわちサタンである。イエスは、「神のみまえに憐れみ深い忠実な大祭司」であり、罪深いぼくたちを理解し、御自身の死によって罪を贖ってくださった「弁護人」である。この関係が理解できると、神の喜ばれるのがはたしてどんな人間であるのかがわかってくる。そして、「丈夫な人には医者はいらない。いるのは病人である。わたしが好むのは、あわれみであって、いけにえではない。わたしが来たのは、義人を招くためではなく、罪人を招くためである」と言われ、そのほとんどの時間を罪人や取税人、売春婦たちと過ごされたイエスの愛を理解し、受け入れることができるようになる。

その当時のパリサイ人や律法学者たちは、「人を裁く」という、いかにも宗教家的な立場から、常に黒白のはっきりとした判定を神に要求し、「有罪」、「無罪」という宣告を耳にすることに生きがいを求めていたのだが、イエスはと言えば、彼はやはり神と同様に、その行動においても、裁きにおいても、また生き様においても、ぼくたちグレイ族が生存する広大な灰色の領域で活動してくださった。言い換えるなら、ぼくたちはそれだからこそ今、クリスチャンでいられるのである。

「わたしは、自分のしていることが、わからない。なぜなら、わたしは自分の欲することは行なわず、かえって自分の憎むことをしているからである。わたしの内に、すなわち、わたしの肉の内には、善なるものが宿っていないことを、わたしは知っている。なぜなら、善をしようとする意志は、自分にはあるが、それをする力がないからである。わたしは、なんというみじめな人間なのだろう。だれが、この死のからだから、わたしを救ってくれるだろうか。わたしたちの主イエス・キリストによって、わたしは神に感謝する」（ローマ人への手紙七：一五、一八、二四、二五）

これは、罪深き内面性を嘆く使徒パウロの告白である。しかしこれが単にパウロ自身の告白ではなく、すべての人間に共通した根本的問題を指摘したものであることは明らかである。ぼくたちだって正直に心の中を探れば、こうした罪深い内面性が確かに存在するのを認めないわけにはいかないし、このパウロの言葉に全面的に同意せざるを得なくなるはずだからである。するとどうなるのか。

ぼくたちが普段ニュースや新聞で見聞きしている様々な事件は氷山の一角に過ぎない、ということになる。氷山は海面上に姿を見せる頂上部であって、その下には巨大な氷の山が存在していることは周知の通りである。氷山における、海上の目に見える部分と、海面下の目に見えない部分との大きさの違いは比べることも出来ない。それはちょうど体内を流れる毒素が時々吹き出物やおできとなって表面に現れるのと似ている。体に吹き出してくるそうしたおできなどは、毒素のごく一部であって、その背後、あるいは内面に、比較にならないくらいの大量の毒素が存在することを暗に示すものだからである。

でも、いくら内面に醜さや暴力や欲情が絶えず流れているとしても、そうしたドロドロとしたものを所構わず発散させているわけではないし、ぼくたちは自制心や道徳心などを精いっぱい働かせて、社会にある程度の平和と秩序を維持しようと努力していることもまた事実である。

一口に犯罪と言っても、意志とは裏腹に不慮の過失で犯してしまう罪だってあるし、緻密な計画のもとに冷血きわまりない計算に基づいて犯される、冷酷無慈悲な犯罪もある。聖書は、「**心はよろずの物よりも偽るもので、はなはだしく悪に染まっている。だれがこれを、よく知ることができようか**」（エレミヤ書一七：九）と言っているが、まさにその通りだと思う。新聞やテレビを騒がせているこうした犯罪全般について語るとき、ぼくたちはとかく自分を蚊帳の外において自らを裁判官の座につかせてしまいがちだが、こういった態度についてもまた聖書は多くを語っている。

「**人をさばくな。自分がさばかれないためである。あなたがたがさばくそのさばきで、自分もさばかれ、あなたがたの量るそのはかりで、自分にも量り与えられるであろう**」

「人をさばくな」、これはマタイによる福音書第七章にあるイエスの言葉である。それは、「自分がさばかれないため」だとイエスは言われる。つまり、ことわざに、「目くそ鼻くそを笑う」というのがあるように、ぼくたちは基本的には皆はなはだしく悪に染まり、洗濯しても漂白剤に長時間浸しても一向に白くなれない汚れた存在であるのに、他の人の汚れに鼻をつまみ、目を覆い、「汚い」とか、「不潔だ」とか言って騒ぎ立てることはできない、という意味である。

「なぜ、兄弟の目にあるちりを見ながら、自分の目にある梁を認めないのか。自分の目には梁があるのに、どうして兄弟にむかって、あなたの目からちりを取らせてください、と言えようか。偽善者よ、まず自分の目から梁を取りのけるがよい。そうすれば、はっきり見えるようになって、兄弟の目からちりを取りのけることができるだろう」（マタイによる福音書七：一―五）

大事なポイントを見落としたり、誤解したりしないように、注目すべき点だけを強調し、コントラストをはっきりと効かした、イエス・キリストお得意の言い回しである。目に「ちり」やゴミが入るというのはよくあることだし、理解できる。しかし、目に「梁」があるというのは絶対に有り得ないことである。爪楊枝なら、その可能性もなくはないが、「梁」というのは大袈裟すぎる。だが、イエスはここでぼくたちを笑わせようとしているのではない。人が人を裁くのがどれほど滑稽な、大それたことであるかを、このユーモラスなイラストの中にきっちりと描き出しているのである。そして、その真意を悟るとき、ぼくたちは少なからぬショックを覚え、寒気さえ感じる。

使徒パウロもあの雄弁なローマ書の二章でこう言っている、

「だから、ああ、すべて人をさばく者よ。あなたには弁解の余地がない。あなたは、他人をさばくことによって、自分自身を罪に定めている。さばくあなたも、同じことを行なっているからである。なぜ、人を教えて自分を教えないのか。盗むなと人に説いて、自らは盗むのか。姦淫するなと言って、自らは姦淫するのか。偶像を忌みきらいながら、自らは宮の物をかすめるのか。律法を誇りとしながら、自らは律法に違反して、神を侮っているのか」

パウロのこの言葉はストレートでインパクトがある。この言葉を聞いて自らを被告人の席に置ける人はさいわいである。自分の不義を認めること、そこに神の意図された救いへの道が開けるからである。罪と偽りとあらゆる不義なるもので汚れ、悪臭を放ち、救われるすべを知らず、だからこそイエス・キリストとその十字架の犠牲とにすがる哀れな罪人たちは、神の不思議な方法で義とされ、天国に召される一方で、自らを勝手に正しいと思いこみ、人よりも少し高い位置に置いて、いわゆる「正直な」罪人たちを蔑んでいる人たちは逆に神によって裁かれる、この奥義は聖書を一貫していて誤解の余地はない。

「自分を義人だと自任して他人を見下げている人たちに対して、イエスはまたこの譬をお話しになった。

『ふたりの人が祈るために宮に上った。そのひとりはパリサイ人であり、もう一人は取税人であった』。」

ちなみに取税人というのは、当時イスラエルを支配していたローマ帝国の手先的存在で、イスラエル人でありながらローマ政府に代わってイスラエルの民から税を徴収し、その過程でピンはねをして私腹を肥やしていた嫌われ者のことである。パリサイ人はご存知のように宗教家で、表向きは神に仕え、人の手本であるべき人だった。


「パリサイ人は立って、ひとりでこう祈った、

『神よ、わたしはほかの人たちのような貪欲な者、姦淫をする者ではなく、また、この取税人のような人間でもないことを感謝します。わたしは一週に二度断食しており、全収入の十分の一をささげています』。

ところが、取税人は遠く離れて立ち、目を天に向けようともしないで、胸を打ちながら言った、

『神様、罪人のわたしをおゆるしください』

と。あなたがたに言っておく。神に義とされて自分の家に帰ったのは、この取税人であって、あのパリサイ人ではなかった。おおよそ、自分を高くする者は低くされ、自分を低くする者は高くされるであろう」(ルカによる福音書一八:九—一四)

ここにも、この地上での一般的な見方とはかなりかけ離れた天国的見解が、この簡単な譬の中にはっきりと描き出されている。本当の意味で、真に人を許せるのが神のみであるならば、ぼくたちはいったい何者なので互いに裁き合うという愚行に嵩じてしまうのだろう。どんなに弱い人でも、どんなに罪深い人でも、どんなに意地が汚く、自己中心的で、利己的な人でも、もしその人が自分の不義を認め、神に許しを請い、キリストにある神の救いを受け取るならば、その人は無条件でキリストに属

する天国人となる。

「だれでもキリストにあるならば、その人は新しく造られた者である。古いものは過ぎ去った。見よ、すべてが新しくなったのである」（コリント人への第二の手紙五：一七）とある通りである。

このまま先に進んで行く前に、ちょっと立ち止まってみんなの消化の様子を見てみることにしよう。ひょっとしたら、今、多くの人がここの部分で消化不良を起こしているかもしれないからである。何を隠そう、こう言っているぼくも実は、ここの部分が消化できずによくお腹を下したものだった。では、この慢性胃腸炎の原因とは何なのか。それはきっとこの「無条件」という部分だと思う。キリスト教のここのところが、ぼくたち「潔白な」日本人には何とも理不尽に思えてしまうのだ。

この論法にしたがえば、どんな極悪な犯罪者も神の救いのカテゴリーに分類されてしまう。たとえば、ハイジャッカーである。自分の意志を主張するためとはいえ、他の人の迷惑などはこれっぽっちも考えずに大型ジャンボジェットを乗っ取り、飛行機を搭乗員や乗客ともどもあちこちに引きずりまわし、何人もの犠牲者を出した挙げ句に逮捕されてしまうとする。そのテロリストは結局、有罪死刑の判決を受けて、最後の日々を刑務所で送る。ところが、死刑執行の直前に刑務所専属の牧師から聖書のメッセージを聞かされ、今までにしたすべての罪を悔い改めて、イエスにある許しと救いを受けいれたとする。この場合、聖書によれば、この人は神に義とされて天国に舞い上がって行ってしまう。この主題は、「デッドマン・ウォーキング」という映画で見事に描写されているので、一度観てみたらいい。

逆に、「ええっ、なんで、なんで、どうしてなんだ。不公平じゃないか。いったい何だってあんな殺人犯が天国に行ってしまうのよ」と神に異議を申し立てる人もいるはずである。しかし心の中で、「でも、ま、いいか。あんな奴だって天国に行けるんだったら、ぼくの番が来たら、もう楽勝だぜ。いっくらなんだって、あいつと比べたら、ぼくなんかずっといい子だもんね」などと考えて、自己満足に浸っていると、天国で思いがけないどんでん返しが待ち構えているかもしれない。

天国がいかに広大な場所であるとはいえ、いわゆる優等生、善人、聖人に混じって、こうしたごろつき、ちんぴら、極悪な犯罪者などが同居するようになる、ということをあなたはどう考えるだろうか。この部分は正直言ってぼく自身、本当の意味で消化するのに苦労した「固い肉」だった。けれどもそれは、ぼくたちが神の許す能力を過小評価しているからにすぎない。もしイエス・キリストの流された血がすべての不義からぼくたちを清めることができるのだとすれば、不義の多い少ない、罪の重い軽いは関係ないからである。もし清めることの出来ない罪があって、それゆえに神がある人にはその約束を叶えることができないとしたら、それは神の失敗であって、その時には神はもはや神ではなくなってしまう。

しかし、ぼくもあなたも良く知っているように、「人にはできないことも、神にはできる」(ルカによる福音書一八：二七)のであり、「もし、わたしたちが自分の罪を告白するなら、神は真実で正しいかたであるから、その罪をゆるし、すべての不義からわたしたちを清めてくださる。御子イエスの血がすべての罪からわたしたちを清めるからである」(ヨハネ第一の手紙一：九、七)

人の基本的に「灰色」であることを理解し、「灰色」という色の特色を誰よりも良く認識しておられる神やイエスが、「灰色」という非常に漠然とした曖昧な領域の中でぼくたちと対処し、裁かなければならない場合にも、「限りなく黒に近い灰色からある程度白っぽく見える灰色までの目盛りの付いた物差し」で、ぼくたちの煤けた灰色を常に寛大に測ってくださる例を、ここにもう一つ挙げてみよう。

「朝早くまた宮にはいられると、人々が皆みもとに集まってきたので、イエスはすわって彼らを教えておられた。すると、律法学者やパリサイ人たちが、姦淫をしている時につかまえられた女をひっぱってきて、中に立たせた上、イエスに言った、『先生、この女は姦淫の場でつかまえられました。モーセは律法の中で、こういう女を石で打ち殺せと命じましたが、あなたはどう思いますか』。」

ここに描かれている表面的な世界から、もう少し中に入って状況を観察してみよう。まず最初に気づくのは、この場面で、律法学者やパリサイ人たちは「招かれざる客」だった。イエスは、自分の話を聞きたいと望んでいた人たちに話をしていたのであり、彼らはそこにつかつかと土足で上がり込んできたのである。また、この女が捕らえられたのも、偶然に現場を発見されたのではなく、どうも仲間を「現場」に潜伏させておいて、中の様子を窺わせていたらしいことがわかる。律法学者やパリサイ人という名札を誇らしげにぶら下げて歩き回るこの「偽宗教家」たちの動機とは、宗教家に期待されているように人の罪の根元を突き止め、根こそぎにしようと努めることではなく、自分たちの主張を擁護するためにこの罪の女を利用することだったのである。

「彼らがそう言ったのは、イエスをためして、訴える口実を得るためであった。しかし、イエスは身をかがめて、指で地面に何か書いておられた」

性急な態度で、すぐにでも黒白の判決を下してほしいと要求する宗教家たちを相手に、イエスはここでお得意の「灰色」のクッションを敷き、無視を決め込む。この時、イエスは地面にいったい何を書いておられたのだろう。実に興味深い。天国に行ってイエスと会ったら、このことを尋ねてみたらいい。

「彼らが問い続けるので、イエスは身を起こして彼らに言われた、『あなたがたの中で罪のない者が、まずこの女に石を投げつけるがよい』。」

この女とイエスを取り巻いていた人たちは、その時点までは「裁きの座」に自らを置いていた人たちだった。モーセの律法に基づいて、この女に黒か白の、つまり、有罪か無罪の、はっきりした判決を下してほしかったのである。そこでイエスは再び、得意技「グレイ・フェイント」を披露して見事に態勢を入れ替えてしまう。「お前たちは、この女の裁きをわたしにさせたがっているようなふりをしているが、お前たちの心の中ではとっくの昔にこの女を裁いてしまっているのではないか。わたしが指摘したいのは、その核心の部分なのだ。お前たちは裁きの座について他を裁けるほど白い存在なのか」

この時、人々が手にしていた石の一つを奪い取り、神の怒りをあからさまにして、人々を睨み付け、石を差し出すイエスを想像してみてほしい。ここに「灰色」のメッセージがある。イエスが地上にやって来て、ぼくたちに教えようとしておられたのは、この「灰色」のメッセージだったのである。

「そしてまた身をかがめて、地面に物を書きつづけられた。これを聞くと、彼らは年寄りから始めて、ひとりびとり出て行き、ついに、イエスだけになり、女は中にいたまま残された」

この一連の展開を、今、自分の目の前で起っているかのように想定してほしい。そして、限りなく黒に近いかもしれないが、それでも「灰色」であるこの罪の女に自分を重ねてほしいのである。人は皆、大きな色分けでは灰色に属するが、その灰色にも千差万別、様々な色合いや色彩の違いがある。一人ひとりの、そうした微妙な違いまでも理解し、その上で無条件で受け入れてくださるイエスの素晴らしさを実感する一場面ではないだろうか。このような愛と許しを知って、イエスを愛さずにいられる人がいるだろうか。

「そこでイエスは身を起こして女に言われた、
『女よ、みんなはどこにいるのか。あなたを罰する者はなかったのか』。
女は言った、
『主よ、だれもございません』。
イエスは言われた、
『わたしもあなたを罰しない。お帰りなさい。今後はもう罪を犯さないように』。」

このエピソードを、あなたはどう読むだろうか。

この物語はヨハネの福音書の八章に書かれている。福音書とは文字通り、神の御子イエス・キリストの生涯と、彼がぼくたちに携えてくださった幸せと喜びの良きおとずれに関する知らせ、イエスの言動の記録である。イエスのなされたこと、語られたことは、どれもそれぞれ味わい深く、読む度に時機を得た新しいことを学べるという素晴らしさがある。このエピソードもまた然りなのである。

覚えているだろうか。子供の頃、ぼくたちはもっと色彩豊かな世界に住んでいたはずだった。ところが子供を脱皮して、晴れて大人の仲間入りをし、世間の常識を学び、渡世法を覚え、モノクロ・モノトーンの平面的な画面上で、数字と文字を操りながら、方程式的に物事を考えるという「賢い」方法を身につけるにつれて、いつのまにか、あんなにも鮮やかだった原色の世界が色彩を失い、コントラストを鈍らせ、結局セピアがかった冴えない世界に変ってしまった。

感情はカラーの世界であり、知性はモノクロの世界である。喜怒哀楽をどれくらい自由に表現できるかで、ぼくたちの子供感覚度がわかる。勿論、何も動物のように吠えたい時に吠え、食いたい時に食い、内に起こる感情をあたり構わず誰にでも発散させて、無作法に振る舞うことを奨励しているのではない。そうした感情をコントロールすることは大事なことだが、表現する自由や表現する能力を失ってはいけない。聖書は、ぼくたちをもう一度「カラーの世界」に連れ戻してくれる。鮮明な原色の世界が再びよみがえるのである。

ぼくら、天国人！――聖書の森の散歩道

2000年12月1日　初版第1刷発行

著　者　鈴木《すずき》　徹《とおる》
発行者　瓜谷綱延
発行所　株式会社文芸社
〒112-0004　東京都文京区後楽2－23－12
電話03-3814-1177（代表）
03-3814-2455（営業）
振替00190-8-728265

印刷所　株式会社エーヴィスシステムズ

乱丁・落丁本はお取り替えします。
ISBN4-8355-0881-5 C3016